MW01385326

楊定一書房

全部生命系列

康健雜誌 天下雜誌

神聖的你

The Sacred You

楊定一 著

目錄 Contents

神聖的你 The Sacred You

第二卷 憶起神聖的基礎

第三卷 活在神聖的空間

第四卷 走出自己神聖的路

神聖的你

The Sacred You

第五卷 神聖的路標，到處都有

第六卷 神聖的低語

神聖的你
The Sacred You

第七卷 神聖的祝福

編者的話

陳夢怡

從《全部的你》到《神聖的你》，同樣是意識轉化的作品，對我而言，卻是相當不一樣的寫作經驗。

《全部的你》清淨得彷彿在山上閉關。我曾開自己玩笑：「大概是被外星人綁架了。」整個經驗清晰、超越地不似人間。當時，楊定一博士排開了大部份的瑣事，在一個特定的時間與空間裡，透過文字第一次向世界表達——全部生命的絕對與人間的相對之境不可思議的差異。

這就是前一本書的寫作背景。

《神聖的你》依然是閉關、靜坐與修行，卻是完全不同的「境」。不是在排除了所有瑣事的小會議室寫作，地點橫跨了美國、中國、台灣，還受制於隔海十二小時時差的牽動。不再是清淨的避靜，而是充滿了大大小小的「動」與「做」——有時差要調整，美台生活的適應，半夜乃至凌晨和台灣的同事與合作夥伴溝通，數不清的規劃和會議，回台後的新書宣傳、受訪行程和共修活動，還不包括楊博士自身的公事、出差與會議。

現在回想起來，這一本書，又是另一種不可思議。

合作寫這本書的過程，正反映了真實人生的功課——一個靈性的生命，怎麼把絕對之境的「空」、「靜」、「定」，全部生命的「在」或「心」，透過清醒的「覺」在人間點點滴滴地活出來，體會到生命本身的歡喜，這才是一大挑戰。

或者這麼說——神聖，不在某個清淨之處，不在某個好整以暇的優雅未來，而是就在當下，就在充滿了「動」和「做」，甚至灰頭土臉、焦頭爛額、疲憊不堪的「這裡！現在！」。

我印象很深的一件事是，有一天，楊博士連續開了好幾個會，傍晚碰面時，疲態非常明顯。我建議他，都這麼累了，要不要另約時間寫稿。他搖搖頭說繼續進行，也不過就是從辦公室走到另一個地方十來分鐘的路程可以稍作喘息，緊接著就開始密集的對稿、補充與編輯。當天工作結束時，我問博士：「你怎麼有辦法在這麼累、這麼忙的情況下，還繼續寫書？」

他的回應是：「怎麼可能不如此？我們談大平等心，所有經驗，包括寫書、工作、休不休息、累不累，都是平等的。這就是我在人間修行的道場。」

那一瞬間，我突然意識到，就連我以為再理所當然不過的累不累、休不休息的分別……都還是腦海制約所虛構出來的產物，而這個分別本身就是疲憊（或心累）的來源。

取消這一分別，也不過就是活在「這裡！現在！」；而活在「這裡！現在！」，也就自然取消這一分別。所謂的「方法和結果是同一個」，也就是如此而已。這麼簡單。

一點一滴地化解制約，不再設定阻礙。敞開心房，讓全部的神聖生命涓涓滴滴流進來，也就是如此而已。

《全部的你》出版之後，許多讀者透過各式各樣的管道捎來訊息，也在詢問同一個問題——如何在人間活出「空」、「靜」、「定」、「在」的心境。也就是說，我們每個人好像本來都自然體會得到這些心境，難的是這些體會只是忽隱忽現，好像流不到人間。在種種繁忙的「動」之間，根本體會不到「不動」、「靜」的滋味，甚至快要被沮喪和恐懼壓垮，更別說喜樂、愛和平安了。

在繁瑣的人間，要能一再清醒地回到喜樂、愛與平安，活得歡喜，不可能不透過意識的徹底轉化。

然而，意識的轉化並不是一個「非A即B」的相斥選擇，而是一個「絕對的A包容著相對的B」的體會。

《神聖的你》傳達的正是這樣的理解——絕對之境與人間絕非水火不容，意識轉化也不是一種好像非排斥肉體生命不可的「奢侈」或「清高」。相反地，是一個讓人間生命活的更充實、更有效率、更快樂的「必需」而且「務實」的要素。只是接受、臣服於「這裡！現在！」所帶來的一切，與全部的生命完全接軌、完全合作，人間有限的肉體生命，以及你我在時空局限下活出的人生，反而自然得到全部生命無限的滋潤。

也有朋友回饋，《神聖的你》確實更著重於執行的層面。如果說《全部的你》勾勒出一幅全部生命的藍圖，那麼，《神聖的你》就是這一藍圖點點滴滴的落實。正如楊博士所說的「假如你讓這本書的每一句話帶著你走，甚至帶著你進入全部的生命，你這一生，會有徹底的轉變。」

這本書的校讀，要感謝長庚生技以及紐澤西協助的同事，尤其是陳錦書先生與王先堆先生，兩位在哲學思想方面的慎重以及細膩的邏輯思維，為這本書帶來了一種安定和沉穩的流動。我相信，對讀者會是令人身心安頓的閱讀經驗。

也要感謝康健團隊「搶鮮版」讀書會的熱情回應。與張曉卉、陳秋華、張桂娟、林芝安的討論與互動，儘管有時激烈，口沫與咖啡四濺，身心與杯盤齊震動，然而，正是我近四個月孤獨工作中再渴望不過的相知、相惜與相遇。

在這個出版品生命週期短暫，崇尚輕薄短小的時代，《全部的你》以十四萬字的篇幅現身，確實為負責出版行銷的康健同仁帶來了挑戰。而這一次，間隔不過半年，《神聖的你》非但長達七卷七十六章，更在十七萬字的基礎上，再安排了一百二十五張圖。

楊博士在創作這本書的同時，不僅手繪了許多草圖，還引入了經典畫作、個人攝影、新聞攝影與現代畫作等素材，豐富讀者的閱讀體驗，也說明了「神聖」其實不是一個遙不可及的概念，而就在俯拾可得的生活所見之中。

從手繪圖到插圖定稿，同樣要感謝兩位插畫家曾曼榕、李研慧的全力配合，感謝她們包容我們隔海不分日夜的電話討論，以及來來回回的修圖定稿。相信透過她們兩位的慧思與靈光，除了文字的流動，還能多出一個詮釋抽象概念的角度，更讓生動的故事在腦海裡留下鮮活的印象，陪伴讀者走向生活中的實踐。

由於內容豐厚，我們曾慎重考慮過是否要將《神聖的你》分為兩冊甚至三冊。然而，考慮到作品的一貫性，最後還是決定請編輯團隊調整排版以及裝幀，希望這本書和《全部的你》一樣，以它自身完整的樣貌獨立存在。

最後，我想說一件事——向來情感內斂的我，為這本書哭了好幾次——四次是以為終於完稿而感動到哭，一次是楊博士將這一系列的作品稱之為「全部生命系列」。那天傍晚，我在紐澤西住處的小溪旁流了好久的眼淚。

我不知道，這一系列的作品是不是真能道盡全部生命的奧祕。我只知道，在這一生有限的光陰流轉中，我們確實投入了全部的生命。但願來自生命更深層的流露，能透過這些作品觸碰到讀者的內心，透過每一位有緣的朋友活出的生命光明，流入人間。

序

楊定一博士

我在前一本書《全部的你》，希望帶來對生命完整的說明，並建立一個全面、完整的基礎，指向對生命更深的理解。那本書所轉達的觀念，也許跟你這一生所接觸的都不一樣。甚至，可能是顛倒的。

從另外一個角度，我也知道，其實你對那本書的內容，早就有了充分的理解。至少，在心的層面，本來就有共鳴。甚至，可以接受那本書的內容。你才會遇到這一本書，想要再進一步了解生命的全部。

《神聖的你》和前一本書一樣，是透過口述而寫下來，是從寧靜而無思無想流露出來的。有了《全部的你》的基礎，我在《神聖的你》想走向一個執行的層面，也就是把神聖的生命、神聖的你、神聖的我、神聖的一切落實到生活當中。

把真正的你——神聖的你找回來，我認為是這一生最寶貴的一堂功課。讓我們從一個快節奏、忙碌而瘋狂的世界裡，自己走出來。

找到神聖的你，也就是承認——自己就是老師，就是生命的主人，再也不會被其他的人或一切帶走。

《神聖的你》和《全部的你》的不同之處在於——透過《神聖的你》，我希望讓你充滿希望、喜樂、新生。假如你讀了這本書，同時有一個最深的靈感，又給你帶來一種不可思議的歡喜，我認為，也許就達到了這本書的目的。

人生最高的祭壇，其實在我們每一個人的內心。透過這本書，我希望你把它找回來。

第一卷

神聖，深入全部的生命

神聖的生命，離不開全部的生命。

全部的生命除了外在生命所看到的一切，還有一個更深、看不到的內在的部份。這個內在的生命，其實遠遠大於我們透過人生所可以體驗的外在世界。它本身含著無色無形，或絕對的部份。可以這麼說——外在世界是局限，而內在生命是無限。外在是種種條件的制約，內在沒有條件。外在有生有死，是無常，內在沒有生過，是永恆。外在——透過「動」組合而成，內在——最多是透過「在」去體會。

全部的生命，是外在再加上內在所組合而成的生命。

我們也可以把「內在生命」稱之為「生命的背景」或「因地」。透過這個背景（因地），才可能衍生生命的外在或前景。假如把生命的前景當作人生的變化或內容，那麼，背景就是架構。有這個生命的架構，才可能有這個世界，有我們這個生命，也才有人間。

活一個神聖的生命，也只是清醒地活在每一個瞬間，而可以透過每一個瞬間欣賞生命的一切。神聖的生命，隨時在等著我們。只要把局限的腦放下，我們竟然就落到它身邊。

因此，我們倒不需要去找神聖的生命。只要把念頭放下，把對立挪開，它自然就在眼前。我們就輕輕鬆鬆地存在，在寧靜。只要有寧靜，外在與內在也就合一了。

全部的生命，本來就是神聖的，透過我們而把神聖的一切帶到人間。也就好像全部的生命想透過我們每一個人，知道它自己本來就有的神聖的一面。這種意識的轉變，怎麼擋都擋不住。最多，我們只能配合它。

全部的生命就像是這座冰山。
我們所體驗到的外在世界或人間，其實只是冰山的一小部份，跟無色無形的內在一點都不成比例。
把內在的生命找回來，一個人才可以活出全部的生命。
把內在的生命隨時帶到外在世界，人自然活在神聖的生命。

1 什麼是神聖？

神聖的生命，是人生最珍貴的禮物。從每一個角落，都可以把神聖的生命找回來。

「神聖」（sacredness）這個詞，一般是代表很珍稀、很美，不屬於人間或世界所見的特質。它本身帶著一種永恆的觀念。

人間所見的種種，都是無常，早晚都會生死。本書所稱的神聖，則不受人間法則所影響。它既是永恆，又是無限大，也就不受時空所帶來的限制。

不論古今，人類都希望透過這些理解，找到生命更深、更大的價值，把生命真正的意義找回來。

這本書不是要談任何宗教，更不是要強調任何神聖的形式或形相。其實，真正的神聖可以跟宗教不相關。因為，在生命的每一個角落都可以找到神聖，並不靠一套信念系統或學問來證明。

年輕的時候，我對於神聖的幾何特別感興趣。大概二十年前，我就把神聖幾何的知識，包括生命之花介紹給華人圈子，重新整理這套科學，還做了種種的說明。光是這個主題，用整整一本書來談，都遠遠不夠。

然而，這些也不是我這本書想談的。《神聖的你》想探討的是生命更深的層面——透過「神聖」這個主題，把我們的全部找回來。這個題目更有意義，也是這個時代更迫切需要的關鍵。我希望透過這本書，帶給你一種安慰，一種解答，一種信心。這是任何其他的觀念、學問不太可能觸及的。

這本書，沒有什麼資訊可以給你。假如你想追求更多的資訊，可能會失望。也許，讀完這本書，你會發現自己所能知道的更少了。甚至，種種知識的累積與鑑別，也自然消失了它的重要性。

這本書的用意，其實也只是帶著你，轉變意識的焦點。也只是透過文字，移動你現在看世界的意識，到更大的、全部的整體意識。從局限、有條件的意識，徹底轉向無限的一體意識。

這個過程，跟每一句話、每一個字的內容並不絕對相關。每一個字，也只是生命的門戶，倒沒有什麼資訊的價值。只是，透過這些生命的門戶，人可以得到生命最深層所帶來的安慰、解答與信心。

正因如此，我才敢大膽地說，假如你讓這本書的每一句話帶著你走，甚至帶著你進入全部的生命，你這一生，會有徹底的轉變，會徹底把自己找回來。而這個找回來，跟任何形式、形相、物質、念頭的變化，都不相關。

同時，我也保證，只要你投入，也就沒有退路了。

我敢講這些話，是因為我知道——**生命本身是神聖的**。**而你，本身也只可能是神聖的**。只是我們通常被世界、被人間帶走，而錯過了這個簡單的道理，把我們的生命落入了局限的人間。

活在神聖的你，也只是把你本來就有的美、喜樂、平安、自足找回來。要找回這些生命最根本的價值——其實它們從來沒有離開過我們——比你想像的更簡單。甚至比任何要做、可做的事，都更不費力。生命的一體本來就是這樣子，也不可能離開這個最根本的道理。

因此，我才充滿了信心，轉達出這本書。透過這本書，將這份生命最珍貴的禮物，傳遞給你。徹底把生命找回來，一個人自然進入神聖的生命。

傳統的神聖

「神聖」這兩個字，也離不開任何宗教。每一個宗教都有它神聖的經典、信物、儀軌、音樂、傳承。試著透過這些種種的形式、形相，甚至念相（thought-form）[1] 接近本性，或說更靠近主、接觸到上帝。從宗教的角度來說，這些神聖的東西或說法，本身就是一個門戶（portal），讓我們在人間找到生命更深的層面——上帝、佛性、本性、道、宇宙、一體意識或是整體。

任何東西或想法只要被指稱為「神聖」，都可以流傳下來，讓人類可以透過它們，找回最原初的記憶。時代的變遷不見得會留下痕跡，但是，「神聖」的東西、「神聖」的話、「神聖」的儀式或「神聖」的遺跡，通常會集中人類集體的注意力，透過集體的篩選，保留給下一代，甚至下下一代。

人類所謂「神聖」的任何東西，其實也離不開念頭。只要我們在念頭的層面，認定為神聖的，自然會在行為上對它另眼看待，讓念頭所賦予的「神聖」特質自然包覆這個東西，造出一個「神聖」的氣氛，而讓我們想盡辦法保存下去，建立一個「神聖」的傳承……很自然的，聖物就出現了。

可以說，「神聖」的傳承，離不開人類的文明。

神聖，早期是宗教專屬的。到後期，神聖這兩個字也變得普及，而不僅限於宗教的範圍。任何東西，只要比較屬於靈性或帶來一種靈感，也會以「神聖」來形容，例如很多人聽過的「聖心」（sacred heart）、神聖幾何、神聖的音樂、神聖的飲食、神聖的水、神聖的名字……一切神聖的形式與形相。用「神聖」這兩個字來指稱，也只是想表達——透過這些神聖之物，我們可以找到更深層面的生命。這意味著，這些種種的「神聖」之物，它不光是表面的存在，還有一個更深的意義所在。

這兩張畫，是美國一位朋友 Almine 所畫的。
透過這兩張畫，我想表達——透過種種的形相，
我們都可以找回生命的「靜」或更深的無色無形的層面。
每一個形相，也自然變成神聖生命的門戶。
透過這一理解，神聖就不限於宗教所專屬。
我們在生命的每一個角落，都能找到類似的門戶。

我們平常產生分別、比較、判斷、區隔等等作用的一般意識，也就是我在《全部的你》提到的客體意識，雖然是局限而且帶來二元的對立（圖中橫的水平線），卻能和無限大的一體意識（圖中縱向的螺旋）交會在「這裡！現在！」這個瞬間。我們以一般的意識不可能了解整體，最多只能透過瞬間瞥見。

[1] 念相 (thought-form) 這個詞，是透過貝贊特夫人 (Annie Besant) 與李必特 (C.W. Leadbeater) 兩位英國人在一九〇一年出版的作品書名而帶給世人的觀念。然而，這個詞所含的理念，其實離不開東方流傳了上千年的「幻相」觀。這兩位專家提出了很有意思的想法，在當時的西方世界是全新的見解——他們認為念頭帶來的振動和能量不完全是虛擬，和一般可見可觸的具體形相是一樣的，甚至還有密度。用這個角度來解釋，念頭可說是一種心理物質 (mental matter)，有它的振動頻率。而情緒的變化，也就是一種能量頻率的變化。我在《全部的你》和《神聖的你》這兩本書談的念相，雖然用詞相同，談的卻是如何走出念相世界的痛苦，回到全部神聖的生命，已經不再著墨於能量的境界，也就是不再透過能量、頻率這些觀念去合理化念相世界的存在。

2 人間所帶來的錯覺

「我」離不開念相；念相，離不開生命的外在；生命的外在，是全部生命的一小部份。生命的外在是個大妄想。

要進入神聖的生命，我認為還是有必要把我在《全部的你》所談的，做一個簡單的彙總。我會以全新的角度切入，因為這些基礎是太重要了，必須與真實的生活結合，而不能只停留在頭腦表面的理解。

透過這裡的回顧，但願能徹底解開這些觀念在頭腦層面所引發的疑惑，讓你能與自己的心得相互對照。當然，假如你已經完全懂了，大可跳到下一卷，有機會再回來重新探討。

思考帶來的幻覺

在全部的動物裡，只有人，有時—空的觀念。這也是人類的一個偉大之處，才有學習、分析、規劃和思考。不透過時—空的觀念，也沒有什麼文明好談。

時間的觀念，本身帶來「動」的理念，同時衍生出這個「動」所造出來的「功」和「能量」與「後果」等等概念。這些都是好的，讓人類的文明在萬年來不斷發展，讓我們不斷地追求知識，從動物單純的狀態演化到可以思考的境地。

然而，進入思考的境地，本身也是個危機。

前面提到，只有人類才有時間和「動」的觀念。而所有的動物裡，也只有人能創出兩個自己。肉體所帶來的這個「我」和其他的動物沒兩樣，很單純——要吃、要喝、要排泄、要睡覺、要溫暖，都只是為了生存，只要滿足這些生理需求就好。然而，在這個肉體的「我」之上，人類自己又加了另一個「我」，而這個「我」的身分完全是念相所造出來的。

這個念相造出來的身分是虛擬的，沒有任何實質的存在，但是對我們一般人而言，它就好像是真的，甚至領著我們走完這一生，好像比動物性或肉體的「我」更實在。

我們所談的「我」——我的一生、我的經歷、我的過去、我的體驗、我的煩惱、我的快樂、我的痛苦、我的家庭、我的事業，都離不開念相造出的這個虛擬身分或是虛擬的自己。每個人的虛擬身分，再加上周遭的虛擬身分，自然組合出一個社會的虛擬身分。再擴大，是民族的虛擬身分。再大一點，就是人類這個虛擬身分。這本身，就是個人的「我」再加上集體的「我」，所組合的人間。

跟真實生命的隔離，是「我」的起點

這個虛擬身分，也可以稱之為「我」。我們一懂事，就透過與環境的互動創出「我」，並以之強化隔離的觀念——認定我和你、和其他的人、甚至和身邊的東西，都是分開的。

這個隔離，本身就是從人類平常的一般意識（也就是《全部的你》所談的「客體意識」）衍生出來的。簡單說，就是我們種種分別心、判斷、比較的作用。連對事情最簡單的認知、標籤、區隔，都離不開這一般的意識。它本身有三個要素：制約、局限、隔離分別，構成了我們認識世界的基礎。

有趣的是，我們對自己的認識，也脫離不了這個一般意識以及這三個要素。

這個一般意識所帶來的隔離分別，使得我們的任何念頭或以念頭想像出來的東西，自然被隔離成一個對象（客體）。一切所可以看到、想到的，包括自己，都離不開一個客體的地位。想出這一切的人，好像就成了「主體」。

有意思的是，人說到「自己」時，也常用食指指向自己，好像指稱的是一個有獨立存在的不同對象，而這個對象是用「我」所想像、描述出來的。「我」的生命內容，不管是種種經驗、故事……更只是可談的「客體」，根本不是主體。但是，說著說著，我們還以為它真的存在。於是，這些經驗反客為主，反而成了生命的主體。

角色和身分架構出虛幻的「我」

我們的一般意識，發展出一整套的分別、判斷和比較，不斷地強化「我」和身邊其他人事物的區隔。我們在個人成長的過程中，從學到「爸爸」、「媽媽」或是叫出自己的名字，已經開始建立「我」的身分，也就把念相變成了現實。這些念相就這麼一點一滴地，把這個虛擬的「我」越塞越滿。

等到更懂事了，「我」的觀念也只會加強。年紀越大，越強化。等到成年，這個「我」已經牢固得離不開生命。我們生命的價值觀念，也都離不開這個虛擬的「我」。

「我」，再透過社會的互動，自然會帶來一個角色。有趣的是，我們投入了這個角色，就會把這個角色當作「我」很重要的一部份，甚至是當作全部的自己。比如說，我不光要做個老師，而且還要做個好老師，做個最優秀的老師。就算下班了，還可能留在老師的角色裡，而把它變成全部的自己。同樣的，無論是當學生、企業家、服務生、快遞員、員工，甚至家長，我們都自然把社會指派的角色變成全部的自己。什麼是虛擬，什麼是真實，已經分不清楚了。

我們在社會上的角色，再透過周遭人的回饋或自己的評估（包括正向和負向），一樣的，還是在強化一個虛擬的「我」。

甚至，人和人之間的互動，往往已經不是「我」和「你」的互動，而落入了「角色」和「角色」之間的互動。比如說，如果你是醫師，我是病人，我們的互動就把「我」和「你」落在醫師和病人這兩個角色上。而這些角色換了情境，可能就會改變。這就像在「我」之上，又加了一層層複雜而完整的包裝，一生在「我」的世界越陷越深，跳不出來。

畫裡的三個人，各自稱職地扮演自己的角色。我們活在這個社會，在任何角落，離不開這些角色。透過這些角色，我們不斷強化「我」。角色有時會改變，「我」也自然跟著調整。

直到人生要離開的最後一個剎那，我們還捨不得放掉這個虛擬的「我」，把它當作生命唯一值得爭取、維繫、珍惜的部份。

這個虛擬的身分，自然變成一生主要的前提與價值。
養著「我」、護著「我」、延伸「我」，也就成了一生的使命。
甚至會把生命扭曲來遷就「我」。

我們通常都活在兩個世界，一個是身體的世界，一個是念相的世界，後者還是透過角色所建立而強化的。我們已經分不清這兩個世界，也自然會把身體帶到虛擬的境界，來配合角色的念相世界，隨時都在這兩個世界跳來跳去。

這種錯覺，阻礙了我們對真實生命的認識。承認、看穿這一錯覺，是我們活出全部生命的潛能、活出生命永恆的神聖的起步。

3 活在「這裡！現在！」，自然讓全部生命的內在浮出來

活在「這裡！現在！」，是消融「我」的第一步。

我在前一本書已經用很多篇幅來解釋——一切的真實，包括身體，只能透過「這裡！現在！」這個瞬間才可以展現，讓我們和周遭產生實際的互動。任何虛擬的境界，包括角色創出的種種念相，還只是透過過去的記憶，再加上未來的投射，在人的腦海裡演出。

只是，我們活在人間隨時失去了虛實之間的區隔，而同時在這兩個世界打轉。最明顯的例子就是——每一個人好像在，又好像總是不在——在別的哪裡。我們的注意力一般都不集中，面對任何人事物，好像總有種種的顧慮或包袱，讓我們分心。

我們通常都被念頭綁住，不是活在過去，就是投射到未來。很自然地，在任何瞬間都待不住。注意力好像沒辦法集中，心總是在別的哪裡。圖中的爸爸完全沒有聽到孩子在說什麼，好像不「在」。這是每一個人都有過的親身經驗，雖然和人講話，但心其實在別的地方。我們很少能完全投入這個瞬間。

這是因為我們不是活在過去，就是活在未來，要不就是活在別的哪裡，自然忽略了「這裡！現在！」。

有趣的是，我們每一個人隨時都會忘記——過去和未來，是只有人類才會創造出來的念相。更有趣的是，這些念相——過去、未來——也只有透過「這裡！現在！」才可以呈現。我們是透過「這裡！現在！」才可以想到過去，也只有透過「這裡！現在！」才可以揣摩未來。除了「這裡！現在！」，其他一切都是一個大妄想，只是一個大的念頭，本身根本不存在。你我都被過去或未來帶著走。雖然活在現在，卻隨時落在別的時候、別的哪裡。每一個人都把真正的生命，拿來換取一個虛擬的「我」。拿一個真正的身分，換來一個虛擬身分。從真實的世界，落入虛擬的世界。

人生的痛苦和煩惱，也是透過這種交換所帶來的。

前面提過，我們所看到的世界，無論虛擬或現實，只是對立、分別、局限的一般意識，透過一刻不停的比較、判斷、區隔而一層層堆疊出來的。這個局限的意識，本身就是把全部的生命切割之後的產物。透過這種切割，才把生命縮小到一個可以用五官和念頭可以描述的範圍。

宇宙或生命本來是永恆，本來是無限，本來沒有條件。是透過我們的一般意識把它局限化了。要觀察到這個世界，我們的一般意識是透過看、聽、聞、嚐、觸，再加上念頭的種種分別而得出觀察的結果。

念頭，已經是經過一般意識所局限、分別的產物。更不用說，我們所看到、聽到、聞到、嚐到、觸摸、想到的一切都是在局限的範圍內建立的。

每一個瞬間，就像圖中一塊塊菱形所表示的畫面。我們受到感官和念頭的限制，把真實的整體切割成一塊塊碎片。透過每一個瞬間，我們所能體驗到的，最多只是生命整體的一小部份，而且小得不成比例。一個局限的畫面，再加上腦局限的運作，不可能對全部的生命有全面的了解。

這個一般意識生出局限，再由局限成立它自己。這麼一來，這個意識不可能不是局限的。而這個局限意識所帶來的人間，本身也只可能描述生命的一小部份，不足以全面代表整體的生命。

我把局限的一般意識透過標記、分別、判斷、比較所帶來的經驗，稱之為「前景」，也強調——在這個局限的意識後面有一個遠遠更大的「背景」，是永恆、無限大、沒有生過的一體意識。沒有這個一體意識，局限的一般意識無從存在。沒有這個一體意識，不可能有生命，也不可能有知覺。以這個一體意識作為對照，我們才有解脫的觀念，或換個角度，生出「無常」、「痛苦」、「煩惱」的觀念。

這些觀念都是透過跟整體的比較才有的。沒有絕對，不可能有相對。有趣的是，這兩個觀念其實不是對立，也從來不是對等。我在《全部的你》以相當多的篇幅來強調——這一套最根本的邏輯，從我們現有的相對、局限而線性的邏輯，是推導不出來的。

也就是說，從相對，走不到絕對。

反過來，把相對放下來，絕對自然就浮出來。它從來沒有離開過相對的範疇。

這句話，也就彙總了《全部的你》為人間所帶來的出路，讓我們從痛苦找出圓滿。

我在《全部的你》談到——「我」是永遠不可能滿足的。有了越多，不管多少錢、多少名譽、地位、權力，都還要更多。就算不要更多，也隨時要找到下一個領域來征服。連最親密的關係有時也成了工具，讓我們踏在上頭可以完整自己。甚至，連一般人所談的修行都離不開「更多」的觀念，要「更多的靈感」、「更多的圓滿」、「更多的完美」，不外乎種種「我」的成就。完全忘了，靈感、圓滿、完美其實是一種無我、忘我的境界，與「我」無關。

臣服於瞬間，進入生命的內在

我也強調，透過外在世界或前景的變化、追求、努力，永遠不可能完整自己，永遠達不到滿足，早晚都會失望。

把生命的內在或生命的背景找回來，我們可以對這個全部的生命有進一步的理解。只有這個生命的內在，才可以帶來一個生命的空檔，也就是寧靜，也就是空。

透過這個內在的寧靜，我們才可以把外在的平安找回來。

兩個世界是相對相成的。內在的境界，自然會浮到外在。而外在，自然會反映內在。

無條件的意識，自然影響到有條件、局限的意識。我們輕輕鬆鬆，什麼都不用做，只要「在」，只要存在，就可以找回來。

站在全部的生命，我們本來是完整的，不可能比現在更完整。然而，只有透過「這裡！現在！」，也就是這個瞬間，才可以把全部的生命找回來。

有趣的是，在每一個角落，我們都可以回到全部的生命。

我在《全部的你》舉了許多例子，雖然稱為「練習」，但嚴格講，也沒有什麼好練習的。全部的生命，不是透過「做」、不是透過任何作為可以得到，而是輕輕鬆鬆「在」，就可以找回來。「在」不能稱之為練習。練習本身是作為、是「做」、是「動」，還是離不開時—空的限制。

「在」，只是——活在當下、「這裡！現在！」這個瞬間，跟全部的生命完全接軌，不再提出任何對立、任何抗議，也沒有任何期待。甚至，對這個瞬間或任何變化，也不需要再做進一步的說明或解釋。

不可思議的發生，也可以接受。多大的災難，也可以接受。對這個宇宙，完全信賴，充分知道不可能透過瞬間所帶來的一點變化，就能對整體做一個說明與理解。所以，種種追求也自然可以放下。

這樣子面對生命，自然會發現——

過去的念頭，本來像水一樣流不完的，它自己踩了個剎車，自然消逝。生命變得友善，生活也比較順了。我們也自然有信心，迎接全部生命的智慧、喜樂、愛與平安。

這就是我在《全部的你》所想要表達的。

4 醒覺——從局限意識的錯覺，到永恆無限大的神聖

一般意識離不開局限、制約、歸納、分別和比較，也離不開相對的世界。

因為這個觀念才是根本，我從另一個角度再補充。

正如我在前面提到的，我們日常運作的一般意識含著三個要素：局限、制約、隔離分別，而這三個要素又衍生出標記、條件、比較、相對、歸納、分析、解釋、彙總……種種頭腦的功能。

一般意識，透過標記（一種限定、局限）和比較的功能，我們先認出了鉛筆、書本、文字種種形相。接下來，還可以描述一枝鉛筆長，而這個長，其實是跟「短」比較得來的。就像說一個人長得漂亮，就含著「醜」或「不漂亮」的可能。而且，任何比較都是相對的。連一般認為絕對的「一萬公里」的長度，或「每秒三十萬公里」的光速，都還是透過相對的比較和語言才能確立。[2]

另外，一般意識也隱含著「條件」和「假設」，也就是制約。我們自然會認為在人間所遭遇的一切，包括事、甚至一個東西的存在都是有個原因的：有這個，才會有那個；前頭發生了這件事，後頭才有那件事。好像任何事，我們都想找出一個前後連貫的關係出來。所謂的理性，既離不開一般有先後順序、有比較、有條件的局限意識範圍，也脫離不了主觀，並不像我們以為的那麼客觀。

[2] 我們都認為公里、公尺是絕對性的長度單位。然而，連「公尺」這個單位也還是建立在別的基礎上，而且定義經過數次的更新。最原始的定義（一七九三年）以通過巴黎的子午線，從北極到赤道距離的 1/10,000,000 為一公尺。過渡期間的定義（一九六〇年）：^{86}氪原子在真空中，$2p^{10}$ 及 $5d^{5}$ 之間能階轉態產生電磁輻射波長的 1,650,763.73 倍。現今的定義（一九八三年）：光在真空中於 1/299,792,458 秒內行進的距離。

相信你已經發現，一般意識本身就帶來好多限制。此外，也不能忘記，所有的資訊，都是透過我們的五官和念頭所截取來的。可以說是把真實的整體，畫成一個個區塊所得到的，不可能代表真實的整體。

甚至，我們生存、運作所仰賴的一般意識，還造出一個有種種分別的世界。讓自己和全部的生命隔開，和神聖的生命隔開，意識不到自己的完整和神聖。

要回到神聖，最簡單的方法，也就是透過覺察——最原初、不加一個念頭的觀察，挪開種種分別。

怎麼說呢？

我們一般所謂理性的觀察，也會落入這樣的「主」—「客」架構——「我」看到這個世界，「我」體會到這個經驗，「我」有種種感受，「我」對世界有種種看法……等等。而我們還從觀察的對象對比出一個「我」——看到這個世界的「我」、體會到這個經驗的「我」、有種種感受的「我」、對世界有種種看法的「我」。

透過這個對比的邏輯，任何東西好像才得到了它的存在。如果拿掉這個對比的邏輯，還有什麼東西的存在好談？推到底，如果沒有這個對比的邏輯，沒有這個一般意識，甚至也就不會有念頭。這是一般人很難想像的。

最重要的是——這個世界本身，既然是透過這種分別對立的意識才組合的，它不可能觀察到自己存在的前提，不可能觀察到自己的分別和對立。

如果整個形相的世界，觀察到自己的分別和對立——觀察到自己存在的前提，它的存在也就要消失了。它本身就是透過隔離和分別才成立的。

「主」和「客」的隔離一消失，這時候，只剩下「覺」。而「誰」在覺、在覺「什麼」，已經合一而分不出來了。

回到我們自身的存在——連「我」這個「主體」，說穿了也是對比的產物，並沒有真正的主體性存在，所以才說「我」是虛幻的。這一點，我們困在這個一般意識裡，是體會不到的。

假如把日常的一般意識所看到的一切，當作一個大妄想或一場夢。那麼，「我」本身也是這個大妄想、這個夢的一部份。

就連我們現在談一般意識，所談論的同樣離不開念頭，是念頭所描述出來的，而它本身也是我們所體驗到的眼前經驗的一部份，一樣不脫種種形相，最多只能說是一體意識的一小部份。

我想要表達的也只是，可以觀察到任何客體（包括所謂「我」的這個「主體」）的，就是我們的本質——一體意識。

這個一體意識，才是真正的主體，是不能用我們一般意識的分別和區隔去掌握、理解的。我們也可以稱一體意識為「因地」，透過「心」、「在」而流到形相的世界。反過來，透過「心」和「在」，我們才可以體會到一體意識，體會到因地。最有意思的是，其實一般意識再怎麼「做」、怎麼「動」，也影響不了這個萬物所從生的因地，一點都減損不了一體意識化現一切的潛能。

活在人間這個大幻相裡，這是一個再奇妙不過的大祕密。

什麼叫做經驗？

經驗，任何經驗，是透過三個層次的要素所組成的——知覺、念想、感受。

任何體驗，首先要透過知覺，才可以觀察到。而這個知覺，是透過我們的五官所可以掌控的，也自然就落入人間的範圍。透過腦的思考、歸納、分別、比較、分析……種種處理，進一步跟過去的經驗做個區隔。再透過情緒的擴大和加工，我們才可以把任何經驗落入人生，而隨時可以透過記憶，加上情緒取回來。

經驗，也離不開能量。透過念頭的想，再加上身體的感受，它本身就是能量場的轉變，而會帶來能量的流。任何經驗帶來的能量流，假如沒有順暢地流通過去，都會留下一個結。這個結早晚會浮出來，讓我們緊縮。萎縮，就是這麼來的。[3]

無論怎麼分析，任何經驗還是離不開物質、能量，離不開形相的世界。它本身還是帶來局限和制約。

這本書所提到的神聖或永恆，也就是強調存在於任何經驗之前，還有一個覺。這個覺，是不生不死，不是任何條件可以制約。沒有這個無色無形所延伸出來的覺，也就沒有什麼經驗好談。透過覺，任何經驗才可能從因地化現出來。

經驗，構成了我們的人生故事。我要說的是，非但我們的經驗、人生故事不是生命的主宰。就連體驗種種經驗、沉浸於人生故事的「我」，也不是生命真正的主人，更不是意識的源頭。

意識的源頭，反而比我們想像的更簡單，但是又沒辦法用任何語言來描述。因為它是整體，我們不可能用語言文字所分割出來的小片段來表達，最多是——透過「覺」觀察到整體。而「覺」最多也只能用I Am.——我，在——來稱它。是我們每個人都有，隨時都有，和體驗無關，卻是每個人都能領悟的。

[3] 經驗和念頭或「想」的不同之處在於，經驗是念頭再加上情緒的擴大，由於情緒進入身體的每一個角落，與細胞結合，所以經驗會在身心停留比較久。用這種角度來談，大部份的經驗還是萎縮。只有少數的經驗是快樂或舒暢，是我們會想追求或重複的。

5 對稱的法則

As within, so without.
As without, so within.
生命內外的交會點，是——這裡！現在！

第三章談到，生命的內在和外在是相對相成，其實就是在表達 Law of Symmetry，也就是對稱的法則。從星球，到最小的分子，都離不開這個法則。[4]

這個對稱的法，我在《真原醫》也拿來解釋全人的健康，也就是細胞或身體內的健康，其實反映了整體甚至外在的健康。我才會強調，真正的健康是身心全部的健康。有趣的是，就連古人強調的好轉反應（healing crisis）[5]，也離不開對稱的法。我這裡想用同一個法則，來談生命更深的層面。

一般談對稱，指的是同一個維度的對稱，比如說左和右、上和下。然而，我這裡想要表達的，是內和外，甚至有形和無形的對稱。As within, so without.（如其在內，如其在外），反過來也可以說 As without, so within.（如其在外，如其在內）。這兩句話是想表達——生命的內在（「存在」、「存有」或「在」）以及生命的外在（人間），同樣會符合這個對稱的法則。

生命的全部或整體，包括無色無形的力量，才可以組合出全部生命的場。這個場，遠遠超過我們人間所知道、所經驗到、所活的。人跟任何動物都一樣，離不開對稱的法則，早晚要跟內在——生命更深的層面同步，才可以達到對稱。

我們百千萬年來一直活在一種不均衡的狀態，用「生病」甚或「瘋狂」來形容都不為過。除了少數的聖人之外，絕大多數的人從來沒有跟生命的全部接軌。然而，到了這個時間點，地球跟宇宙正要大轉變，就好像內在生命想做徹底的翻身。透過我們，它想爆發出來，帶著我們，跟人間重新整合、重新同步。這個力量，比外在世界任何力量、比任何時—空所帶來的都大。

這個接軌、同步的力量，也可以稱「醒覺」，本身比什麼都大，也就好像我們非醒覺不可。醒覺，自然一切都神聖，一切都平安。可以說，**神聖也只是反映了內在生命和外在世界的接軌，達到最和諧、最完美、最平安的境界**。

可以這麼說，無色無形或內在生命，希望透過外在樣樣的形相來活出它自己，體會到自己。這就是我們所稱的醒覺。

透過翻轉，讓形相觀察到自己。其實，在這裡用「對稱法則」來描述，可能還不夠精確。嚴格講，生命內在的力量，遠遠大於生命的外在。是內在想透過外在，活出自己。希望透過任何形相，把「在」透出來。這個**生命內在的力量，不光指出了人類演化的方向，甚至點明了——整個宇宙不可能不走向這個結果**。

換句話說，無色無形的吸引力，遠遠超過有色有形的吸引力。它反而是想透過任何形相，把自己延伸出來。也就好像說，其實是——

「空」來「空」我們。

4 儘管現代的物理學從一個角度證實了「宇稱不守恆」，然而，那是在很特殊的範圍下，只作用很短的時間。也就是說，宇稱不守恆其實不是自然的狀態。

5 我在《真原醫》第二十五章〈好轉反應〉提到美國順勢療法之父康斯坦丁・赫林博士（Constantine Hering）用很生動的方式來描述：「所有的痊癒都是由內而外，由上到下的，而且與病症出現的順序恰好相反。」也就是在談痊癒與疾病在身體的部位與順序上的對稱。

「在」來「在」我們。

「恩典」來「恩典」我們。

神聖的生命來活我們。

只要我們不跟任何形相對抗，生命內在也自然浮出來，完成自己所帶來的最大目的——醒覺。

不是這樣子的話，佛陀不會在兩千六百年前說連一朵花、一枝草都能成佛。[6]

這，就是我們人類跟宇宙最後的結果。

這本書的目的，也不是來啟發醒覺。其實，你老早醒覺過，或正在醒覺的過程中，才會接觸這本書。而醒覺的力量之大，再配合現在地球快速的變化，是怎麼都停不下來，怎麼都擋不住的。只是，很多人還不知道有這回事。

這本書最多只是帶來一個基

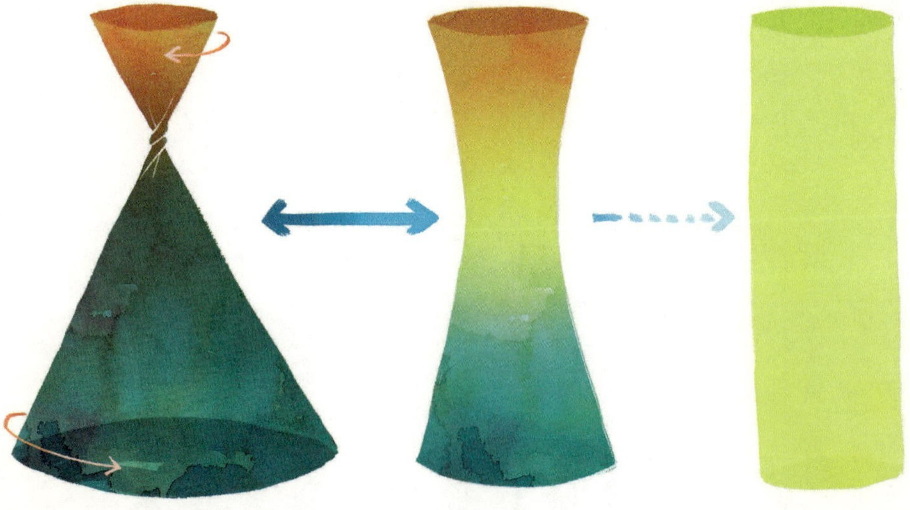

醒覺，也只是透過瞬間，讓生命的內在和外在全面接軌。所謂對稱的法則，也只是表達：生命所蘊含的動量早晚會讓生命的內外接軌，而且不可能不接軌。
我用一個比喻來說明。將一個圓柱體扭曲後，最窄的部份代表「這裡！現在！」。上面比較小的部份代表外在的世界；而下方是我們的內在。那麼，就像圖中央所表示的，對稱法則談的其實就是反扭轉的力量，希望將內在和外在打通，甚至像圖右，將兩個層面完全打通。兩個層面完全打通，一個人自然醒覺。
雖然這個肉體是無常，醒覺的人可以體會到無條件的永恆。生命的內在和外在兩個層面加起來，才是全部的生命。

礎或架構，讓你了解生命運作的機制，可以理解發生在地球和你個人身上的變化。也可以說是帶來路標，或者說，另外一個層面的理解，讓你可以完成你轉變的旅程。

下一頁的圖呈現出——全部的生命，是遠遠大於我們人間所活的人生。是透過「我」，透過「這裡！現在！」它想流入這個人間，在每一個角落，找到自己，觀察到自己，欣賞到自己。

我才會一直說，是透過瞬間，全部神聖的生命來活我們。只要跟瞬間沒有任何對抗，我們自然和全部的生命接軌，變成一體意識的通道。這，才符合對稱的法則，也就是這本書想表達的。

最後，醒覺，跟我們想不想，沒有關係。我們早晚都會被生命醒覺。只是，透過臣服，可以把對抗和阻礙降到最低。

醒覺，不需要時間。就在「這裡！現在！」，我們也自然就醒覺過來。

醒覺，是**活在生命的外在，同時體會到生命的內在，體會到全部**。醒覺後，一個人還是需要把內外整合，變成兩面一體，把全部矛盾消失，才可以活出神聖的生命。

內和外，再也不分了。

怎麼去整合內外，是這本書想探討的主題。

[6] 不只是花草能夠成佛，就連一般認為沒有意識的石頭都有佛性，都活在一體意識不分別的狀態中。只是人類透過局限的一般意識，很難想像草木石頭大地的境界。然而，我們也不需要強迫自己想像或相信這個境界，只要輕輕鬆鬆地「在」。很有意思的是，植物學家已經發現，草木透過它存在所演化出來的機制，也會展現學習、記憶、忘記、評估，甚至決策……種種和人類頭腦相似的意識功能。當然，這種論述乃至於研究路線是從人類的角度出發，認為凡是和人類的意識相近才夠「高等」。抱著這種人類中心的思維，也難怪我們很難接受一體意識不分的觀點，難以想像佛陀在《大方廣圓覺修多羅了義經》所說「眾生、國土同一法性，地獄、天宮皆為淨土，有性、無性齊成佛道。」

全部的生命，遠遠大於我們局限的人間。活出神聖的全部生命，並不是一件需要去尋找的事，因為它本來就存在，而我們本來就有。是生命的場、生命的能量，希望透過我們呈現出來。

神聖的全部生命，比任何形相的力量都更大，等著透過我們、透過「這裡！現在！」、透過醒覺而流入這個人間，流到每一個角落。透過我們，一體意識才可以體會到自己。人類接下來的演化，也只能完成這個意識的轉變。這是任何人都擋不住的。

放下對抗，配合它，會比較順。

6 透過本質，找到神聖

醒覺，從人生的「做」，挪向「在」的本質。

找到神聖的你，其實是回歸生命的本質。這個本質，不光是每一樣東西、每一個人都有。而且，從最大的星球到最小的分子都有。只有透過這個瀰漫於宇宙無所不在的本質，我們才可以認得生命的永恆。

神聖這兩個字，所代表的也就是永恆。

我所要表達的也是——這個本質，也就是「在」。進入它，其實比任何東西都更簡單。「在」是我們本來都有的，倒不需要去追求。甚至，也追求不到。

最多，我們也只是讓「在」自然浮出來。它就在我們眼前，只是我們透過局限的腦海，反而看不到它。

活出「在」，也是活出神聖，是這本書所要強調的一個主要重點。

以下用印象派的主要畫家梵谷（**Vincent van Gogh**，一八五三—一八九〇）一百多年前的畫作作為比喻，來進一步說明。

印象派的特色是，透過畫表達生命更深的層面。梵谷畫作的一個特點，就是他強烈的筆觸。如果將畫中強烈的筆觸當作生命的本質，也就是無色無形的背景。那麼，他的《星夜》（***The Starry***

Night）畫作中的靜物、自然和人間風景等種種元素，都是構建在這個生命的背景上而成就的前景。這幅畫作是這些元素之間的種種關係，所衍生出來的內容和故事。

重點是，這個本質（強烈的筆觸）是畫中每個元素都有的。正因這個本質是唯一而共通的，你我才可能解脫，才可能找到自己的神聖。

當然，這個本質，在這張圖是用筆觸來表達。然而，它其實就是「空」。我們也可以稱它是空檔、寧靜、背景、一體。是透過「在」或「心」，我們才可以體會到「空」。有了它，才可能有物質、形相、念相跟任何人間所帶來的變化。它本身，在任何主體（「我」）之前就存在。

正因如此，我前面才會提到，連我們所講的任何主體，包括「我」，從空或一體意識的角度來看，它還只是一個客體。

同樣地，被觀察的東西和觀察的人，兩者都還是客體。真正的主體，也就是生命真正的主人、意識的根源，反而是用任何（局限、相對的）語言都描述不來的。我前面才會強調，最多只能用 I Am.（我、我是、我在）來稱它。輕輕鬆鬆，把意識移到這個「在」、不動、不生、永恆的層面。一個人，自然醒覺過來。

這麼說，醒覺，是「在」的成就。

醒覺，只是隨時讓這個本質，透過我們，帶到人間，來照明一切。

這，才是神聖的生命。

活出神聖的生命，也只是落實這個醒覺的領悟，是我們對全部生命的領悟。

這個道理，佛陀在兩千六百年前就提出來了。我才會說，我們透過「在」，也只是輕輕鬆鬆——從人生的「做」，挪向「在」的本質。

Vincent van Gogh, *The Starry Night*

7 任何形相，本身就是一個解脫的門戶

醒覺，也只是從有形有色，轉到無色無形，讓我們擁抱全部的生命。

到這裡，我捨不得不再補充幾個重要的觀念，但願你能理解這麼做的重要性。

首先，我們所有的人都停留在一個「作為」的境界。我們從早到晚，都在不斷地「動」。透過「動」，希望完成自己。

無論是青少年的學習過程，新鮮人剛出社會的就業，或成年後的種種追求，包括錢、物質、房子、生涯、家庭，從來沒有停下來不動過。都是透過「動」，達到個人的願望與期待。而這個願望和期待，其實從來沒有離開過「取」的念頭，不斷地孳長「取得」的觀念。

「取得」什麼？仔細觀察，也只是讓我們清楚地發現——取得的不外乎是「我」。不光建立一個「我」的身分，還再加上一個「我」的角色——我在社會上要扮的角色——兒女、學生、老師、家長、畫家、作家、職員、服務生……種種角色，到最後都成了「我」的身分。

透過追求和「動」，身分和角色就這麼融為一體，再也分不開了。

透過「取」，把「我」變得更完整、更鞏固、更有特色，更顯得與眾不同，而能和周遭的人事物區隔開來。透過「取」，不斷地「取」，不斷地「動」，我們才有機會把「我」養大。

有意思的是，靜下來觀察，一定會發現「我」其實是虛的，是念頭所帶來的另一個自己。只是，人透過「取」和「動」就這麼活了一生，都忽略了——我們在這個肉體之上，還另加了一個虛擬的

念頭體，而任由自己被這個念頭體造出來的「我」帶走。

甚至，不光是被這個虛的「我」帶走，透過「我」看這個世界，還源源不絕地供養「我」，讓「我」變得真實無比。

這些種種的「動」或「取」，不斷地強化我們人生的情節，編出個人獨特的故事。

每一個人的人生，也只是透過「動」所取得的個人經歷。

連念頭或念相，還是離不開「動」。念頭本身，是一個「動」的境界。假如腦不動了，其實也沒有念頭。

各式各樣的念頭，構成了腦的內容。也就好像我們的腦有一套目錄，透過這套目錄（記憶力），可以隨時把每一個「動」所帶來的內容「取」出來。這個「取」，同樣離不開「動」。我們可以進一步歸納人生的經驗，取得學習，進一步再取得人生的規劃，並同時投射出一個未來。

我們就這樣一輩子沒有離開過「動」。不光是身體不斷地在「動」，追求生理需求的滿足，我們的腦海也從來沒有離開過「動」。最有趣的是，我們在人間所見的一切，本身離不開念頭，也就離不開「動」。連我們認為不動、而很堅實的東西，還是透過念頭的「動」，才讓我們可以體會到。

把全部神聖的生命找回來，也只是看透一切的「動」，讓我們輕輕鬆鬆找回生命的「不動」。「不動」也只是存在，可以把它稱為「存有」，或更簡化成「在」。

輕輕鬆鬆地「在」。

沒有條件的「在」。

清醒的「在」。

沒有目的的「在」。

這個「在」，我們本來就有，從來不可能沒有。

有生命，一定有「在」。

不「在」，也就沒有生命。

從「做」，輕輕鬆鬆地退到「在」。其實什麼都不用「做」，也不可能「做到」。

再用電腦做個比喻，「在」也只是——從種種的目錄和檔案內容退出來，退到整體的架構來看一切。除了「動」和「動」所帶來的變化（目錄、內容），還有一個本質，而這個本質就是空檔、寧靜或是「空」。它其實是主要的部份，遠遠大於有限而有條件的變化、任何的「動」、「做」與「作為」。

意識的焦點，要從「動」、「做」轉到「不動」、「在」，也只是透過全面的接受、全面的容納、全面的諒解、全面的臣服。

臣服什麼？也只是瞬間。對「這裡！現在！」所帶來的任何變化——包括好消息、包括挑戰、包括災難、包括一切——都可以接受，都可以容納，都可以諒解，都可以讓它存在。每一個瞬間，都可以清楚地知道而放過，清楚地活「在」而放過。

這就是和生命接軌，化解任何對抗。

「我」最怕跟這個瞬間接軌。對抗一化解，「我」也自然消解。

就那麼簡單，從形相——我們現在體驗的人間——就可以輕輕鬆鬆轉到無色無相。這是我們的本性，也是生命、一體，也就是上帝。

8 看清「我」，面對「我」，是走入神聖生命的第一步

清清楚楚看到「我」的運作，本身已經開始跨越「我」的局限。

我在《真原醫》特別提到：習氣要轉變，不是透過對抗而可以消除。反而是建立一個新的習慣，也就是新的神經迴路，才可以讓它的能量消散。[7]

面對「我」，也是如此。

「我」本身是一個能量的結，它把無限大的、永恆的、無條件的整體（一體意識），局限成一個「體」。而這個「體」，就是自己。

任何抵抗——抵抗「我」，都只會把它燃燒起來，讓它越演越烈、越燒越堅實。

「我」本身是透過抵抗或是阻抗所建立的，假如我們像其他的眾生，比如動物、植物，沒有對自己、周遭或生命帶來對抗，其實「我」的觀念是生不起來的。

「我」是透過念頭所組合的，而念頭本身是透過阻抗——對全部生命的對立——才有的。

把「我」看清，進一步消融，是進入神聖生命的第一步。

也可以說，首先要看到「我」，才可以消融它。

面對「我」，最好的方法也只是——把注意完全投入在每個瞬間「這裡！現在！」。把我們的心

7《真原醫》第三十八章〈如何改變習慣〉。

落在每一個瞬間的空檔，透過這個空檔，欣賞每一個瞬間所帶來的變化。

全部容納、接受任何瞬間，也只是對任何有限而局限的形相不做任何抵抗。讓它們來，也讓它們走。

不做任何抵抗，也只是對「我」不再加任何燃料。讓「我」自己生、自己死，我們不再去理它。不理它，我們自然退出「我」的範圍，自然進入「在」的狀態。而這個「在」的狀態，本身就是一體意識所帶來的無色無形。

就那麼簡單。

但是「我」一定會反撲，會抗議，也絕對不會那麼容易放棄。它自然會用種種方法，讓我們被瞬間帶來的所有形相吸引住，而讓自己和形相分不開。比如說，人和人之間的互動、感情，乃至於物質的需要，包括錢、名利，都自然會讓我們陷入這些形式與形相。甚至，讓我們的自己、生命目的和這些形式與形相分不開來，隨時隨地迷失在其中，看不到藏身在其中的「我」。

假如我們看不清「我」，自然不用講怎麼消融「我」。

所以，我才會說，看清「我」才是走出人間限制的第一步。

看清「我」，又可以同時接受它帶來的樣樣變化。這本身是解開「我」最好的方法。

這麼一來，一個人自然可以跳到無限大的一體意識，進入神聖的生命。

而神聖的生命也就是永恆，一切。

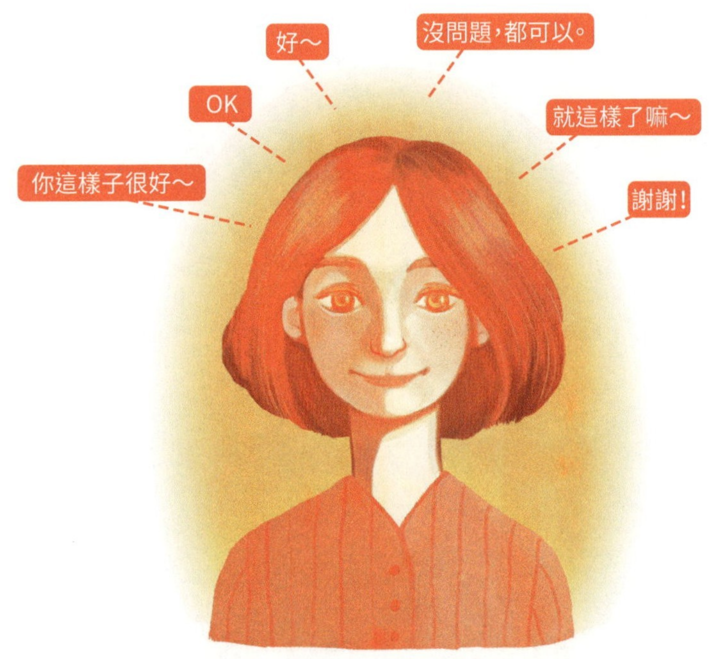

完全接受任何瞬間，把瞬間當作最好的夥伴，是消逝「我」的第一步。不對這個瞬間帶來抵抗，一個人也就充分理解——抵抗本來就沒有什麼用。

透過任何一個瞬間，我們只能看到全部生命的一小部份，最多體會到跟整體生命的一個小交會點。然而，透過瞬間，我們其實是跟全部的生命連起來的，最多順著每一個瞬間，跟著演變，跟著翻轉，活出這個瞬間所帶來的一切。

活在當下，自然把瞬間變寬

前面提到，神聖本身就是永恆。而神聖的生命，就是永恆的生命。

我們可以仔細觀察——只要投入這個瞬間，站到「在」，也就是寧靜，就是空檔。接受它，容納它，接受一切。我們自然會發現，這個瞬間好像打開、變寬、拉長了，而讓我們體會到一種永恆的味道。

就像這張圖，假如把每一個瞬間當作一個畫面，活在當下，這個瞬間的畫面也就好像變寬了。

如果，我們不斷地停留在當下，接受每一個當下帶來的變化、刺激和一切——好事、壞事、機會、考驗、危機。如果我們都可以接受，不光是這個瞬間變寬了，甚至這個瞬間和其他接下來的瞬間也就合一。好像瞬間和瞬間中，沒辦法區隔了。它自然變成一個永恆的瞬間。

這種領悟，本身就是神聖的生命的起步。其實，也就那麼簡單。

9 萎縮隨時在發作

對身體而言，萎縮體比眼前的現實還要真實。

念頭再加上情緒的擴大，自然帶給我們萎縮。萎縮體，是在肉體額外再加上的虛擬「念頭－情緒體」。這張圖表面很平靜，只是幾個人在講話。

但仔細觀察，每一個人其實都帶著不同的萎縮體。左邊的女人沉悶沮喪，中間的女人是焦慮，右邊的年輕人是憂鬱、恐懼，這三個人的生理狀態也跟著不一樣。我們身體自然會聽命於萎縮體，把萎縮的狀態當成比「這裡！現在！」更真實的威脅。

用「正常」這個詞，來描述一般人的狀態，其實是一種讓人難以置信的表達方式。我們每一個人都透過「我」帶來的念頭過濾這個世界，再透過情緒擴大自己對世界的反應，甚至反彈。這個反應或反彈，唯一的目的就是來保護、滋養「我」的區隔，不斷地讓自己和周邊分離開來。

從錯覺，我們取得更多錯覺，再透過這個錯覺，擴大錯覺的世界。而這個錯覺的世界，是把「我」、你、大家造出一個孤獨的隔離。

除了念頭所帶來的虛擬實境，我還提過情緒的角色。種種情緒——尤其負面的情緒，本來是生存的工具，讓我們建立一個頭腦和身體的橋梁，擴大並加速生理的反應，讓人類可以在很短的時間內避開風險，得到生存。

可惜的是，經由上萬年的演化，我們透過情緒，把一個由虛的念頭所造出來的虛的世界擴大了，也把「我」加倍的擴大。

念頭和情緒造出來的反彈，也自然讓我們身心緊縮而建立了一個萎縮體。這個萎縮體，自然讓我

萎縮的狀態，也可以稱為恐懼的狀態。人本來是圓滿的，而情緒也只是橋梁，把神經的資訊傳達到身體每一個細胞、組織、器官。但是，透過過度的刺激，再加上「我」所創出來的虛擬實境，反而情緒自然擴大了它的角色，隨時把一個虛擬的念相世界變得真實無比，造成我們全身心的萎縮。其中，影響最大的負面情緒就是恐懼。
恐懼會影響我們身體的每一個部位，讓我們「癱瘓」，而落入絕望和悲觀的心情。恐懼扭曲了我們眼中的世界，讓萬事萬物看來既負面又悲觀。

們活在一個萎縮態，帶給周遭一個萎縮場。

這個萎縮體的主力也就是恐懼。我們每一個人，都活在大大小小的恐懼當中。

有時候這個恐懼可能大到一個程度，造成癱瘓或凍結，和臨床的恐慌發作類似。恐慌發作（panic attack）是讓我們過度緊張，甚至讓交感和副交感神經系統失衡，而使得我們充滿無力感，動彈不得。[8]

萎縮發作（contraction attack）也可能帶來一個類似的效應，會把全部負面的情緒——尤其是恐懼放大，帶來身心嚴重的緊縮，使我們對人生充滿負面的看法，甚至讓人做出令人意想不到的舉動。種種負面的念頭造出連鎖反應，帶來一種人生的絕望感，又回頭強化萎縮。

[8] 關於交感與副交感神經系統的放鬆和緊張反應，請參見《靜坐的科學、醫學與心靈之旅》（簡稱《靜坐》）第十六章〈靜坐對健康的益處〉、第十七章〈完全放鬆狀態的神經生理和功能變化〉以及第二十五章〈生命力及意識場引動身體變化〉。

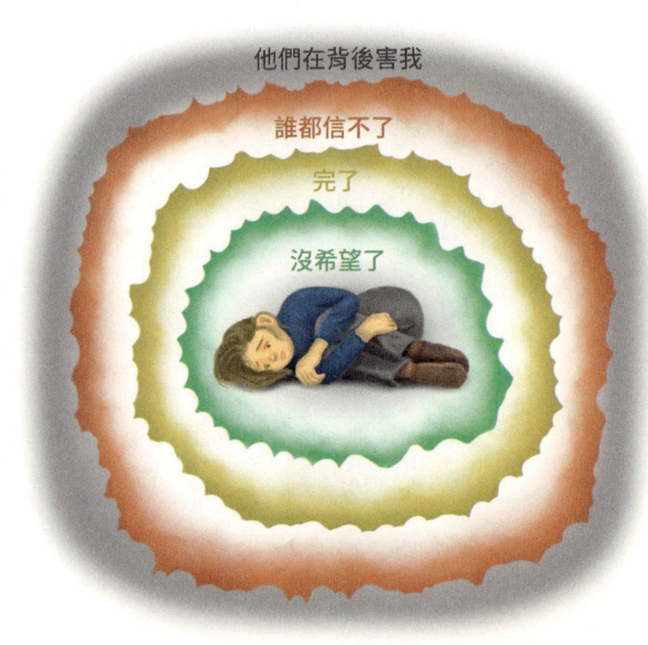

萎縮發作（contraction attack）：恐懼和其他的負面情緒會讓神經系統強烈地失衡，讓自律神經系統受到極端的刺激，使得我們全身緊繃，進入一個「癱瘓」的狀態，也同時造成憂鬱和其他心理的障礙，帶來一個灰灰暗暗的過濾網，讓我們面對事情產生一連串的負面看法和反彈。這張圖可以看到一個人受到這種刺激時，自然會進入身心的萎縮，完全沒有安全感。

萎縮體是動態的，不是靜止不變的

一個人的萎縮體，本身也只是透過念頭加上情緒所放大的「動」，而且以負面的情緒為主。情緒是一個連結念頭和身體細胞的橋梁，也是擴大器。萎縮體之所以比念頭體更「堅實」，正是因為透過情緒，把念相和身體綁在一起了。

正因如此，只要一個人在萎縮的狀態下，自然會帶來一連串負面的念頭，過濾我們對世界的知覺，擴大負面的反應。我們平常對某個情況有很激烈的情緒反彈，其實也只是萎縮體在發作。

我們做個比喻，就像放大鏡不但可以過濾光，還能集中光的能量，把紙張燒起來。同樣的，萎縮體不只是念頭的過濾器，還是念頭能量的擴大器，對身心帶來嚴重的作用。

萎縮體不光是很「堅實」，同時還有脈動。有時在一連串負面的反彈中縮到很小、很緊。有時候在一種放鬆的狀態下，還能「饒」過我們，讓人至少感受到一些正面的情緒。

可惜，人世間的互動，不可能不造出萎縮，只是程度多少。這裡用以下的圖來形容——我們和生命的互動（用頭上的螺旋來代表）其實都是在萎縮的狀態下進行的。萎縮體自然會衍生出來一個生命場。但是，這個生命場是經過萎縮的，讓我們在一個緊縮、狹窄、局限的制約中活過一生。

我們也可以透過同一張圖看到，萎縮體是在動的，有它的起伏變化，好像有脈動週期。前面提過，只要在人間，我們都離不開萎縮體。仔細觀察，任何生活上的變化，都可以讓人體會到萎縮的作用，只是程度不同。

比如說，我們一般到了週一，回到上班或上學的日子，自然進入萎縮的狀態。週一的緊張和週末的放鬆是很明顯的對比，也難怪週一上班日的心臟病發作率比較高。就連週一上班都可以帶來萎縮，更何況生命更大危機所帶來的萎縮。

再舉一個例子，每個人都生過病，即使小如感冒或身體種種不適，也都體會過這些狀況帶來情緒的萎縮。一個人生病不舒服時，自然會把這個世界看成負面的。此外，還有很多生理狀況或生活變化也會刺激我們的萎縮體。比如女士每個月的生理期或更年期，男士也有雄性素停止的更年期，或是其他代謝與內分泌的轉變。酒精的作用則不分男女。許多人酒後就變了一個人，連個性都截然不同。顯然，萎縮體是受到相當大的刺激。

可惜，「我」通常會利用這種萎縮，再加上反彈，尤其是反彈所擴大出來的反應，來建立自己和周遭人事物的界線。有了界線，更能凝聚出一個「我」，使得「我」好像是一個可以獨立生存的生命。站在「我」的立場，甚至是隨時期待萎縮體的發作，好讓「我」可以藉題發揮。

要注意的是——我們跟自己或周遭人事的互動，通常是透過萎縮體在進行的。

要進一步了解萎縮體或萎縮場的作用，就像左圖所要表達的，人類看世界是透過萎縮體的放大和扭曲。我們跟世界（包括跟自己）的互動，也只是透過萎縮體在互動。萎縮體和萎縮體之間，自然會產生共振，而相互擴大或抵消。

我們每個人都遇過——身邊某個人對我們帶來特別的刺激或心裡不舒服，而加強了自己萎縮的狀態。我們也都遇過某個讓人特別舒服、自在的人，也只是透過他們的生命場，讓我們降低自己的萎縮。

「我」跟萎縮體是分不開的，是兩面一體。要從萎縮回復圓滿，要把神聖的生命找回來，首先要理解萎縮帶給我們生命的限制。可以體會、看清自己的萎縮體，本身就是從局限跳到無限大、從相對跳到絕對的第一步。

10 生命的絕對，是包括人生的相對

絕對、永恆、一體、神聖的生命——離不開「在」，離不開瞬間。

下頁這張圖沿用前一本書的比喻，用泡沫表達我們每一個人的生命，隨時從一體意識海浮出來。人間，也只是所有浮出來的泡沫，再加上泡沫間的種種互動、對立、摩擦所組成的。用這個泡沫來代表「我」或人間，要表達的是——念相造出一個有限而局限的空間，而且這個空間是由我們的感官所截取而建立的，一樣離不開錯覺。

從某個角度來說，這些泡沫比起一體意識的海，根本不成比例。我們稱這個一體意識為因地、生命的背景、內在，或用無色無形、在、寧靜、空檔來表達。但這種表達方式，仍然受限於語言表達的對立。

我這裡想表達的是，**「做」和「有」並不是「在」或「沒有」的對立面，而是「沒有」或「在」涵容了「有」和「做」**。

是一體意識，抱住了有限意識所帶來的對立。

再進一步說——生命的絕對，同時包括人生的相對。

神聖，也就是把生命的絕對找回來。透過把「做」挪開，讓「在」浮出來。「在」本身跟生命的一體意識或背景是相連的，而不是用語言可以表達或領悟。

要把永恆的神聖生命找回來，是透過「在」，連通這個一體意識的背景。

透過上圖也可以看到，一個泡泡裡含著一個局限的邏輯系統，不可能透過同樣局限的語言而能夠跳脫出來。唯一可以和意識海連通的方法，就是透過「這裡！現在！」也就是我們所稱的瞬間。

像左邊第一個人，雖然有連通，但這個通道還是很窄。她偶爾看到，多半時間看不到。這個人大多時間還是在跟這個瞬間對抗，而只要有對抗，這個通道就被掐住了。

然而，一個人完全封閉，完全活在「我」的境界，像第二個泡沫所呈現的，一位男士正在生氣。在這種狀況下，其實他根本不可能投入、包容任何瞬間，也就不可能建立任何通道。這種通道，不是靠語言可以解開的。

要解開，就像第三個泡沫中的人，完全包容這個瞬間。相對來說，最右邊泡沫中的大自然本來是通的，隨時都活在瞬間「這裡！現在！」，它本來就是通的。唯一的差別是，大自然的眾生沒辦法做一個反觀，沒辦法觀察到自己的意識。

醒覺的人，不光是觀察到周邊，觀察到自己，還可以觀察到一切，包括生命所帶來的全部意識。這本身就是神聖。

11 透過語言的路標，指向神聖的全部生命

沒有任何絕對的真理，是可以用語言表達出來的。

我用 *Turiya* 或是第四意識這個詞來描述醒覺。嚴格講，這種用法並不正確，只能說是一種假借或替代。然而，人腦本身就受限於對立與局限，我也只好用局限對立的語言來表達。

本書所談的醒覺，也就是第四意識，其實和前三種意識狀態既非對立，也不是對等。它本身是無條件，是一體的。它是全部的生命，所以也包括前面三個狀態（醒著、作夢、深睡無夢）。

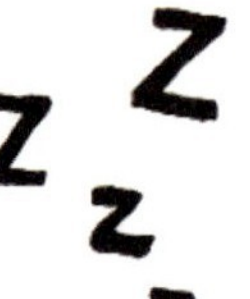

Turiya，醒覺，或說第四意識狀態（the fourth state of consciousness）。這張用鉛筆畫的圖，是一位來自加拿大的同事馬奕安（Jan Martel）畫的（他是我之前的博士班學生）。因為畫得格外清晰，我特別在這裡把他的原稿分享出來。前三個狀態——醒著（awake）、作夢（dreaming）、深睡無夢（no dream [sleeping]）是一般的意識狀態。而最右邊的醒覺（awakening）是這兩本書所要探討的。當然，就像我在這一章裡提到的，這種歸納與畫分，最多也只能當作一種比喻。

Turiya，或說絕對，其實包括相對和局限。絕對與相對，這兩者不是透過同一套邏輯可以表達的。這一限制也誤導了人類幾千幾萬年，讓我們不斷地用一個局限、有條件的線性語言（念頭）來描述「沒有條件的整體」，而造出了種種其實不存在的矛盾。

透過念頭，我們把整體切割成很多小部份。而種種小部份，又被分得更細小。也只有這樣子，人類的感官才可以截取，才可以掌握。我們同時會認為透過這種局限的意識，可以完全理解不受限制的一體意識（生命）。

然而，這是不可能的。

在《全部的你》，我最多只能用種種的路標來指向真實。而第四意識，或 *Turiya* 也只是一個路標。這一切，全部都是路標。假如太認真去分析、歸納，自然落入既有的有限線性邏輯，又帶來另一個腦跳不出來的系統。不僅無法讓我們解脫，還造出一個新的困境。

這種現象在人類歷史不斷反覆出現。我們仔細看，儒家、佛家、道家、基督教，就連蘇格拉底，都沒有親筆留下任何紀錄。可以說，史上偉大的聖人本來沒有宗教的觀念，連一個字都沒有留下來。是後來的弟子透過文字，把聖人所講的記錄下來，才成為經典。然而，透過文字，自然把神聖、解脫、沒有什麼境界好談的境界，用人類的語言限制成一系列人間的道理，並在傳遞的過程中，不斷地稀釋、扭曲。人類主要的宗教、哲學，就是這麼來的。

懂了這些，早晚必須把這一切路標拋開。這樣子，我才可以放心接著談下去，而不會擔心你對每一個字或它的意義賦予太大的重要性，或做進一步的分析，反而又成了另一個封閉的系統，帶給自己一個不必要的困境。

我相信你已經體會到，不光描述生命的本質，就連描述無色無形或「在」，都是不容易，可以說是不可能的。

我們用任何語言，都只能得到相對的定義。而「在」是絕對的觀念，也讓人最難理解。一個有限、局限而相對的腦，絕對理解不到無色無形。無色無形本身，不是任何對立可以涵括。

以顏色為例，我們可以懂什麼叫做黃白藍綠紅，甚至懂得什麼是黑。不過，我們懂不了的是——一個不是由感官可以知覺的「無色」。我們看不到，以為沒有，最多也只能稱它為「沒有」。這就是局限的腦所推不到的一個範圍。

然而，別忘了，「絕對」連一個範圍都不是。範圍本身是一個局限，對於「絕對」又是一個矛盾。這種描述，不過又反映了我們想把「絕對」用一個語言所切割的小部份去蓋住的奢望。

這麼一一講下來，我相信你可以體會到語言所造成的種種矛盾。

我最多也只能借用本卷第六章的比喻，再次以兩張圖來表達生命的本質。前一頁的圖採用這一點一點的背景，表達人、小孩、樹、花、周邊的空間……都含著生命的本質，也是種種形相的共同點。下圖是梵谷的名作，同樣的，也是用他的強烈筆觸，來表示生命的本質。

其實，怎麼講都講不清楚的。這個本質，本身沒有形相，不是用任何語言，甚至筆觸可以描述出來。它只是超過「做」的範圍，超過「做」所帶來的意識狀態。就連我們想用語言或筆觸去表示，都已經把它局限，已經不是它的特質了。

我在這裡再強調一次，最重要的是——要找到神聖，其實也只是找到生命本來有的，是我們生命的內在，也就是這裡所說的生命的本質。

只要把念頭挪開，輕鬆地專注在每一個瞬間，那麼簡單，「在」就浮出來。「在」一浮出來，我們也自然把神聖帶回到這個人間。

Vincent van Gogh, *Wheatfield with a Reaper.*

12 有色有形和無色無形的共同點，是「空」

只有透過「空」或「在」，我們才能解脫。找到「空」或「在」，是完全不費力的。

前面，我已經提到，沒有任何真理可以用念頭或語言來表達、甚至證明。我在《全部的你》提過歌德爾（Kurt Gödel）的定理——一切的真理不可能同時或全面被證明，也就是站在局限的範圍，不可能理解無限大的全部。雖然歌德爾討論的是自然數，我們可以把這個概念延伸到任何其他的領域。用另外一個角度來表達：要解答任何問題，比如人間的煩惱或種種人生帶來的問題，不能在同一個系統或領域來解決。要徹底解決任何問題，一定要透過一個更深或更廣的層面——跳出現有的意識狀態或是系統，才可以得到徹底的解答。

只有這樣子，我們才不會受到系統、領域、境界所帶來的限制，而在裡頭空轉。各種流派的心理療癒或助人專業，也受到相同的限制。所帶來的幫助之所以往往是短期的，是因為沒有徹底讓我們了解一切人生苦難的來源。假如沒有追根究柢，只是想從一個狀態轉到另一種狀態，透過人間所帶來的這類變化，最多也只是一點暫時的緩解。要從痛苦徹底跳出來、脫胎換骨，人一定要解開痛苦的來源，直接面對它。

再強調一次，要解脫，一定要透過另外一套邏輯，另外一個意識的狀態。但是，要移到另外一套邏輯、另外一個意識的狀態（無限大的一體意識），一定要有一個橋梁，才可以跨過去。這個橋梁，是透過一個共同性或連貫性而來的。假如沒有連貫性的話，我們也無法從現在的狀況挪過去。

大家想不到的是，這個共同的本質或連貫的點，也就是空。是寧靜。是空檔。

「空」就是可見與不可見的一切所共通的本質。只有透過不生不死、永恆、無條件、不受局限的「空」，人類才能從有限的意識，跳到沒有條件的一體意識。也只有這樣子，才不會違反任何定理。我們這一生，才可以解脫。講到空，很多人會誤認為「空」等於「沒有」，當成是「有」的對立。就好像誤以為「在」是「動」的對立。

我們很難想像，「空」是個絕對的觀念，跟「有」是兩個完全不同的軌道。「空」其實包括「有」。進入神聖的生命，不是要我們「不做」、「被動」、「放棄」、「不想」、「低於思考」，而是剛好相反，是站在生命或思考更高的藍圖或更深的層面，看著一切，做這一切。

人間最大的突破，不管哪一種領域，都是要透過「空」所流出來的「做」。這一點相信和大多數人的認知是恰好相反的。我接下來會用很多實例（包括運動家在體育競賽表現的突破）來說明——面對眼前的挑戰，都要站在「空」或「在」，才可以達到不可思議的成就。

反而，所有人間的痛苦，都離不開念頭的種種「動」、種種「做」。我們腦所帶來的思考，本身是人生全部痛苦和限制的根源。只有透過念頭和念頭之間的空檔，或是寧靜，或是「空」，我們才可以徹底把念頭看穿，不讓它再帶給我們傷痛。

只有這樣子，我們才可以從一個有條件的局限系統，跳到無限大、永恆的全部，而把真正的生命找回來。

要找到「空」，也只是完全投入這個瞬間——「這裡！現在！」。

不再提出任何期待、對抗或是抗議。就好像這個瞬間，甚至這個瞬間所帶來的一切狀況，或是任何變化，都是一個人心甘情願的選擇。也不可能不選擇如此。

這種全面的接軌，自然把「空」帶到眼前，而讓「我」消失。

對任何瞬間所帶來的形相，可以接受、容納、包容、臣服，自然讓我們看穿形相，不再帶來任何阻礙。反過來，也不會再被任何形相帶走。

不被任何形相帶走，我們自然離開一般意識軌道的局限，輕輕鬆鬆落入一體意識無限大的懷抱，與「空」，與生命的內在接軌。

看穿形相，也自然讓我們發現——每一個形相主要的成分，其實也只是「空」。

在任何形相更深的層面，本來也只有「空」或是寧靜。就這麼簡單。我們從一個局限的意識軌道，自然滑入永恆、一體的意識。

這本身，是我們這一生來的最大一個祕密。我才一再地強調。

沒有對抗，也沒有「我」。沒有對抗，也自然沒有念頭。

古往今來的大聖人，乃至於籍籍無名的成道者都懂這些道理。在生活中，他隨時可以找到生命的空檔，而活在這個生命的空檔、站在這個空檔，觀察一切。從「有」，也自然看到「空」。從「空」，自然衍生出「有」。

也就是從任何人間帶來的「動」，他隨時體會到「在」。

從「在」中，自然生出一切的「動」，沒有阻礙，沒有任何矛盾，也只是活在平安和喜樂中。

假如「空」、空檔或寧靜不是一切共同的本質，從人生的前景，也絕對找不到生命的背景，更不用談生命的整體。我們現有的意識，也絕對是挪動不了的。

從有形，之所以可以找到無色無形，也是透過「有」與「沒有」的共同本質。正因如此，我才敢說，從任何形相，可以找到無形無色，甚至找回生命的全部。

任何形相，本身是一個解脫的門戶。我們只要懂得運用這種領悟，不需要透過未來、追求、作為、功夫才能得到。無色無形、「空」或是「在」，是每一個人都有的，隨時都可以透過它，找到脫離時—空和任何其他條件限制的出口。甚至，它跟任何靜坐，跟任何修練都不相關。

也可以說，無色無形本身就是「在」的源頭。「在」，也只是無色無形和有色有形之間的橋梁。透過「在」，讓我們可以連結有色有形和無色無形。

全部的生命，是我們天生就有的。它是最自然、最簡單的狀態。

13 人類集體的危機，是我們醒覺的最大機會

現代生活快步調的危機，也帶來一個從局限中解脫的機會。透過解脫，還能解開我們全部的潛能。

你讀到這裡或許已經愈來愈好奇，想知道《神聖的你》所表達的重點。我首先要強調，《神聖的你》並不是和我們的生命不相關的純理論探討。我個人認為，《神聖的你》所帶來的一堂課，反倒是人類生存最關鍵的一課。

非但人類的狀態不能稱為「正常」，人類的歷史也不可能以「正常」稱之。無論動植物，不可能有別的生命會像人類一樣，透過念頭建立一個虛的世界（我們所謂的「人生」）。

我們不光耗盡一生不斷地強化、追求這個虛擬實境。甚至，整個人類歷史千萬年來都離不開這個虛假的境。一輩子，不斷透過「我」所帶來的扭曲，把生命局限成「我」的人間，設定種種的制約，讓我們自己得到的也只是痛苦、不滿、委屈、傷痛。生命本來就有、無條件、永恆的真—善—美，就這麼轉成了人間的苦難。

不光是個人活在這種局限、制約的世界，人類的整個歷史也離不開這種困境，可以說根本是一連串的制約所帶來的扭曲。這些制約（包括個人和集體），也可以稱之為業力。

透過種種的扭曲，我們帶給周遭的人相當大的傷害，甚至可能毀掉這個地球。人的這種創造力，也同時是破壞的本事。人類的歷史，其實也就是一連串的爭戰，一連串的種族屠殺。不同的團體站在政治、文化、宗教的歧見上，不斷地要證明自己是對的，別人是錯的。只要看看周遭，看看這個世界

瘋狂而不可思議的分裂。我想，不用再講下去，你已經明白了。

我們經過這幾十年的科技發展，會發現——「動」只會「動」得更快。樣樣的方便，提高了效率，也只是讓人在同一段時間可以做更多事。

知識，帶來最大的危機

以「知識」作為一個實例，人類史上從來沒有過這樣的時代，可以掌握那麼大量的資訊，甚至是掌握全人類的資訊。有了那麼多方便，那麼多知識，照理來說，我們應該在思考的範圍得到相當多的成就和突破。但是，人類並沒有因此更輕鬆、更愉快、更滿足。

恰好相反，有了更多，甚至懂了更多，我們的不安、恐懼、萎縮無形之中也跟著大幅度的增加。每一個人，都好像活在一種危機。我們的生命反而變成一連串的問題，一個大的危機。

這也可以解釋為什麼自殺、憂鬱、心理失調、種種慢性退化的發生率不斷升高。雖然我們人類文明那麼發達，很多人總是有一種絕望的感覺，對人生帶著一種悲觀的看法。

知識或是知道（knowing）其實還離不開形相，本身是要靠分別、對立、局限、相對的邏輯所成形。本身就帶來制約，畫出一個邊界，帶來各種隔離。強化「我」，讓種種念相變得更為真實。它本身就是痛苦和煩惱的來源。

人，不可能透過懂更多而可以得到解脫。其實恰好相反，知識發達和快速的生活步調，正把人類推向一個集體的大危機。

然而，這種大的危機，也是人類的大機會——毀滅（annihilation）的邊緣，也帶來提升（ascension）甚至醒覺（awakening）的躍進。就我個人來看，沒有第二條路。

這也是人類下一個階段必須走的一條路。我們從動物的狀態，幾千幾萬年前已經進入了思考的境地。接下來，再從思考的境地，自然要進入超越頭腦、超越思考（beyond thinking）的境界。這極端的對立——現在人類所面對的狀況，自然對腦造出極端的刺激。除了跳出這種種的限制和制約，沒有生存的第二條路。然而知識的積累，腦極端的分別，再加上地球大幅度的變化，反而帶給人類相當好的基礎，讓我們準備好，可以很順地進入超越思考的境界。不是這樣子的話，我在這兩本書所要表達的，你也不可能聽進去。

從另外一個角度來看，一個人不透過大的危機，也醒不過來。說白了，沒有危機，根本不會追求解脫。你會接觸這本書，尤其讀完《全部的你》之後，還想進一步再探討這個問題，也代表你在人生已經遇到種種的危機或悲傷。也許，這危機已經大到——你已經準備好接受這本書所傳遞的訊息，即將走出人生的一條路。

整體來看，地球的危機已經大到這個地步了。前面也提過，這個地球的現況，本身就帶給我們一個最好的條件（有些人會稱頻率提高、提升或加快）[9]，讓我們可以跟真正的整體生命完全接軌。完全與生命接軌，就是醒覺，也就是解脫。

只有踏出這一步，人類才有機會永續生存，才有機會把全部的潛能發揮出來。

我希望，透過《全部的你》的基礎，讓你自然進入《神聖的你》的境界。這一點，還需要更進一步說明。

[9] 這裡所談的頻率，離不開物理學的頻率，也衍生來描述步調和密度的變化。一般人，包括本書，用「頻率提高」或提升來談地球的轉變，也只是表達對立和分別達到極端的地步。人類幾千年的發展都集中在「做」，忽略了「在」，使對立的失衡愈來愈強，地球或生命自然要做一個調整。

14 接受全部的生命——知，未知，不可知

醒覺，也只是把自己全部交給未知，交給不可知。

「知，未知，不可知」這個標題，也許已經道盡了全部的生命。人類認為知道或可以知道的一切，都還只是把無限大的一體意識縮小，縮小到一個局限的範圍。讓我們透過感官和念頭可以說明，可以理解。

我們通常都不會發現，這種認知的方法本身就帶來嚴重的限制。我們把無限大的整體生命縮小成局限的資訊範圍，再怎麼透過念頭想像、詮釋和延伸，這一小部份所造出的資訊體（knowledge body）仍然是局限的。然而，人類卻以為它具有全面的代表性。

科學和科技不斷地發展，自然為人類帶來一種"We know all !"無所不知的全能感。科學的探索從一個粒子可以到更細小的亞粒子，還可以用更細分的方式，追求更細微的存在。我們自然會認為，透過這樣的努力早晚可以充分了解這個宇宙。

在醫學領域，我們也進入了後基因時代，認為總有一天可以重新組合出任何一個人、任何生命，或得到長生不老。科技的發展也拓展出不可思議的維度，不可思議快的資訊傳遞，不可思議的生活方便，不可思議的效率。這些同步的種種發展，都會讓人認為物質勝過一切，而以為對生命的一切了解，都要從物質層面著手。

然而，只要冷靜回想一下，就知道——我們所知或可能知道的，與整體相較，是不成比例的。我

們可能知道的一切，只是在對立分別的邏輯中成立，也還只是落入局限的一般意識，透過分別、隔離、比較、判斷而見到的。物質再小或再大，總還有比它更小，比它更大的。永遠追求不完，也永遠追求不到。

光是從一個瞬間「這裡！現在！」，我們就可以有此領悟。

生命本來是整體，而我們透過一般意識把它局限到一種個人可以掌握的範圍，創出各自的人生空間。任何瞬間所帶來的情況和轉變，只是反映整體的生命透過這個瞬間所展示的部份。這個部份，也只是我們透過感官可以截取、掌握的。

我們所理解的瞬間的一切，本身只是一個狹隘的境界，和整體的生命相比，一點都不成比例，連萬分之一都不到。

而我們卻透過種種作為，一直針對這個片段在抵抗。

反過來，把自己臣服到這個瞬間，也就是信賴生命，自然把每一個瞬間當作最好的朋友。我們也只能和這個瞬間全面合作。所以，我也用下頁的圖來表達，面對每一件事，不管是好事、壞事，都可以把它包容起來。最多，提醒自己「喔～是嗎？」

這些道理，我們都可以聽懂。但是進一步觀察，會發現你我每一個人都在抵抗這個瞬間，希望修正它、改變它，盼著我們的生活狀況也許會隨著改變，命也會好轉。我們自然會費力地去學習、追求、說明、解釋、規劃、檢討、執行，還是透過種種的「動」，甚或「作為」，讓我們經過「這裡！現在！」去爭取一個更好的未來。

我們沒有一個人逃得過這個困境。

我再換一個方式，用舞池來比喻「瞬間」。在這個舞池，大家在跳舞，上頭的舞台燈不斷地閃爍，每一盞燈閃著不同顏色的光。每一個瞬間所照出來的燈光，落在不同的角落或臉龐。我們在每一個瞬間所看到的畫面都不一樣，沒有任何單一被燈照亮的畫面，能有全面的代表性。

未知和不可知，也是同樣的。透過局限的意識，我們不斷地把生命的整體縮小成一個角落。我們不可能透過這個不成比例的角落，全面地理解這個無限大的整體。然而，也不需要有一個全面的理解。

把自己交給每一個瞬間——「這裡！現在！」，把任何知識挪開，信任生命全部的安排。最多只是關注這個瞬間，順著它，參與這個生命所安排的遊戲。一個人完全放鬆，完全自在，完全可以接受不可知，也就自然醒覺過來。

我們甚至還會用「責任」這兩個字，來合理化自己對這個瞬間的對抗。學生有學生的責任。做孩子，有對父母要交代的責任。做父母的，更不用講對孩子所承擔的責任。一樣都是透過這個瞬間，透過種種的學習，想讓孩子有更好的前途。做家長的，做種種的努力，甚至透過自己和社會所認為的犧牲，來規劃孩子下一代的幸福。

就連加入一個組織，比如公司，員工有員工的責任，主管有主管的責任。為了這個單位好，要有種種的規劃、處理、競爭（對這個瞬間的對抗），才能讓組織興旺發達，這樣對個人和整體都好。任何國家的領袖，也不免要推出種種的政策、方案、落實，希望整個民族都得到好處。而且，最好勝過別的國家。

儘管這些種種的追求，用意是良善的，但一樣離不開強化個人的「我」、家庭的「我」、組織的「我」、機構的「我」、社會的「我」、國家的「我」。

而「我」，一定要跟瞬間對抗，才能永續存在，甚至擴大。

接受全部的生命，也只是讓生命來活我們。我們也不需要再對瞬間產生任何期待，更不需要去改變它。充分知道，有太多東西是我們不知道的，甚至不可能知道的。雖然我們不可能知道全部，是不是還可以這麼說：**I'm OK**。試試看，是不是可以接受自己——不知道，甚至不可能知道。

完全接受——不知道，甚至不可知。可以完全自在，可以完全接受生命所帶來的種種不知道、不可知，連一個質疑都沒有。有時候，生命帶來一些不可思議的「壞」的變化。也有時候，受到不可思議的委屈。從人間來看，就是不公平。還是都可以接受，都可以渡過，都可以包容，可以擁抱瞬間所帶來的一切。

這樣子走下去，不知不覺，跟生命的整體就接軌了。也沒有什麼解脫好談的。老早已經解脫了。

最有趣的是，這麼一來，生命的內在，和生命的外在也同時接軌了。內在的寧靜，也自然帶來外在的平安。不光自己平安，周邊的人也平安。不順的事，也自然順起來了。即使還不順，我們也不會憂慮掛心。

更有趣的是，我們會發現——只要和生命接軌，完全信賴它，它本來就是在保護我們，為我們加油。在不可思議的狀況中，伸出一隻手來，轉變我們的命運。這一隻神聖的手，也就是恩典，從來沒有離開過你、我、任何人。可惜的是，我們不斷地「動」，看不到它。

只要輕輕鬆鬆存在，上帝的手，自然來祝福我們，扭轉我們，帶往回家的方向。

有了這一卷的基礎，我相信，你可以接受《神聖的你》接下來所要表達的。

接受未知、甚至不可知，也就是接受不確定，比一般人想像的難多了。「我」絕對不會把「知」放過，透過「知」要建立「我」的確定和安全感。這張圖是一隻貓，從知識的牆滑下來。我們可以看到它的爪子緊緊抓著牆，設法抓住任何一點知識，不肯輕易放過。這是一個人走上神聖的路，最難過關的一點。

恩典，也就像這張圖所畫的上帝的手，從不知哪裡伸出來祝福我們。透過這恩典的手，輕輕鬆鬆地轉動了我們的生命場，加快我們醒覺的腳步。可惜的是，我們透過過度的「動」或是太多的知識，反而看不到這隻手的恩典。不但看不到，還非跟這個瞬間抵抗不可，反而耽擱了醒覺的旅程。

雖然圖畫中是一隻來自外界的手，比較正確的表達方式其實是——把這個恩典當作生命內在所產生的一股力量。這股力量希望透過我們，跟人間全面接軌。而接軌的門戶，也只是瞬間。

一個人，只要投入每一個瞬間，活「在」。自然會發現生命本來是神聖的。自然會在每一個角落，發現數不完、不可思議的巧合，或是奇蹟。

這，就是神聖生命的開始。

第二卷
憶起神聖的基礎

生命，本來就是神聖的。沒有一個角落不神聖。要回到神聖的狀態，也只能透過這個瞬間、「這裡！現在！」，把生命的一體活出來。

完全接受任何瞬間所帶來的變化、狀況甚至危機，自然把「我」消失，落入未知甚或不可知的狀態。這個狀態本身離不開「在」，離不開「心」，離不開絕對的一體。任何東西知道或不知道，都沒有絕對的重要性。不需要樣樣都知道，生命不光沒有消失，反而活了起來，自然帶我們走上神聖的路。同時，也透過每一個瞬間，讓我們隨時把神聖的「在」帶回到人間。

Section
第二卷 02

Lena Young（楊元寧）, *Spiritual Awakening*
lenayoung.com

1 人，本來就有永恆的觀念

永恆，是人生最深最大的意義。

人類很早就知道生命無常，有生，有死。自然會想把造物主描述成永恆、無限大、絕對、不受時空控制、不受條件約束的存在。

我們在最早的人類文化就可以看到這個現象——對日月星辰、對天地的崇拜，並賦予「神」的地位。人類到現在傳下來的「神聖」的觀念，也是由這類原始的崇拜演化而來的。

光是從這一點，我們就可以觀察到，人類早就有一個絕對、永恆、無限、沒有條件的觀念。本來就知道生命有更深更大的層面，遠遠超過外在的生命所帶來的種種限制。也老早知道，我們還沒有生之前，或是死之後，這個永恆的力量——上帝、一體、絕對——已經存在，也消失不了。每一個文化、每一個宗教，都離不開這些觀念。

然而，人類採用有限的邏輯，試圖推到無限大的一體——這種策略會因為文化、宗教不同而造出觀念上的差別。比如，印度教是泛神論，佛教則不談神，說的是一體、本性。站在整體來說，這些表達上的差異，不過是大同中的小異。只要走下去，都可以讓我們從人間解脫，都可以作為寶貴的修行工具。

可惜的是，現在的人會把這些過去的領域當作迷信，認為不夠科學。人類歷史近幾百年的發展都集中在人的腦，尤其左腦的邏輯和分析領域。人類集體的發展也自然集中在物質上的轉變，認為只有人能看到、想到的，才是真的。超過看到、想到的範圍，我們自然認為是虛的，而不可能存在。

有意思的是，這些看法雖然是我們大部份人的認定，但它本身其實違反了物理最先進的發現——任何物質，不管是星球或是分子，主要還是透過「空」組合的。「有」的部份，是遠遠的低於「沒有」。「有」，跟「空」比較，其實不到萬分之一，[10]只是五官帶來的幻覺，卻創出一個堅實無比的印象，讓我們把「有」當作整體的代表，卻不給「沒有」任何代表性。就這樣，我們的人生，全部被一個小小的「有」給主宰了。

這，才是人生最大的悖論，讓我個人感覺相當不可思議。

我相信，透過《全部的你》，你已經渡過了這個難關，明白古人其實一點都不迷信，而是敏感度、或說敏銳度或靈感，遠遠超過現在的人。

以動物來比喻，任何動物都有生存的直覺，比如狗不舒服時，會自己去啃草，甚至吃泥土，好像給自己開藥，當自己的治療師。這一幕，我相信很多人都看過。反而，狗跟人類接觸多了，別說不吠了，可能連最敏銳的聽覺也失去了。我們現代人，也是如此。

會有這些差別，是因為古人活在寧靜當中，「動」的需求很少，為了吃、喝、拉、撒等等生理需求，才需要「動」。此外，也沒有什麼資訊好談、好想的，隨時都在「靜」中，把自己交給生命，也同時接受生命帶來的各式各樣的領悟，包括「神聖」的觀念。

然而，我們現代人「動」和忙都來不及，根本不用談寧靜或生命更深的層面。

[10] 從物質最基礎的原子結構來談，原子核的半徑大小約占原子半徑的十萬分之一，電子幾乎不佔體積，因此原子的有和空（體積）的比例，可以用原子核和原子的比例來計算如下——原子核半徑：原子半徑＝ $1:10^5$。原子核體積：原子體積＝ $1^3:(10^5)^3$ ＝ $1:10^{15}$ ＝ 1:1000 兆。從這個角度來談，是遠遠小於萬分之一！

把全部的生命找回來，也只是活在「靜」。讓「靜」帶著我們一路走下去，活這一生。透過「靜」，透過「在」，把神聖的生命帶回眼前。

你會接觸這本書，也只是代表你已經成熟，準備好接受這個訊息，知道我所談的——古人百千萬年來所帶來的神聖的觀念——確實存在。問題是，怎麼把它找回來，而不需要繼續煩惱、痛苦，不再時時活在生命永無止息的兩難。

我相信，你和古人一樣都充分知道生命有一個答案，有一個解脫的出口。只是信心不夠，對任何解答方法都還有懷疑。怎麼放下質疑心，我相信，你也知道這是關鍵。

懂了這些，就讓我們隨時把生命神聖的部份，也就是全部的生命，找回來。我們可以把樣樣有形和無形，都當作一個神聖的門戶。找到這個神聖的門戶，輕鬆穿越過去。跨過去，自然活在喜樂、愛和平安。我們也自然活成神聖的人。

這本書想強調的是，做一個神聖的人，比什麼都簡單。比一口呼吸，比吃一口飯，都簡單。最不可思議的是，我們什麼都不需要做。

我們本來就是神聖的。

可惜，每一個人都忘記了。

2 人和神是平等的

人，神，和任何東西都是平等的。

我用這些話，想表達的是——生命的架構可能跟我們一般想的大為不同。我們每一個人忙碌在人間，其實隨時都被人間種種的變化帶走。也隨時透過「我」，讓自己落在某些形相，而使得自己和這些念相分不開。而「我」跟這些念相一樣，也會生，也會死。透過這種局限，也就不容易體會到生命的永恆。

生命的永恆，是要透過內在的生命來看、來體會的。是透過生命的「不動」或「在」，才可以觀察到。我們一般所稱的人生，還只是種種的「動」。我們都忘了，這種種的「動」，是在「不動」或「在」的架構所衍生出來的。

我前面已經把「在」的觀念，用 I Am.（我是，我在，我，在）來表達。回到神聖的生命，也只是把這個不動的我、不動的「在」隨時找回來。

這個「在」或「不動」的永恆狀態，是透過一體意識所帶來的。這個一體意識，是無限大、沒有局限、沒有條件的意識，是我們每一個人、每一個生命、每一個東西都有的。

我們看到或想到的一切，是透過局限的意識所組合而衍生出來的。這個局限的意識，本身也是透過分別（不平等）才有。透過這個一般的意識一再地分別、判斷、比較、區隔，自然在樣樣中都看不到平等。我們觀察任何人事物，無不是透過樣樣的差異，再經過一個分別，才可以觀察到。這本身，是人生痛苦的根源。

把永恆的生命找回來，是一個一定要透過生命完整的架構才可以理解的概念。若不是從不動的整體來看清局限，人不可能體會到平等的觀念。

站在整體來看，自然會發現——人生帶來的種種內容、種種變化，跟整體本身一點都不成比例。就好像深海浮出來的泡沫一樣，早晚也只能回到深海。

看到人間的區別和隔離，這本身就不斷地強化「我」，透過這個分別，取得好壞、美醜、想要不想要、喜歡討厭的差異。自然對種種形相有所追求或迴避，而更進一步強化我們因果的聯繫，讓人類千萬年來離不開，打不破，走不出來。這是我們這一生所帶來最大的困境。

透過每一個瞬間，假如我們不清醒，或是不注意，也還只是不斷地把自己落在某一個形相或者身分裡，分不開來，不知不覺地被它帶走，自然把不平等的觀念延續下去。我才會多次強調一個最簡單的解答方式，也就是為每個瞬間帶來接納、容納和臣服的觀念。

把瞬間全部的形相——人（包括自己）、事情、好壞、任何東西——都包容起來。很奇妙的是，包容了，也自然可以放過瞬間所帶來的樣樣變化。

只要有了這種態度，我們自然發現——樣樣變化之間的差異好像縮小了。甚至，也消失了。進一步甚至會發現，好像好事也好不了多久，一個瞬間也就過去了；壞事，也壞不了多久，也是同樣一個瞬間就過去了，不值得讓我們用期待或反彈來對付它們。自然，樣樣都很平凡，而樣樣也平等了。

最有趣的是，一路走下去，隨時透過瞬間的臣服或空檔來包容一切。我們對人、對事、對物的差異分別，也自然消失。我們會自然體會到，樣樣都只是電子訊號透過腦海的轉換所成立的一個人、一件事、一個東西的形相。在經驗和經驗當中，從訊號和訊號當中，我們也只能看到它們的平等。

最後，**連「有」和「空」都成為平等。「有」含著「空」，「空」含著「有」，任何矛盾也就消失。**

這才是大平等心。

有了這些領悟，一個人自然寧靜。外在，也就平安。倒不需要追求任何刺激的經驗，以帶來滿足。也不需要透過任何關係，不管多美、多完整，來達到滿足。更不需要物質，或任何好事、喜訊、甚至驚喜來讓我們完整自己。最多也只可能發現——我們早已經是完整的。我們有一個完整的生命架構，而這個生命架構完全沒有變動過，一直都在，隨時都在。

我在標題提到人和神的平等，也是含著這個意思。希望帶來一個鼓勵，讓你把自己和任何東西——包括神——的距離消失。

神，跟你再也不分手了。

不管你在人間遇到多不愉快的人，甚至是自己，隨時來定你的罪，把你貶低。我都希望你能回到整體的角度來看自己。

站在整體，你只可能是完美，你也只可能是圓滿。

活出神聖的你，也只是隨時承認這些話所帶來的事實。不光沒有質疑，而能認為這是生命唯一的真相，不可能說得更清楚，也不會想在這上面再做文章或說明。

懂了這些，人只能慶祝自己的神聖。並知道，每一步，每一口呼吸，每一個念頭，每一個動作都只是神聖的。從來沒有過不神聖。

一步與一步之間。一口呼吸，再一口呼吸。一個念頭，再一個念頭。一個動作，再一個動作。這一切，都還是平等的。沒有哪一個比較重要，或比較不重要。它們都只是全部生命的一部份。不會透過它們，就扭曲了生命。也不會透過它們，更靠近生命。

真正懂了這些，生命也就簡化。我們把生命輕輕鬆鬆落在每一個瞬間，每一個這裡！每一個現在！

面對每一件事、每一個人，都可以輕輕鬆鬆奉獻我們的注意力，投入它，包容它，接受它。同時，深深體會到瞬間和瞬間當中的平等性。

3 達到左右腦的平等，是神聖的第一步

人的左右腦結構，老早等著我們醒覺，等我們活出神聖的生命。這樣的架構，是演化帶來最大的禮物。

要談神聖，要談神和人的平等，首先我們人自己要達到平等——我指的是，左右腦的平等。

我在《靜坐》特別強調左右腦的不同作用。左腦不光是屬於邏輯和概念的領域，最不可思議的是，連時—空的觀念，都是左腦的產物。假如左腦受到中風或損傷而失去功能，[11] 我們自然沒有語言、分別，甚至沒有時間和空間的觀念，這是一般人想像不到的。右腦所看到的則是一個能量譜，或說所感應的是能量場。右腦看到的是一整個整體，而又同時可以感應到整體內每一個客體的關係，並不受到線性邏輯的限制，也就不受時—空的限制。

這麼說，左腦可以稱為技術腦、邏輯腦。右腦是直覺腦、靈感腦。可惜的是，我們每一個人都過度用左腦來生活。人類經過千萬年的發展，左腦取得了主導的地位。可以說人類千萬年的演變或發展，是靠左腦在演化過程中不斷的演變和分化，才能到今天這個地步。相對的，右腦透過直覺或靈感來覺察內在生命，帶給我們比較舒暢放鬆的感受，可惜的是，在演化的過程中逐漸失去了它的地位。

過度使用左腦，過度使用邏輯、分析、區別、批判，對人類自然造成一種失衡，本身會刺激自律神經的交感神經系統，帶來全身性的緊張。無論心跳、呼吸、消化、肌肉，都會繃得很緊。這個過度緊張的反應，也就是所謂的「打或逃反射」，本來是幫助我們提高生存機率的反應。不幸的是，這個生存反應，反而不斷受到我們腦海虛擬的念頭體（「我」）的刺激，把虛當作真，隨時帶給我們壓力。

我在《靜坐》不斷強調，靜坐或任何修行法，主要的作用就是先修正我們生命的失衡，讓左右腦回歸平衡。只要左右腦恢復平衡，身體的自律神經系統也自然跟著回到平衡，而每一個細胞也得到放鬆。我們的身—心，也就平衡。

從另一個角度來看，人早就有完整的生理架構，非但天生就有左右腦的設計，而且左右腦在演化過程中都已經完成高度的分化，足以配合我們的意識提升、醒覺，以及解脫。[12] 只要進入右腦的作用，時—空自然消失，讓我們進入內在的世界。

但是，我還是必須強調——儘管「在」或「靜」比較貼近右腦的作用，然而「覺」、「在」並不能畫分為左右腦任何一邊所管轄。是要透過兩個腦達到平衡，才自然可以「在」，而又同時可以「覺」。

醒覺不光是靠兩個腦的平衡，還要放下任何腦的部位和作用。

---

11 一位研究腦神經的科學家吉兒・泰勒（Jill Bolte Taylor），在左腦中風後描述了自己的經歷，寫下 *My Stroke of Insight-A Brain Scientist's Personal Journey* 一書。本書中文版《奇蹟》已於二〇〇九年由天下文化出版。

12 佛陀也同樣談人身的寶貴，透過人間、透過這具身體，才能醒覺，才能解脫。如《增壹阿含經》卷第二十六〈等見品〉第三十四「佛世尊皆出人間，非由天而得也。」

4 「覺」和「想」不是同一回事

輕輕鬆鬆地，讓「覺」和「想」同時發揮作用，一個人才可以醒覺過來。

這本書不是只讓你理解的，是需要體會，而且是全面的體會，才可以落實到我們的身心。

我講的全面，說的是身體每一個部位、每一個細胞。

只有這樣子全面的體會，一個觀念才不會受到腦的邏輯所扭曲，變成又一個概念，而在早已充斥生活的種種概念之外，又加了一個不必要的概念。

我這裡要強調的，是把生命真正簡化。把種種概念擺到旁邊，「覺」才可以浮出來。這不是用腦的邏輯所可以理解的。

「覺」浮出來，也只是——把「腦」落到「心」。我們通常講一切從「心」出發，本身也只是「覺」或「在」的境界。其實這種領悟，每一個細胞都能做到。只要不受到腦的壓抑或扭曲，我們每一個細胞的生命，自然跟「心」或一體意識是合一的。

我們所稱的全部領悟或頓悟，也只是透過每一個細胞來接受、來活出一個觀念。

然而，我們一般人，面對任何瞬間，是透過念相，也就是「想」。本來這個瞬間很單純，但透過念頭，我們自然會延伸出「我」，而讓「我」和瞬間帶來的形相結合，就這樣把自己化為眼前的形相，把最原初的「覺」扭曲到「我」之下。透過「我」觀察、過濾一切。

我想表達的是——「覺」和「想」其實不是同一件事。

「覺」和「想」是意識的不同層面。覺，是永恆的。即使沒有「想」，「覺」還存在。也可以說，在還沒有「想」之前，就有「覺」。

「想」，反倒把意識落在一個局限的範圍，有生有死。

一個人突然可以區隔「覺」和「想」，同時又不拒絕任何「想」，也自然醒覺。他會自然發現，任何念頭，本來都含著「覺」。而這個「覺」，可以觀察到一切，包括念頭，也包括沒有念頭。

「覺」本身就是一體意識的作用，沒有區分「主體」和「客體」的需要。沒有主體，也沒有客體。最多，我們只能說——覺察到「覺」，體會到「空」含著「空」和一切。

回到這個瞬間，是透過「覺」，而不是用「想」。怎麼「想」也想不到，甚至想不出來。

正因如此，我才不斷地強調透過接納、臣服來面對每一個瞬間，而且還用各式各樣的方法來解說。因為，只有透過接納或臣服，我們才可以把「想」（念頭）消失掉。

面對每一個瞬間，帶著臣服和接納的觀念。它對任何「想」自然會產生一個剎車，自然把「想」包容起來。接下來，空掉「想」。

這一來，我們自然得到一個空檔。只要回到這個空檔，很自然的，我們在這個瞬間，只剩下「覺」。

這個空檔是本來就有的，是任何形相包括念頭都有的。

前面提過，透過接受和臣服，沒有抵抗，自然透過形相，落到形相更深的層面，而這個層面本身是空。

也就輕鬆地從「做」落到「在」。

從「有」放鬆到「空」。

從「外」沉入「內」。

從「想」回到「覺」。

站在「覺」，我們自然放過「想」，只是輕鬆地讓它存在。這麼一來，「想」不光自然消失，甚至可以變成一個良好的工具。

就是那麼簡單。

難的是，我們受限於制約會認為不可能，甚至認為做不到。

真難想像，人類竟然可以不是「想」的奴隸，而第一次成為生命的主人。「想」於是成了我們的工具，需要的時候拿來用。站在「覺」去「想」，這種「想」本身自然發出深度和廣度，威力反而是不可思議的大，而能在人間所面對的任何考驗、問題解決、發明、發現，甚至運動、表演與文藝等各個領域，帶來極大的突破。

我才會用各式各樣的比喻，各種角度說明，希望讓你能接上神聖生命的軌道。我也提到，面對每一件事，透過接納、包容、臣服回到這個瞬間，是最好的方法。

這一堂課，無論多年輕、多年長，即使只剩下幾口氣，都可以做到，而且是這一生最重要的一堂課。

也許，你透過自己或別人帶來的制約，或接受了別人的判定，認為這一生所得到的，都是局限，只有痛苦，只有不公平，讓你不敢承認你與生俱來的神聖。我希望，透過這本書，讓你不費力、不花時間地把神聖找回來。

只要你可以敞開心，接受《神聖的你》所想要帶給你的，自然會走出自己的一條路。

在這張圖中，我用一張薄薄的紙來表達我們的意識，而這張紙甚至可以劈開來，左邊代表「想」，右邊代表「覺」。意識到兩者既有分別又同時存在，就是醒覺。

從念頭轉到「覺」，其實不是透過「動」或任何用力。念頭只要消失，覺，自然浮出來。

雖然我用「劈開」來描述，但是，「覺」和「想」的分開，其實不是透過「動」。「覺」本來就有，只要透過輕輕鬆鬆地「在」，就可以體會到。

「在」，也就好像活在暴風眼中

除了前面劈開紙的比喻——覺和想隨時可以分開，隨時可以同時存在——來表達醒覺，讓我再用另一個比喻來描述。

醒覺，就像活在人間帶來的旋風，卻站在這個暴風的中心，也就是暴風眼，看著一切。醒覺的人，外在的一切可能一樣忙亂，什麼都在動，內心卻有一個地方是不動的。而他，透過不動的心，在看世界。

再用一個比喻來描述，就像在海上，外頭風強雨大，突然之間，全部的聲音都完全消失，一切回到無聲，回歸沉靜。也就像一個大型馬達在轉動，突然之間，停了下來。

轉動的馬達、外頭的風強雨大，甚至旋風，是念頭、念相；停下來的，是心。

這種經驗，我們每個人一生都一定曾經體會過。只是，也許還沒有把它整合好，而隨時帶到生活中。

我們醒覺的經驗都是短暫的。

此外，在下頁這張圖中，我們可以看到這個暴風，也就是生命的螺旋場，其實和內在（圖下方光的通道）是接軌的。內心無色無形的光明，也就是一體意識，隨時透過我們，透過「這裡！現在！」每一個瞬間，流到人間。

我才會多次表達，一個人活在當下，也就好像全部的生命來活我們，帶著我們走向神聖的生命，走上神聖的路。我們一離開這個瞬間，這個通道也隨之中斷。但只要想起回到「這裡！現在！」，這個流通也就恢復。

覺察，當作一個練習

透過五官的作用——看、聽、聞、嚐、觸的覺察，可以讓我們自然體會到「覺」和「想」的差異。

五官所帶來的覺察，還不是這本書要談的「覺」。
「覺」，其實也只是覺察和覺察之間的一個空檔。
是覺察後，念頭還沒有起伏的一個空檔。

進一步說，「覺」其實是隨時都「在」。透過「在」所帶來的寧靜，觀察一切。
還沒有「覺察」，就有「覺」。是從「覺」，生出「覺察」來。
所以，「覺」，還在「覺察」之前。

但是，我們五官帶來的覺察，還是可以作為一個路標，帶我們接近「覺」的體會。

覺察，輕輕鬆鬆，清清楚楚地覺察，不要再加一個念頭。
這本身就是一個最好的練習方法。
覺察什麼，並不重要。也不需要去追究。

重要的是，輕輕鬆鬆去覺察，只是為了覺察而覺察。
覺察，只是覺察。

我們在這裡，先用「看」帶出一個練習。

輕輕鬆鬆，看著四周，好奇地看。
輕輕鬆鬆把眼光落在眼前的任何一個靜物。
這個靜物越單純越好，也許是一張紙、一枝筆、一本書、牆壁、地毯。[13]
將眼光落在這個靜物上，守著它。
輕輕鬆鬆看著它。
好奇地看著它。
用眼睛去勾勒它的每個細節，每個光影，每個色澤，每個線條。
不要加一個念頭，不要加一個聯想，不要加一個解釋。
甚至，不要分別，不要加一個比較。
只是清清楚楚看著它。
只是看著每個細節，每個光影，每個色澤，每個線條。
不加一個解釋，不加一個比較。一個念頭，都捨不得放上去。

輕輕鬆鬆地看，

就好像我的「看」，不是為了得到，不是為了掌握，不是為了理解。

沒有目的的「看」，只是單純的「看」。

最多，我只知道眼前這個是什麼東西。
只是守著它。
試試看，把這個不加一個解釋，不加一個念頭的時間延長。
至少一、兩分鐘。

熟悉了這個練習方式，我們可以改用身體某個部位作為覺察的對象，例如手。

看著手，透過看，透過觀照的光明，用一種新鮮好奇的心情，去刻畫手的每一個細節，每一個紋路，皮膚的質地……
不加一個念頭去解釋，什麼都不解釋。
最多是輕輕鬆鬆體會。
除了「看」，我是不是可以感受到這個手。
手的活力，我是不是能感覺出來。

13 先不要找常常在身邊使用的東西，或會讓你想起某個人、某件事的東西。總之，這個東西越中性越好。

守著它，看著它，欣賞它。

用這種方法，一天隨時帶給自己一點空檔。把注意力放到某一個東西、某一個角落、自己身體的某一個部位，或是大自然。

我們自然會發現，透過這種輕鬆的覺察，輕鬆的觀照，大腦會踩一個剎車，念頭會切斷。我們的腦，自然得到一種全面的休息和放鬆。自然讓我們寧靜下來。

除了人以外，任何東西、任何生命都是和一體意識合一的。

我們輕輕鬆鬆地觀察，只有觀察。這本身，就讓我們和一體意識合一。

5 Flow——心流

生命的能量，透過心流出來，才可以得到人生的突破。

我們每一個人，只要回想，其實都體驗過一種flow，又稱心流狀態，是一種輕輕鬆鬆的專注，或寧靜而無思無想的「在」或「覺」。我在巴西長大，很小就喜歡玩足球、練柔道。現在回想起來，所有的突破，包括踢球進門或比賽有突出的表現，都是在最關鍵的那一刻進入了flow，也就是心流。

就好像透過無思無想，把這個瞬間拉長了，成為永恆。

其實，我一生所有的突破，包括科學、醫學或其他的創作，都是進入一個flow，也就是寧靜，所流出來的。連全部生命系列的《全部的你》、《神聖的你》，也是這樣子產生的。

有趣的是，我後來幫助年輕的奧運選手培訓，不分西方人或東方人，只要有大的突破，當事人都會跟我提到類似的經驗。

我在洋基隊的球場（洋基體育場），見過有「十月先生」（Mr. October）之稱，名列棒球名人堂的瑞基·傑克生（Reggie

（左）瑞基·傑克生（Reggie Jackson）一九七七年世界大賽第六局擊出三支全壘打。（右）馬里安諾·李維拉（Mariano Rivera）二〇〇九年世界大賽第六局出戰費城費城人隊，最終守住戰果，洋基隊以 7:3 獲勝。

Jackson）。他的職棒生涯囊括了五次的世界大賽（World Series）冠軍，四度獲選美聯全壘打王。在爭奪冠軍最關鍵的十月，大部份的選手經歷了一整年的例行賽，到季後賽已經欲振乏力。他反而能全力發揮，在冠軍賽中擊出最多全壘打，包括世界大賽和季後賽。

他和我分享的也是一樣，總是在最關鍵的時刻，完全沒有念頭，完全投入這個瞬間，完全「在」。

後來，我看到馬里安諾·李維拉（Mariano Rivera），洋基隊的王牌救援投手。通常，救援投手到了比賽第九局才上場，大部份的選手很難在這個時候保持穩定。但是，李維拉在這個瞬間反而表現得相當亮眼。前幾年，我在德國看到他的專訪，他也講了類似的話——在大家最緊張的時候，他不但不緊張，甚至特別享受這個瞬間。

把這個瞬間拉長，對方是痛苦，他是享受。

這種例子，其實多得講不完。我相信每個人都有過這樣的瞬間。

就連風險投資也可以進入心流狀態。投資界非常出名的人，包括喬治·索羅斯（George Soros）都會強調，在外在混亂的時候，內心寧靜的重要性。所以，在金融市場波動極大時，一般人忙著「動」，反而他們不動，最多讓身體的直覺（gut feeling）帶領，進入不確定的空間，達到最好的結果。

不光是在運動、投資的領域，我們仔細觀察，從古至今，人間最大的突破，經得起時間的考驗而能留下來的，包括藝術品、音樂、詩、哲學、宗教理念、科學理論，甚至人和人的交流、社會和社會對話、國家和國家互動的大突破，其實都是透過寧靜所帶出來的心流而生的。前面也提過，只有跳出一個既有的系統，進入更深的層面，才可能有大的突破。

我會強調這些，是擔心很多讀者會誤以為「在」和「動」是對立衝突的，誤以為站到「在」就不用「動」，不需要在生活中帶來轉變，甚至拒絕面對生活的考驗。

其實，是剛好相反。

我所強調的是，只要隨時把「在」帶回「動」。這樣的「動」，本身自然帶來最好的結果，而且與生命完全接軌。

6 醒覺，還可能再退轉嗎？

醒覺，是意識的徹底轉變，是從「做」轉成「在」，不斷地「在」，只有「在」。透過每一個「動」，站在每一個角落，都「在」。

提到醒覺，我們很自然會有一個疑惑：日常生活中，人醒了還會再入睡。那麼，一個人醒覺後，還會被這個人間帶走嗎？我想再做進一步的說明，來回應你可能會有的疑惑。

醒覺，其實也只是把意識突然挪開，從有限、有條件、相對、分別的意識，轉到絕對的一體意識。透過這個一體意識，自然進入「空」，回到「在」，落回整體。透過「空」、「在」或生命的空檔，可以觀察到一切的「有」，包括人間。

醒覺，也只是觀察到自己，清楚地看到念頭或每一個念相的起伏生死。反過來，也可以說——醒覺、宇宙或整體的生命，透過我們，突然觀察到自己。因為不再有「主」和「客」的隔離，任何分別的觀念都不存在——沒有一個「人」在看，也沒有一個東西被看到。一個人醒覺過來，會突然發現只剩下「覺」。而這個「覺」，本身還只是從「空」延伸出來的。再進一步仔細觀察這個「覺」，會發現——什麼都沒有。

這種意識的轉變，可能是徹底的，也可能是階段性的。我們也可以用下頁這張圖來表達。一個人徹底轉變，進入無色無形的意識，本身是一個佛的境界。分階段的轉變，還停留在佛教所稱的菩薩階段。站在佛的境界，只剩下存在、存有或是「在」。甚至，連「在」都是多餘。更正確的表達方式是

——什麼都沒有剩下來，一點都不剩。這才是佛教所稱的寂滅（complete cessation）或涅槃（*nirvana*）。[14]

這種狀態不光是理解的範圍（法身，*dharmakāya*），[15] 還可以在每一個角落、每一個細胞、任何的能量體活出這種領悟。這是佛教所稱的「報身」（*sambhogakāya*）[16] 的成就。此外，因為「空」和「有」已經完全合併，變成兩面一體。佛，自然可以從「空」轉成「有」，「有」轉成「空」。一切都成為他的工具，也可以稱為方便法門。他想走就走，想來就來，又稱「如來」（*Tathagata*）。[17] 他在宇宙的任何角落，都可以講課。透過他的生命場或佛陀場，把存在隨時帶回來。這就是「化身」（*nirmānakāya*）。[18]

---

14 這裡說的「一點都不剩」，所指的不是物質的形相完全消失。從一體意識的角度來談，可以說是形相與形相間脫落了因—果的必然，因—果的架構不再是唯一必然的軌道。《妙法蓮華經》〈方便品〉第二提到「我雖說涅槃，是亦非真滅；諸法從本來，常自寂滅相。」《雜阿含經》也說「我生已盡，梵行已立，所作已作，自知不受後有。」

15 這裡所談的理解，或許有人會稱「解悟」，也就是知道、承認、接受了法、道或一體意識存在的這個事實。「法身」指的也就是「法」，就像《金光明最勝王經》〈如來壽量品〉第二所提到的「法身是正覺，法界即如來。」

16《金光明最勝王經》卷第二〈分別三身品〉第三「本願力故，是身得現，具三十二相、八十種好、項背圓光，是名應身。」「本願力故，是身得現」，也就是與內在生命全面接軌，在每一個細胞活出這種領悟。「應身」，即是報身。

17 很有意思的是，《金剛經》第二十九品威儀寂淨分從另外一個角度來談「如來」：「如來者，無所從來，亦無所去，故名如來。」

18 化身，原指佛隨順眾生所化出來的各種形相，如《金光明最勝王經》卷第二〈分別三身品〉第三所述的「自在力故，隨眾生心，隨眾生行，隨眾生界……現種種身，是名化身。」也就是無色無形透過種種形相，流到人間。

至於佛教所稱的菩薩，還有一個「動」、「做」、「成為」的觀念。本書用同一張圖來表達「存在—作為」的譜，也就是人類意識轉變的不同層次。愈接近完全「在」，可以說是比較成熟、比較完全的轉變。佛教用菩薩的十地（*bhumi*）來表達，代表存在的層次。

可以說，一般人和佛的差別在於，一般人注意力主要都放在「做」，而且是不停地「做」、不停地「動」。包括念頭的「想」，其實也是「做」，也是「動」。

要進入佛的境界，也就是從「做」、「動」徹底轉向「在」。這個「在」，我們每一個人都有。它本來就是我們一切的本質。但是，透過「動」，不斷地「動」，我們把它蓋住了，反而讓自己看不到這個本質。

這張圖也指出了中間的過渡層次，在這裡借用「菩薩」的次第來指稱。一個人醒覺過來，即使可以徹底看到自己的本質（「在」），還是可能投入「動」，而有時又被這個「動」帶走了。

我會提到這些是想表達：活在人間，一個人就是見道、醒覺了，還可能離不開「動」、離不開「時空」的範疇。任何有形的東西，它的吸引力就像地心引力一樣，是不可思議的大而且廣泛。人間所有的念相，不斷把我們吸引回這個形相的世界，讓我們離不開「我」。你我每一個人，不管醒覺與否，都受到這個吸引力的作用，也可能隨時忘記自己可以不被影響。

根據佛教的說法，要到八地菩薩以上，才能達到不退轉的狀態。這意思是，只有八地以上的菩薩，才會隨時看穿任何形相，而不受任何人間所帶來的制約所限制，不會再被困住。

意識成就越高，一個人也自然徹底活「在」，而隨時把「在」帶入「動」，帶入「做」。這麼一來，「在」和「動」、「在」和「做」也不分了。在任何「動」，都可以看到「在」，都可以活出「在」。

最後，我還是需要再交代清楚。前面的表達可能會帶來一點誤會，好像一般的眾生與菩薩、大聖人、佛陀是有差距的。假如不小心造出這個誤會，還是要澄清——佛陀、大聖人、菩薩和每一個眾生都一樣，都是意識組合的。基督，也是一樣的，跟我們從來沒有分手過。

大聖人的意識，我們每一個人都有，不可能沒有。每一個人都可能成佛，可能成聖，不可能不成佛，不可能不成聖。這是當年佛陀在世的時候，就說過的話。[19]

這麼說——我，和菩薩、佛陀、大聖人的差異只是「心」或意識的狀態。懂了這些，完全的懂，滲透到每一個細胞，每一個層次的體，包括肉體、情緒體……都可以完全聽懂和做到這裡所說的這些話，一個人也就解脫了。

[19] 佛陀甚至表達每個人早就成佛，《大方廣圓覺修多羅了義經》記載「始知眾生本來成佛，生死涅槃猶如昨夢。」理解了每個人早就圓滿，就連所謂的修行、努力、功夫都同樣猶如昨夢。我也一再強調，醒覺不需要時間，不是透過修行、努力、功夫而可以達到、取得、找到的。

在、醒覺與生命場

延續這個比喻，我們也可以說——完全醒覺，也就是讓內外一致，消除所有的矛盾和質疑。

在這個一體之下，內和外已經不分了。就像這張圖所表達的，生命本身變成一個能量場。透過外，我們可以活出內。從「動」，活出「心」，找出「心」。從「做」，隨時可以活「在」。

同時，從這張圖，我們可以看出醒覺也只是「在」的成就。完全「在」，生命場就大。一個醒覺的人，即使不動，也都可以影響到周邊。我在這張圖用各種大小的能量場，來描述這種成就。

因此，我才會在很多場合提到，一個人醒覺過來，本身就產生一個生命場。這個生命場的大小，是跟他「在」的成就相關的。「在」越徹底，這個場越大。一個人，完全不需要透過任何「動」，都可以影響到周邊，就是這個道理。

談這些，也只是想試著用語言來描述意識轉變的過程。每一位成道的大聖人都提過類似的觀念。比如說，耶穌在《聖經》裡也不斷強調——天父的國，不是用眼可以觀察到的，[20] 而天堂在人間就可以找到，[21] 隨時可以找到，而且是從心內找到，不是從心外找到。他多次展現治病的奇蹟，也總說這些奇蹟不是他個人行的，而是天上的父，上帝，也就是內在的恩典，透過他這個管道所化現。

這一切，其實都是反映「在」的成就。《聖經》也不斷地提醒我們，活在「心」，活出「在」，最高的意識狀態，要點點滴滴在每一個瞬間保持儆醒。只要一不注意，我們就會落回這個人間，受到種種誘惑而被帶走。[22] 但是，就算落入人間，只要又記起這個「在」，把「在」隨時找回來，一個人又隨時回到神聖的生命。一切的矛盾，也自然消失。

其他的大聖人，談的也只是如此。

「在」的體驗，我們都有過，也隨時忘記，自然又落回「做」

從意識轉變的角度來談，不只一個醒覺的人可能退轉，其實，這個意識的退轉，在一般人也可以觀察到。

很多人在他擅長的領域或場合，都可以隨時體會到一體、合一、寧靜、無色無形的「在」，只是

20 〈路加福音〉17:20「神的國來到不是眼所能見的。」

21 〈路加福音〉17:21「因為神的國就在你們心裡。」

22 〈箴言〉4:23「你要保守你心，勝過保守一切，因為一生的果效是由心發出。」〈申命書〉4:9「你只要謹慎，殷勤保守你的心靈，免得忘記你親眼所看見的事，又免得你一生這事離開你的心；總要傳給你的子子孫孫。」

自己不知道。

比如說，攀岩、跳傘、跳水、賽車或其他刺激的活動，都可以讓我們進入一種無思無想的狀態。球員和運動員在場上，也會進入zone（一種專注的狀態）而自然進入一個flow，一個心流，好像擁有一個超乎想像的功能，而有特別好的成績和表現。醫師和護士在開刀房，完全投入這場手術，也一樣可以進入無思、專注而寧靜的狀態。

任何人，在任何領域——包括學生、打工的服務生、畫家、科學家、老師、企業家、政治家，都可以在某些狀況下，透過專注，達到這個無思，甚至無色無形的狀態。

在這些片刻，他完全和生命接軌——已經不是「我」在比賽、服務、畫畫、演講、開刀、爬山、運動、玩球，而好像是生命更大的智慧來帶領他「做」。不經過思考，反而發揮了更大的潛能。在這個時候跳出了時空，感覺到最舒暢、最清醒、最有活力、沒有阻礙、沒有什麼事是做不到的。這種經驗，會令人一輩子難忘。

反而，「我」限制在一個念頭的世界，很少能達到登峰造極的境界。我們人間所稱的任何偉大的突破，一般都是超越思考的範圍才可以做到。

我相信，每一個人都體會過這個滋味，曾經很自然的進入了無私、無我、忘我的狀態。不幸的是，只要回到日常生活，自然又落回「我」狹窄的軌道。接著，又被念頭給主宰了。

也可以說，他就這麼「退轉」了。雖然他曾經在這種狀態下，嘗過無思無想的「在」的甜頭，也想隨時回到這種境界，回到「在」，但因為還沒有看穿這個形相的世界，也沒有辦法清清醒醒的選擇。就算再怎麼努力，也努力不到、找不回來。

一個人醒覺過來，和一般人的差別在於，醒覺的人可以看穿「我」，看穿這個念頭、念相的世界。他也理解，只有「這裡！現在！」是永恆的，也只有透過這個瞬間，可以隨時找回「空」，和「空」所帶來的寧靜。也只有透過這個瞬間，可以隨時站在兩個世界——有形有色與無色無形的世界。

醒覺的人，也同時知道，人間所帶來的任何現象或變化，都只是全部生命的一小部份，根本不成比例。所以，醒覺的人，絕對不會把外在世界或任何追求，當作他人生的主要目的。他隨時都知道，人生有一個更深、更大的層面在等著他，也等著我們每一個人。投入這個層面，才是人生真正的目的。也只有透過這個瞬間，才可以真正活出來這個層面。

要活出這個人生最大的目的，醒覺的人也充分知道這個人間所帶來的任何知識，跟生命的整體不相關，沒有任何全面的代表性。

活在這個瞬間，「這裡！現在！」一個人也自然可以承受未知，甚至擁抱不可知所帶來的不確定。只有進入不確定，生命無限大的可能性、最大的潛能才會爆發出來。生命的選擇，也自然變得多得數不完了。

有趣的是，活在未知，甚至不可知，一個人於是可以走出人間所帶來的種種限制。這是一個醒覺的人會親身體驗到的。

最後，對醒覺的人來說，已經不是他活什麼生命，或是生命的哪一部份，反而是生命來活他。透過他，生命的內在、生命的神聖的一體意識才可以降臨外在的世界，照見人間。這就是人生最大的目的。

很多人醒覺過來，往往沒辦法完全地整合生命的內在和外在。不光有時候會忘記，還會被形相吸引回去，認為內在和外在兩個世界是有衝突的。過去的價值觀念，透過醒覺，好像就完全不相關了。過去所做、所追求的，都不重要了。在這個外在的世界繼續存在的目的，似乎也失掉了，很容易落入絕望或空洞的心境。

這些現象，只是還沒有跟內在生命的背景完全接軌，還沒有完全整合，還產生了一點磨擦，一點矛盾。直到明白「空」跟「有」完全可以共存，而且沒有帶來任何矛盾，生命的內在和外在是真正的兩面一體。這時候，一個人才全面的醒過來，才完全得到平靜，再也沒有任何問題可以困得住他。

透過《神聖的你》，我希望做一個內在和外在的整合，至少消除一部份的矛盾，讓我們每一個人都全面活出最有意義、最神聖的生命。

7 念頭來想你

沒有醒覺之前，念頭是我們每一個人的主人。

讀到這裡，也許會產生一個疑問：為什麼念頭有那麼大的力量，可以隨時把我們帶走，甚至帶回一個煩惱的人間？我們明明嘗過一體意識所帶來的種種舒暢、喜樂、寧靜，為什麼還會被帶回去？

用個比喻來說，也就好像——念頭隨時來附身我們。

我們身不由己地跟著念頭，隨時被帶進念相的世界。明明是生命的主人，卻總是聽命於念頭的指揮來運作。我們對任何事物的反應，都是受到過去制約的自動反應。彷彿是——念頭，來想我們。

沒錯，人間所帶來的念頭，所造出的念相的世界，就是有那麼大的本事。

再往下推究，自然會撞上一個用邏輯跳不過去的矛盾，或悖論。

這個世界，本身是透過念相所組合的。

矛盾從這裡起步，也從這裡消失。

我們不可能透過念頭跳出念頭，甚至不可能透過念頭看到念頭。

能看到念頭，本身已經是一個醒覺的狀態。要透過「空」或是「寧靜」，才可以看穿任何念相，而看到念頭。

我們不知不覺地落在一個念頭的世界。假如看清了，不光沒有念頭，也沒有這個世界。一個人醒覺，會發現——生命來活我，意識來化現我，智慧來照明我，恩典來恩典我，空來空我。一樣的，其實是念頭來想我。

在人間，沒有透徹的反省，不可能達到這樣的理解。念頭本身既是我們的架構，同時也是維繫這個架構的動力。念頭的架構和動力，在同一個系統下平行運作。

我用「附身」這個比喻，也只是要表達它就是「我」的主要架構。沒有念頭，就沒有「我」，也沒有「世界」。念頭本來就是我們建立這個世界的基石。我們不可能透過它，而可以跳出來。

古人談輪迴，也只是這個意思。輪迴什麼？輪迴一連串的念頭——從來沒有停過，也不可能停住的念頭。因為我們的世界本身是念頭組合的。

只有透過意識的不同層面，也就是本書所談的——更深的層面、生命的背景、空檔、寧靜、「在」、「覺」、「心」——才可能突然把念頭的世界包起來，而從裡面跳出來。

8 沒有任何東西是客觀的

客體的觀念，是人局限的腦所創出來的大妄想。我們其實從來沒有跟生命的整體分手過，也沒有主體或客體好談的。

我前面帶來的觀點，跟你過去所聽到、所接觸的，很可能完全不同。

我們認為自己所看到、體驗到的，都相當客觀。也認為自己看到的，跟其他人看到的，跟大家所看到的，都可以用一個客觀的量尺來衡量。這無形之中，建立了一個有限的現實，產生一個人類的共同語言，來表達這些共同的理念——認為透過比較，可以在樣樣事物中做一個區隔。

前面已經談過，沒有任何東西是客觀的，也沒有任何東西可以稱為真實。一切，只是真實的一小部份，透過腦海限縮到一個可以理解、可以體驗的範圍。這就是我們感官所帶來的限制。

我也提過，動物所看到的世界，跟我們絕對不同。因為它所看到的範圍，和人類不一樣。人類有趣的是，非但透過感官接收資訊，還進一步透過念頭整合，甚至投射出去。有這些本事，我們自然會認為自己所看到、所想到的世界，就足以代表一切。而認為只有自己所見的世界和人間存在，此外的一切都不存在。

在這種限制下，人自然會把自己和其他人當作客體。透過這些客體，我們才可以體驗這個世界。就連上帝或神的觀念也是一樣，雖然是肉眼看不到的抽象客體，但是，它讓我們可以在人間表達絕對的力量。

上帝或神，本身就含著人類的期待，也就是認為——除了眼見的一切之外，一定有一個比較永久、不受限制的生命，而這個力量是友善的，透過禱告和祈求，隨時可以協助我們度過人生種種的痛苦。

然而，站在全部的生命來看，其實我們本來就有這個生命的源頭，這個生命的潛能，這個生命的一切。

我們只是忘了，自己並不是生命的故事，並不是種種有趣或悲傷的內容，也不是這個主體、這個「我」，更不只是想像得到的任何客體。

我們就是意識！就是一體意識。也就是全面的意識。

我們所認知的世界，是透過這個整體意識的一小部份，也就是腦海所組合、延伸、體驗的。說它不存在，它也存在，只是不具有全面的代表性。

即使這個肉體，透過死亡，走掉了。意識，也沒有停止。唯一的差別，也只是不能再透過我們這個肉體來觀察到這個宇宙、這個生命。

用電腦來比喻，一個人死亡，也只是不能再透過這個載體，下載這一體意識。

人類局限的意識，是透過這個腦的生理架構而呈現。於是，我們一生都倒因為果，以為要先有肉體、先有腦，才有意識。然而，本書要說的剛好相反。

一體意識，從來沒有生過，也沒有死過。它延伸出來，化現出各式各樣的意識體。然而，只要談「體」，已經局限在一定的範圍裡。透過這個「體」的感官或種種的接收器，所體會到的生命各異其趣，各自代表宇宙的一部份。

人類的腦和任何生命的不同之處在於，人腦的分析辨別能力，比任何生命都更強。但是，分析的腦還只是整體意識的一小部份。更大的一體意識，是我們隨時可以接軌、可以汲取的。沒有這個一體意識，也沒有生命。所以，我們不可能不跟一體意識相連繫。圖裡的插頭，用來表達我們隨時跟一體意識連線，而一體意識所帶來的光，隨時都有，讓我們隨時可以存在。

比如說，一朵花、一顆石頭，當然和人所體驗到的世界不同。都是同一個一體意識所延伸，只是體驗和表達的方式不同。

人有人的局限，也就是對立、分別的腦所帶來的邏輯，所體會的世界一定和動物、植物或其他外星的生命不一樣。人體走掉了，局限的客體意識也跟著消失。但是，一體意識還是存在。

一切，就是那麼簡單。可惜的是，我們一生透過制約，把自己給徹底地洗腦，而忽略了這些常識，反而顛倒了事實，以為從物質（肉體）可以延伸出意識，更以為這個意識足以代表一切的意識。

重新理解這一切，自然會領悟到我們偉大的層面。我們本身就是不動、不生、不死、無限大的、不受條件拘束的一體。

人來了，人走了，都不會影響到它。早晚，都會回到它。只有它是永恆的，而它本身帶來最大的吸引的力量。任何形相，包括我們每一位，不可能不受到它的吸引，不可能不回到它。

從人間的角度來看，形相、局限、相對所帶來的意識，確實有很大的吸引力。但是，站在生命的整體，一體意識的吸引力其實遠遠大於形相的吸引力。一切，是從一體意識所衍生出來的，包括分子，包括星球，包括「我」，包括世界，包括一切。它就是有那麼大的本事。回到整體，是早晚的事，不可能回不去。

所以，我才會講——我，就是宇宙。我，就是生命。而生命，就是我。

任何形相，包括這個肉體，這個「我」，不可能是完整的我。只是把真正的我局限到一個人間可見、可體會的小部份。真正的我，是不可能分成階段或部份去理解的。任何客體，比如一個念頭，都只能對真正的我做一個表面的歸納，表面的理解。

真正的我，其實是整體的生命，超過任何客體所可以描述。

無色無形的吸引力，比什麼都大

從天文物理的角度來看，宇宙95%以上的物質不是我們熟悉的恆星、星雲、星系，而是看不到、不知道形式、性質不明的未知組成。這些未知組成包括了黑洞（black hole）、暗物質（dark matter）、暗能量（dark energy），沒有輻射、沒有光，而無法被觀察到，卻對宇宙有極大的作用（重力效應）。

現代的物理學家也承認，這些未知組成對一般物質的吸引力比什麼都大。進一步說，所有物質有朝一日都會回到這些未知組成。就像以下的圖用黑色表達黑洞，遲早會把所有的物質吸回去，完成宇宙的生與死。

本書所談的無色無形的吸引力，與這個觀念相通——所有的形相總有一天會崩解、崩壞，早晚都會回到無色無形。

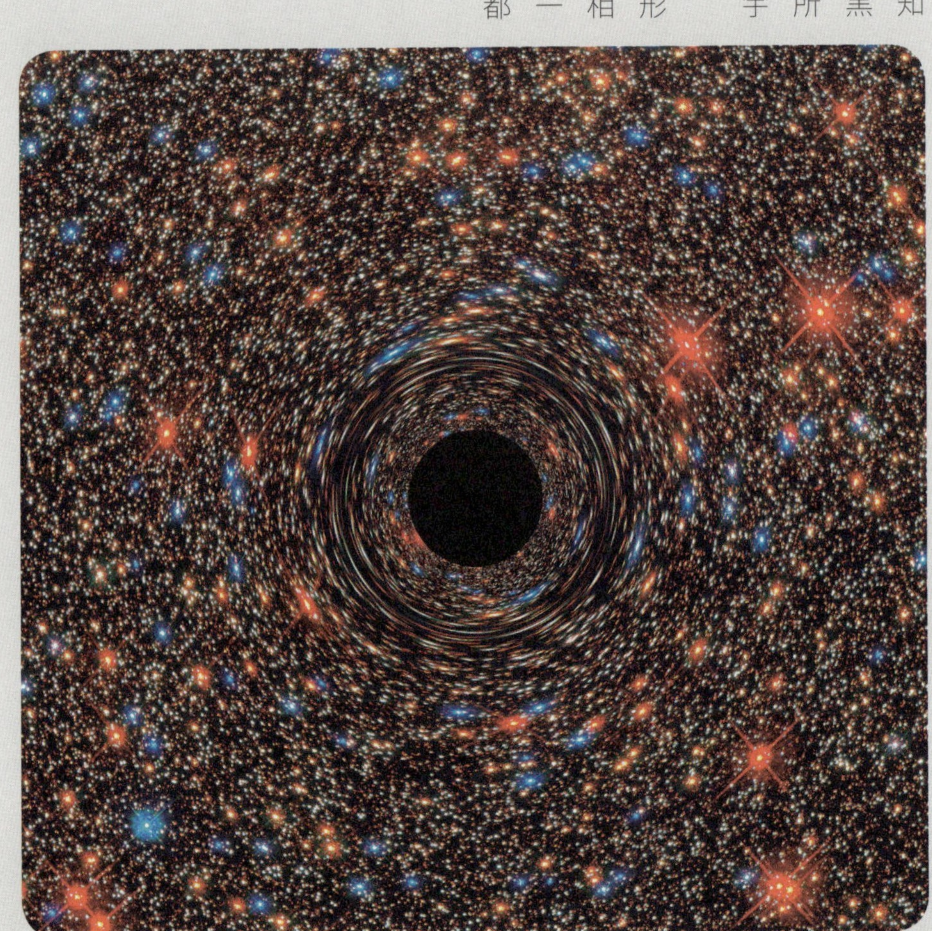

圖片來源：NASA, ESA, and D. Coe, J. Anderson, and R. van der Marel （STScI）

9 把神聖的你，找回來

生命，本來就是神聖的。找回神聖的你，只是回到全部的生命。

甚至，是深深體會這個生命是永恆的。站在永恆的層面來看生命，生命也自然變得神聖。讀到這裡，我相信你已經體會到這本書想表達的。首先，神聖，也就是體會到生命永恆的部份。另外，生命還有更高一層的規律，人間比較難以體會到。

表面上，人生的樣樣好像都是偶然，其實是跟著更高的規律或規則在走。而這個規律，是透過我們徹底體會到生命的神聖，才可以容納。甚至，把它變成生命很重要的一部份。

我不斷地強調「這裡！現在！」或這個瞬間的重要性。也一直提到，這就是解開生命最大的一把鑰匙。透過它，自然可以進入全部的生命，真正體會永恆和最高的規則。

我想，你接下來會想問——既然那麼簡單，為什麼要用那麼多字句來表達同一個理念？而且，我們每個人還認為自己做不到？

我們仔細觀察自己對每一個狀況的反應，其實都不只是一個念頭。每一個念頭很自然帶來一串情緒，也就是萎縮。而且，這個萎縮已經進入潛意識，化為我們的習氣，成為面對環境或別人的自動反應。而這些反應，更進一步凝聚為我們的個性。

找回神聖的生命，也就是把生命更深、更高的層面全部找回來。這些層面，超越身－心所帶來的制約，也遠遠超過人腦可以理解的範圍。透過這些更深、更高的層面，我們才可以體會到生命更高層的規律，而我們隨時都在跟它共振當中，只是自己不知道。
把全部生命的層面變成一體，而可以把這整個一體全部活出來，這本身，是我們這一生來，最大的目的。
這張圖用一個人的形相，再加上一層一層的「體」，來表達生命不同的層面。只有透過全面的臣服，臣服到每一個瞬間，一個人才能同時活在每一個體，不受到任何體的限制，而能與生命全面的結合。

這些反應，強烈一點可以稱為反彈，也就是我們帶來的制約。不一定只是個人這一生的制約，甚至是反映家族或全人類的制約，也建立了每個人的自我形相。仔細觀察，每一個人也只是如此。心理學家也早就把人區分成不同模式，也就是人格類型。你我遇到事情的反應，也跟著這個人格類型走。

我們通常觀察不到這個瞬間，沒有辦法把自己帶到「這裡！現在！」，正是因為我們面對這個瞬間，同時帶著一串的念頭加上萎縮的遮蔽，根本觀察不到當下。前一卷特別提到——我們面對世界，是透過萎縮體，以及透過與其他人萎縮體的互動。萎縮本身是身體的全部對念頭的反應，已經固化到每一個細胞。我們不光看不到萎縮，也很難將它消失掉。

每一個人的萎縮程度不同，有些人比較緊縮，有些人比較沒那麼緊縮，但是沒有一個人沒有萎縮。我們很少能夠實實在在地在環境中保持放鬆，而是隨時針對周遭所帶來的信號和刺激做反應。你我對任何事物所產生的第一個反應，本身就是萎縮。

不相信的話，可以試試看。光是聽到有人喊自己的名字，我們可以觀察自己的第一個反應是歡喜，還是繃緊、不安、萎縮。相信每一個人都很清楚答案。

任何萎縮，自然把我們從「在」帶到一個「不在」的境界。

也就已經離開我們本來有的一體意識。

最可惜的是，每一個人都有的生存反應——打或逃，原本是幫助個人面對身邊的危機。但人類造出一個虛的「我」，而這個虛的「我」隨時都帶來萎縮。我們也自然把這樣的反應，成為無處不在的反應，讓身體更萎縮。我們每個人都繃得那麼緊，在好大的壓力下生活。

我們面對世界，以為自己的反應再理性不過。其實，我們每天被世界激發的想法和反彈根本不是理性的產物。

很多人面對人生的壓力，自然會透過關係或物質想要緩解，但這些都不是長期的解決之道。即使短期可以滿足我們，帶來種種的緩和，這些緩解還是屬於人間的一種形相——要不早晚消失，要不就引來更強烈更極端的反彈，並不會讓我們從痛苦中解脫出來。

因為有這種種狀況，我才需要用那麼多篇幅，把那麼簡單的觀念——回到瞬間、回到「這裡！現在！」——帶回來。

人格類型——認識你自己

前面提到個性，而我們一般對任何人事物的反應，都離不開集體所帶來的制約。我們以為思想是完全獨立而自由的，也以為自己面對每一個狀況，都能自由的反應。然而，我們的一般反應，其實離不開習氣，也跟我們的個性分不開。這些習氣和反彈的模式，在人類中是普遍而重複的。

在這一張圖中，四個人都在強調自己不同的特色。用這種原則，可以分出十六種主要的性格類型。而我們每一個人，仔細觀察自己，都可以套進去這十六種類型的某一種。

最有趣的是，心理學家老早發現人與人之間有一些共通的模式。比如榮格（Carl Jung）在近百年前，提出內傾和外傾的心理類型。[23]並與思維、情感、感覺、直覺四種功能類型進行匹配，提出了八種人格類型，來說明並分類人基本的個性。日後，美國心理學家凱薩琳·布里格斯及其女兒伊莎貝爾·邁爾斯（Katharine C. Briggs and Isabel Briggs Myers）依據榮格的理論，經過長期觀察和研究而完成邁爾斯—布里格斯性格分類指標（MBTI）。擴大榮格的定義，由外向—內向（E/I）、實感—直覺（S/N）、理性—情感（T/F）、判斷—理解（J/P）[24]組合出十六種個性，也就是人格類型。透過這種歸納，會發現幾乎每一個人都可以套進其中某一個類型。可以這麼說，你我認識現實、面對周遭的人事物，都是透過這些傾向的過濾。

基本的人格特質，決定了我們所認識的現實、所認識的生命。另一方面，我們所認識的現實、所認識的生命也會回過頭來，再進一步強化我們的人格特質。

類似的人格理論相當普遍，尤其許多大企業頗為依賴這種測驗，來找他們所需要的人才。

我會在這裡提出這一點，是認為——任何這種歸納，只要能幫助我們觀察自己的行為，都可以帶來反省，從「想」回到「覺」，從種種「動」和「做」回到「在」。

一個人，清楚地知道自己內心的認知傾向，不管是透過人格測驗或其他方法，也自然會體會到——樣樣都不是絕對的。連我們截取資訊都是相對的，都是透過一個過濾器而扭曲偏頗的。

這個過濾器或過濾網，就是人類的情緒腦，也就是我過去在《靜坐》提到的邊緣系統。這個情緒腦會跟左腦的理性或右腦的能量整體產生互動，而這些互動會自然回到情緒腦，再擴大念頭所帶來的情緒和萎縮。

通常，這種互動相當快，快得我們覺察不到，成了一種自動反應。可以說是在潛意識運作，而自然成立我們所體會到的個性。各種人格的測驗，所探測的不外乎情緒腦和大腦的互動。

清楚的「覺」，本身是消逝習氣最好的方法。倒不是去跟它對抗。正因如此，我才再三地強調——對每一個瞬間，只要我們輕鬆地去「覺」，也就可以把萎縮燃燒掉，倒不需要跟任何萎縮做抵抗。

---

23 榮格在一九二一年的《心理類型》(*Psychologische Typen*) 一書提出的觀念。

24 這四個分類，分別基於心理傾向：外向 (Extrovert) (E) ／內向 (Introvert) (I)；認識外在世界的方法：實感 (Sensing) (S) ／直覺 (Intuition) (N)；作決定的方式：理性 (Thinking) (T) ／情感 (Feeling) (F)；待人處事：判斷 (Judging) (J) ／理解 (Perceiving) (P)。

10 神聖，當作一種練習

神聖，融合了專注和觀照，是人類最古老的修行方法。

一般人都講究練習。讀到這裡，你一定會好奇，想知道有沒有什麼比較好、甚至比較快的方法，可以達到神聖的境界。

我前面已經強調過，進入神聖的狀態，不需要時間，比什麼都簡單。說穿了，時間本身就離不開「我」。強調時間，最多也只是在強化「我」。

然而，我相信，我們聽了這些話還不是那麼確信，希望至少有一個路標。

我們所說的神聖，都帶有永恆、無條件、無限、絕對的特質。這本身帶來解脫，等於是一把解開人間的鑰匙。神聖本身含著最科學的科學，自然讓我們跳出這個時空、跳出人間所帶來的種種變化和限制。

怎樣隨時把永恆、無限、一體的意識找回來，才是需要追求、需要理解，甚至練習的（如果還有一個練習好談的話）。

會稱神聖為最科學的科學，是在強調——我們不過是承認、面對真實所組成的本質。

前面也提到，這個本質主要還是「空」或是「沒有」。在樣樣「有」看到「空」，才可以稱得上是真實的科學。找到、看到這個本質，本身就帶來一個答案，是一把解脫的鑰匙。不是這樣子的話，我們只是再造一個虛擬實境。這麼做，是永遠跳不出來的。

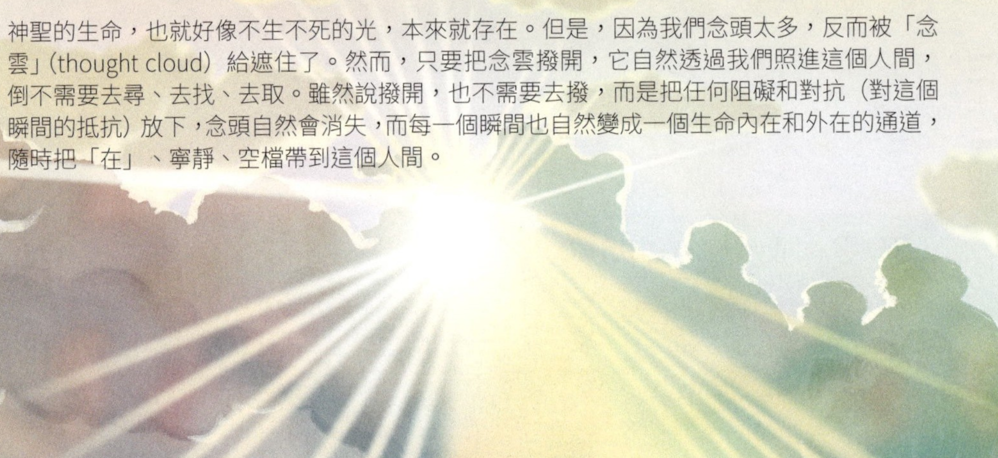

神聖的生命，也就好像不生不死的光，本來就存在。但是，因為我們念頭太多，反而被「念雲」(thought cloud) 給遮住了。然而，只要把念雲撥開，它自然透過我們照進這個人間，倒不需要去尋、去找、去取。雖然說撥開，也不需要去撥，而是把任何阻礙和對抗（對這個瞬間的抵抗）放下，念頭自然會消失，而每一個瞬間也自然變成一個生命內在和外在的通道，隨時把「在」、寧靜、空檔帶到這個人間。

要看到「空」，也就是無色無形，也就是人生的空檔，生命的寧靜，比任何人想的都更簡單。它本身是透過「在」所可以體會的，並不是透過任何追求、任何「動」、任何作為所得來的。從每一個角落，不管是有形無形，都可以看到整體、一體。

也就把人生這個最大的難題（conundrum）給解答了。

看到這一體，也就是看到樣樣都是神聖的。要在樣樣看到神聖，最多也是充分知道——我跟樣樣都不分離，我跟樣樣的本質都是共通的。在別人、別的東西、別的角落看到自己，看到一體，才是愛，也才是神聖。

有太多方法可以達到這個理解，都離不開這個觀念。徹底懂了，也就不需採用任何方法。任何方法，還只是停留在一個「做」的範圍。而這裡所談的，是在任何「做」的前面，任何念頭的前面，任何一口呼吸的前面。是本來就有的。

比較正確的表達方式，應該是怎麼讓我們落回到本來就有的、本來就是我們主要組成的部份。只要我們把念相，或說「念雲」（thought cloud）挪開，什麼都沒有做，它像陽光，直接透進來。

體驗：觀察這個瞬間

回到方法，回到練習。我們可以談的是知覺，也只是注意（attention）。我們透過瞬間，所注意的對象隨時不同。而我們對每一個不同的對象，都可以接受，都讓它存在，都把它放過，不需要帶來任何抵抗。

透過瞬間帶來的形相，因為我們不抵抗，念頭的雲自然散開，自然進入形相所帶來的無色無相。只要輕輕鬆鬆帶來臣服的觀念，自然帶來一圈空檔，把這個瞬間環抱起來。好像我們站在這個空檔，覺察這個瞬間。同時知道，這個瞬間的變化，其實跟我不相關。而這些種種的變化，是透過生命在覺察。

覺察這個生命，其實就是我們最源頭的意識，它從來沒有變過。從來沒有生，也沒有死過。它本身就是「在」，在「在」覺察「動」，覺察「做」。

這麼一來，這個瞬間所帶來的念頭，還沒有起步，就自然消失。我們自然也不會被這個瞬間帶走，不管它有多大的吸引。最後，只剩下覺察。

覺察，覺察，再加上覺察。這樣子，一路走下去。生命突然覺察到自己，或是「覺」覺察到自己。再講透一點，也就好像我們退回生命的背景或內在，輕輕鬆鬆看到前景所帶來的一切，包括瞬間所帶來的種種變化。

這種觀察、這種注意每個人都有，甚至連動物、植物都有，古人才會稱它是最根本的意識狀態，學也學不到，最多我們只能輕鬆落在它上面。

其實，用這種沒有方法的方法，自然就把專注和觀照合併了。我才會稱它為二合一、最有效的修行方法。嚴格講，它也不是一個修行方法。它本身就是我們隨時有的「心」，是我們隨時都有的意識狀態，是全部神聖的生命的根本。把它找回來，也自然走上神聖的路。讓我們深深體會生命的永恆，從來沒有生過，也沒有死過。

這種最根本的意識，其實也不受到感官的限制——透過眼睛，可以看到它。透過耳朵，也可以聽到它。但並不是透過眼睛的視覺或耳朵的聽覺去捕捉的。我們最多只能說，透過感官和知覺而能共振到它。所以，什麼也沒有做，就在眼前，就在心中。

讓我換另一個角度，再試著說明。

我們身體的每一個細胞、每一個角落，其實都有它本來的聰明，是這個宇宙共同的聰明。一朵花，一隻動物，就連一顆石頭，甚至連整個地球都有。這種聰明，是透過一種螺旋場而成立的。只要有生命，任何生命，它都存在。

這種聰明，不受到我們腦帶來的局限所限制，也可以稱它為智慧。它透過共振，可以跟生命的源頭接軌，可以跟任何周邊的生命接軌或同步。一般人會稱這種感受為所謂的「第六感」。眼睛、耳朵或任何的感官所捕捉，並透過神經系統所傳遞的有限資訊，也有感官資訊以外的另一個層面，是最根本而每一個生命都有的。是透過這個最根本、最源頭的意識，我們也可以稱它為「在」，才可以體會到全部的生命。

神聖的這條路，也只是把局限的腦踩個剎車，而安歇在這最根本的意識狀態上。我們也就把神聖的生命找回來了。

再講透徹一點，就好像生命的一體意識透過腦、透過每個細胞、透過每個角落，去對生命做一個覺察。而這個覺察本身，也就是醒覺。

我們的神經系統，最多只能算是一種干擾。它帶來一個濾網，透過這個濾網，雖然能有效過濾出有利於神經傳遞的訊息，但在千萬年的演化中就這麼把我們的注意力帶走了。它本身造出一個虛的世界，無形當中遮蔽了生命最根本的意識。

談這些，不是小看我們腦的結構，剛剛好相反，其實這是人類最了不起的一部份。我接下來會解釋得更清楚。

正是透過人類腦海的發達，走到最後，它才可以觀察到自己。把知覺反過來，突然觀察到自己，進一步——覺，才可以覺到覺。人類才可以有別於動物、植物，也才有個頓悟或醒覺好談的。若不是透過我們的腦，人類反而沒有機會體悟到——自己老早就是醒來的。

說穿了，只有人，才有機會醒覺。

我這麼一講，可能走的太快，跨了太大一步。接下來，要一步一步地繼續說明。

《神聖的你》也只是承認——全部的答案，都在你的內心。不用再往外去尋找，更不需要透過某一個客體、某一個動作或某一個追求，才能把神聖的生命、神聖的我找回來。

每一個角落，都可以把你帶回這神聖的生命。把神聖的你，找回來。

活在神聖的你，全面認同神聖的你，也只是把每一個所遇到的形相、每一個動作、每一個念頭、每一個人間所帶來的變化，都當作一個祭壇。你都可以表達最高的敬意、最高的尊重。透過它們，活出神聖的生命。

活出神聖的生命，也只是點點滴滴地，透過每一個瞬間、每一個動作、每一個念頭，活出「心」，也就是意識最高的狀態。而這個最高的狀態，也只是臣服——臣服的行動，臣服的態度，臣服的一切。

唯有如此，一個人才可以隨時活在當下。

一個人，即使醒覺過來，還是點點滴滴地，透過每一個瞬間的包容和臣服，才可以把神聖落實到這個世界。而落實到這個世界，最有效的方法，本身也是最簡單的——隨時活在當下，意識最高的狀態。

再說清楚一點，我們人生最大的目的，其實也只是隨時活出「心」，活「在」，也就是——「這裡！現在！」。其他的目的，任何人間所想得到的目標或追求，相對來說，重要性小得不成比例。只要守住每一個瞬間，把自己交給瞬間的每一個角落，我們自然完成這一生最高的目的。

另外，神聖的你，也只是帶來人生最大的慶祝——慶祝自己的神聖。

站在《全部的你》的角度來看生命，還有一個理解，還有一個領悟，是可以追求的。然而，站在《神聖的你》，已經進入一個執行、實踐的層面，是活出你本來就有的本性、本來就有的生命。而這生命，就是神聖的。

最後，一個人完全臣服，也沒有要活出什麼神聖的目標，反而是神聖的生命來活我們，希望透過我們把醒覺和神聖帶到這個人間。

11 神聖的你，和其他練習的異同

「在」，是最有力的生命場——是所有練習的共同點。

神聖，本身不是一個練習方法。它本身是意識狀態的成就，無法稱為一個方法。談意識狀態，談成就，最多也只是指身心的合一，只是把握住自己的心。

一切從心出發，一切回到心，就那麼簡單，念頭自然也就消失。這本身也只是最放鬆、最輕鬆、最根本的意識狀態。

只要把全部的「做」、全部的「動」、全部的制約挪開，我們自然落在這個「心」的狀態，而不可能不落到「心」的意識狀態。

在這個離不開練習、離不開「得」、離不開「做」的人間，倘若真要談一個練習方法，或許可以用瑜伽[25]的傳統修法作為一個例子，特別是*Bhakti Yoga*（也有人稱為奉愛瑜伽）。[26]

從奉愛瑜伽的角度來談，神聖的修行就是把自己和一個象徵永恆的體融合，而把這樣的修行當作一個解脫的大法門。

對一個神聖的體，透過奉獻、奉愛（devotion），帶出全面接受、全面容納、全面臣服、全部放下的觀念。類似的修行法門，比如佛教的準提法、持咒和其他的密法，也離不開奉愛的觀念。透過菩薩、佛、神的形相或者咒音（*mantra*），再加上接受與臣服，將「我」帶回祂所象徵的無色無形。

我們可以把這類合一的理念，都歸納為奉愛瑜伽的領域——透過專注，可以把主體和客體之間的距離消失。最後，連合併的體也消失，只留下最純的專注（pure awareness）。

最原初、最純的專注，也就是「覺」——不受局限，不受任何條件制約，不生不死。

除了神、菩薩、佛這些神聖的形相，可以作為奉愛的對象。後來的人也以上師作為奉愛的對象。這個演變，其實含著很深的道理。

確實，一個人修道，即使不做任何解說或傳道，他本身就帶來最大的恩典，可以影響到周邊，可以帶動人間。

前面也說過，早期的大聖人都沒有留下隻字片語，而是透過弟子的整理，才有了經典或哲學宗教的系統。這些聖人已經達到輕鬆存在所帶來的最高狀態，也就是過去所稱的寂滅甚或涅槃。他不可能再琢磨教什麼，或是盤算還有什麼真理好轉達的。

儘管如此，「在」，本身就是最完整、最有力的生命場。它沒有受過任何制約所帶來的限制，會比任何局限的「動」（包括「教」）所帶來的場遠遠更大。一位大聖人坐在眼前，確實可以影響到周邊，自然會帶來寧靜，讓我們種種念頭消失。這種「在」所綻放出來的存在場，不需要透過任何語言，可以達到最大的作用。

---

[25] 瑜伽（*Yoga*）是印度教的正統哲學派別之一，起源於遠古時代，瑜伽的思想與實修方法對佛教、耆那教和印度教都有重要的影響。*Yoga* 一詞本身就代表合一，也就是人與宇宙合一，或身心合一的意思。大約西元前三世紀，帕坦迦利（*Patanjali*）集結《瑜伽經》（*Yoga sutra*），使瑜伽正式成為一套哲學派典。早期的瑜伽強調呼吸（*Pranayama*）和姿勢（*Asana*）的練習，其實也離不開身心合一，或說「定」（三摩地）（*Samādhi*）的觀念，後來也衍生出奉愛瑜伽等修行。

[26] 奉愛瑜伽（*Bhakti yoga*）的思想起源很早，見於《秘傳奧義書》（*Uppanishads*）。《薄伽梵歌》（*Bhagavad Gita*）和《往世書》（*Puranas*）對奉愛瑜伽著墨甚深，日後在印度發展成一種修行法門，修持對神的愛與奉獻。修持奉愛瑜伽，是和「神」產生最親密的關係，甚至和祂合一，透過這種合一，進一步跟整個宇宙合一。

一位大聖人，只要修道，自然會讓周邊一些大弟子也成道。不可能不如此的。他的法也只有透過這個方式才能夠傳承，倒不是像我們一般以為的，是透過理論或文字而可以延續。

我相信，這個解釋跟你或一般修行人的理解完全不同。但是，它也就是最早的奉愛瑜伽的用意。只是，這種練習雖然也是臣服，還是離不開有主體、有客體的分別（然後再融合），也離不開時間的觀念。

《神聖的你》所要談的，和奉愛瑜伽這類練習的不同之處在於——透過《神聖的你》，我們知道自己本來就有神聖的本質，只是因為隨時投入了形相的夢，太認真投入，而把它忘記、忽略，甚至蓋住了。透過臣服，也只是把我，把原來的自己，隨時找回來。

找回來，不透過任何「動」、任何「做」，反而只是——輕輕鬆鬆地「在」。

一般認為，只有神或成就者（比如上師）才有神聖的本質。就好像這張圖所要表達的——我們通常會想把自己縮成小小的，拿這個小小的我，去膜拜一個偉大的神或神的形相。這本身還是離不開客體意識的比較和判斷，也離不開隔離、分別所帶來的觀念（有一個我，有一個神）。這是人類從古到今，一直跳不出來的一個「靈性」觀念。

透過奉愛瑜伽，弟子把自己交托或奉獻給上師，或某一個神聖的形相。透過這種方法，把抽象的無色無形，落入一個具體的有形有相。讓修行的人有一個更具體的修持對象，比較容易觀想，容易練習。

回到《神聖的你》——只要懂了這本書所帶來的基礎，徹底懂了什麼是神聖，我們自然在每一個角落，透過任何客體——人、東西、大自然的元素，當作我們練習的工具或最好的老師，隨時可以找回合一的狀態。

只要輕輕鬆鬆把每個瞬間當作我們的老師，這就是最好的練習對象，倒不需要認真地跟客體合一。而是看清每一個客體，從中帶來一圈空檔，把每一個客體包容起來，讓它也輕輕鬆鬆存在，我們也同時輕輕鬆鬆放過每一個瞬間。

只是輕輕鬆鬆放過每一個瞬間，我們什麼都沒有做，什麼都沒有練習，卻始終與全部的生命共振，體會到它的神聖。

神聖的你，沒有什麼技巧，沒有什麼策略好談。透過奉愛瑜伽，人們還在期待透過未來，把真正的自己找回來。然而，透過《神聖的你》，連一個找的念頭都沒有，都不需要。它就是在「這裡！現在！」隨時在你我身邊。

神聖的你，是最直接，而隨時可以切入全部生命的。再也不需要老師或是神來帶著我們走，就靠我們自己走下去這一生。輕輕鬆鬆的，路標就在眼前。

這本書所要強調的是──「神聖」是我們本來就有、老早就有，甚至還沒有來這一生就有的。它是我們的永恆的部份。

一個東西永恆，不可能受到任何限制，也沒有任何條件或制約好談的。它本身就是解脫的，是絕對的。它從來沒有離開過我們，所以也不可能找到或得到。我們把一些限制的條件（念頭、「我」、制約）挪開，反而它也輕輕鬆鬆冒出來了，也自然從生命的內在浮到外在了。

這一張圖用人裡頭的小小的我，當作一個比喻，表示神聖隨時在我們身邊。只要投入「這裡！現在！」不跟它做任何抵抗，神聖的生命自然來活我們，而接著帶我們輕鬆地度過這一生。

12 神聖，離不開「這裡！現在！」

神聖，是透過瞬間，才可以體驗到的。

讀到這裡，相信你對這個主題已經不陌生，甚至已經有個人種種的心得，也一起踏上這神聖的旅程。

我在這裡再做一些補充，希望不光是帶來一個簡單的方法，也能成為你人生的一個習慣——透過瞬間「這裡！現在！」，可以隨時把神聖找回來。

切入瞬間，最好的方法也就是前面所提到的——接受、容納、臣服。透過這種態度，來看每個瞬間。接受每一個瞬間，其實已經為念頭的流動自然地踩了剎車，讓我們退回到輕鬆的「覺」。每一個瞬間都可以接受，這種心態已經帶來寧靜，而透過寧靜，我們自然落入「覺」。這樣的話，每個瞬間自然會拉長，讓我們透過它，達到永恆。

除了這個觀念，我還想表達幾點，而你只要可以輕鬆地理解我接下來想表達的，最多只當作一個路標。我相信，你會對神聖有進一步的體會。

我敢這麼說，是因為隨時活在「這裡！現在！」，也就把修練和結果同步了。修練，跟最後的結果，已經是同一回事了。

一個人醒覺，也只是活在當下。反過來，一個人隨時活在當下，也自然體會到醒覺的狀態。走到最後，兩邊是相輔相成的，會讓我們自然找到全部的生命。

用另一個方法來表達，也就是我前一本書所提過的——一個人要醒覺是靠恩典，或說福德。是宇宙、一體意識、全部的生命來祝福或灌頂我們，而不是透過任何努力去追求醒覺。

即使醒覺以後，一個人在人間要隨時跟一體意識接軌，還是要透過「這裡！現在！」。只要不注意，還是會被這個人間把一體意識蓋住。

就像騎腳踏車或跑步，雖然只要做過一次就會記得怎麼做，永遠不會失去，倘若沒有常常騎，還是可能騎得不順甚或跌倒。同樣的，一個人醒過來後，他也要隨時選擇——清醒的投入這個瞬間——才可以跟一體意識隨時結合。

瞬間，任何的瞬間，也就是活在「這裡！」，活在「現在！」。它是一般意識和一體意識的交會點。它也是唯一一個點，讓任何念頭有機會化為真實，和我們的生命直接發生關係。任何念頭，不管是過去還是未來，都要透過這個瞬間，才可以形成現實。宇宙要跟你我互動，不管什麼互動，也是要透過這個瞬間才可以呈現。相對的，我們要從這個人間回到一體，也只能透過這個瞬間，才可以找到門戶。

我們找不到神聖，是因為每個人都陷入了一個念頭的世界，不光被念頭帶走，甚至隨時都被念頭附身。我們把人生全部交給念頭，生命變得只剩下念頭。念頭和我們生命的關係已經變得模糊不清，也就更看不清念頭和我們生命的交會點了。

念頭所帶來的種種形相，也就是念相。念相不斷地鞏固「我」，強化「我」。前面也講過，無形當中，讓我們創出兩個「體」，除了身體之外，還有一個思考體，而這個思考體隨時都會讓我們以為比身體更重要。透過自我形象，我們不斷地強化「我」，供養「我」。

然而，瞬間，其實是「我」最大的敵人。

活在瞬間，「我」自然消失。活在瞬間，當下，把生命簡化到「這裡！現在！」。不需要再加另外一個念頭。不用再分析、不用再加標籤、不用再解釋、不用再抵抗。沒有念頭，也沒有「我」。

所以，你在「這裡！現在！」的練習中，要不斷地注意——「我」會堅持地抵抗、反彈，會用各式各樣的方法，說服你相信這個瞬間的「不重要性」，甚至生出種種質疑。

即使面對這些質疑和反彈，如果我們都可以容納它，可以放過，這些反彈也就自然會消失，只留下一種喜樂跟平安。

有時候，假如反彈太激烈，沒辦法包容，也不用擔心。最多也只是回到原來的情況，回到對立、有限、局限的意識。最多再落回人間，再次體會種種煩惱和痛苦，其實也沒有損失。從宇宙和整體生命的角度來看，根本沒有什麼損傷，沒有什麼後果。只要回到瞬間，也就把全部的生命找回來了。

另外，我們也必須了解。人還是要透過種種的危機，才會想要從人間找到一條出路。危機越大，轉變的動能越大，帶來的力道也越大。

假如沒辦法回到瞬間，我們也暫時接受這個現象。總有一天，遇到大的危機時，還是能有轉變的機會。

到了那個時候，宇宙還是在等著你。

這些話，主要還是站在一個鼓勵的角度，希望你可以投入。然而，針對這一點，你也不用擔心。畢竟，你會讀到這裡，也意味著，你這一生已經遭遇過各種的委屈，經歷了困難，也面對了許多危機，也自然準備好接受這本書的論點。機緣已經成熟了。

假如你讀到這裡，不光沒有驚訝、錯愕，還得到一種安慰、喜樂。我相信，你過去已經接觸過一體意識，甚至體驗過瞬間所帶來的寧靜，在你的內心已經多次穿過這個門戶，接觸到生命更深的層面。透過這本書的梳理，讓你對照與整合，也只是加強你的信心。

不管怎麼說，都是好事，也都值得我們來一起慶祝。

連修行，都放不過時空

我們都難免想知道，有沒有方法可以進入神聖？

仔細觀察，一般所稱的修行，一樣離不開時空的觀念。離不開形相，也離不開念相。甚至連成道、解脫、修道、悟道、領悟、開悟、成就、成功，都離不開一個功夫，也就是「功」的觀念。而「功」，更離不開時間跟努力（「動」），還是沒有離開過形相。

這麼說，我們連修行都放不過時間，還把瞬間當作一個工具，透過它和種種的努力以得到未來的成就。

此外，修行往往也帶有空間的觀念，而且是一個和人間不同的空間。比如說，我們提到天堂，通常很自然會往天空看，好像天堂不在人間，而是在別的哪裡。或許在天上，甚至，還要超過天上。這幾句話，可說是道盡了大部份人的想法。

這一張圖，要表達人生最深的學問，也是最高的意識狀態。如果人生可以每一步走下去，就像這張圖的人在爬樓梯一樣，把每一步當作人生的最後一步，可以全部投入到這一步，享受這一步，臣服這一步。這本身已經活出神聖的你。
面對任何人間所帶來的喜事、危機、好事、壞事，我們接納一切、臣服於瞬間所帶來的一切，可以把生命簡化到每一個瞬間，而讓這個瞬間本身成為人生最大的目的。這，就是醒覺。我們也就自然會放過每一個瞬間，跟它再也沒有任何抵抗。順著它走。走到哪裡，其實也就不重要了。最重要的，只剩下「這裡！現在！」

正因為時—空和形相可以化出諸多問題，造出種種難以察覺的矛盾，我才會特別強調「這裡！現在！」的重要性。它本身是最好的一堂功課，含著一切的練習，任何可以做的練習。

嚴格講，假如沒有人類帶來的制約和局限意識的限制，也根本不需要強調「這裡！現在！」。它是自然的狀態，是自古以來每一位聖人都懂的，從來沒有聽說古人對「這裡！現在！」特別追求或做文章。

「這裡！現在！」本身是一個成就的結果，而不是一個追求的工具。古人也早就知道，只要是太強調或是停留在一個觀念，設立邏輯所可以解開或採用的系統，就帶來另一個層面的制約，把我們困住。就算是只把它當作一個路標，早晚也會成為另一個阻礙。

回到「這裡！現在！」的練習

我在《全部的你》介紹過幾種練習方法，都是希望我們在思考上踩一個剎車，回到「心」，帶回這個瞬間。這些方法，採用了一些短短的問句，比如說——

喔～
是嗎？
是真的嗎？
是這樣嗎？
可能嗎？
就這樣嗎？
又怎樣呢？
還有事嗎？

同時，也可以把正在困擾我們的人生故事中的主體和客體對調。

這些方法都可以讓我們看到，樣樣都沒有絕對的重要性，都離不開念頭的投射，也都沒有我們想像的那麼嚴重、那麼危險、那麼悲觀。

我想再次把這幾個方法同時帶出來，做一個複習。希望可以把「這裡！現在！」的瞬間，隨時找回來。這些，都是隨時可用，而且只要用，就對我們有幫助的方法。幫助我們消除煩惱，找回均衡，同時帶回生命的空檔和寧靜。

選用哪一句，其實跟我們生活的習慣或狀況有關係。你可以替換著用，試試看，都會找到對自己比較有力道的那句話。

他犯了天大的錯。↔ 是嗎？

我認為他不老實。↔ 是真的嗎？

他對我從來沒有尊重過。↔ 喔，真的嗎？

我討厭他。↔ 也許他也討厭我。

我對他一點都不相信。↔ 他對我一點也不相信。

他帶給我恐懼。↔ 我帶給他恐懼。

他這麼欺騙我，我們的日子就完了。↔ 可能嗎？是嗎？就這樣嗎？又怎樣呢？

我相信他一定有其他的目的，而且肯定不是好事。↔ 是這樣嗎？真有這回事嗎？也許他也認為我有其他的目的，而且肯定不懷好意。

我認為這個方法一點效果都沒有，我的煩惱還多的是。↔ 真的嗎？煩惱再多又怎麼樣呢？

這樣子，一路問下去，自然從念頭的「動」與「動」之間找出一些空檔。而會將念頭做一個急轉彎，降低它的衝勁，找到一個新的出口。

其實，「我」最不喜歡遭受質疑，也許馬上會有更大的反彈。然而，反彈無論再大，我們還是可以看著它，讓它發作。看到它，甚至可以接受它。自然也就可以用空檔把它包容起來。

包容起來，我們也自然回到「這裡！現在！」的瞬間。

你可以試試看，看這種方式在生活的忙碌當中，有沒有幫助。

還有事嗎？

在這張梵谷的畫中，兩隻鞋子的鞋帶都鬆脫了。人的第一個反應就是想把它綁起來，就好像每一個瞬間所帶來的變化或刺激，我們一般都看不順眼，而想調整、改變。這就是對瞬間的抵抗。有人是不斷地抱怨或後悔，認為「早知道就應該如何。」「假如……，我的命就不會這樣了。」或「趕快……，未來就會好過。」這幾乎可以說是我們每個人對瞬間的看法——不是把它當作圓滿未來的工具，就是把它當作一個需要對抗的敵人。

這一張圖是提醒我們——有時候，可以放過這個瞬間——放過別人，放過自己，放過好事，放過壞事，放過一切，而不需要立即做個反彈。

放過一切，一個人也就看開了，不會對這個人間再有什麼計較和牽掛。

Vincent van Gogh. *Shoes*.

13 打破時間，跟生命完全配合

對神聖的生命完全信仰，也就自然活在當下。

找回神聖的我，也就是對這個神聖的宇宙和神聖的生命充滿著信仰，沒有留下一點質疑。宇宙和生命還有什麼角落不神聖，不完美？充分知道宇宙和生命的每個角落是完美、是神聖的，也只是承認一切是完美的。

完美，也只是永恆、無限、不受任何條件制約。完美，就是自由。不可能讓我們減少半分，或局限成什麼。

我，只是宇宙的一部份。透過我，宇宙才可以觀察到自己。我的神聖，和宇宙的神聖，是完全一樣的。也是完美，永恆，無限，不受條件限制。其實，不可能不是。

有了這些理解，一個人自然對「這裡！現在！」、當下、這個瞬間，不可能再做任何抗議。而只能輕輕鬆鬆關注到它，把我們所有的注意力交給這個瞬間所帶來的任何東西、人、狀況。

輕輕鬆鬆看著這個瞬間，倒不是對這個瞬間做出任何期待、任何分析、任何投射。而是沒有抵抗，沒有抗議，沒有期許，只是關注著它。輕輕鬆鬆地關注，我們自然和念頭脫離，也和念頭不相關了。

我們不帶來任何抵抗，念頭自然消失。念頭消失，「覺」也自然浮出來。這個「覺」，本身就帶來寧靜，本身就含著「在」，本身就含著不動、不做。僅僅如此，就帶來不可思議的轉變。

突然，我們會發現，生命不光是簡化，念頭消失，連生命的每一個角落都活躍了起來。好像，只要把自己交出來，交給這個瞬間，宇宙透過它自己的安排，也自然會帶來種種的方便，讓我們不斷地跟生命接軌。我們自然會見證不可思議的奇蹟，會突然發現每個角落都有奇蹟，而且從來不曾沒有過，只是我們忙碌當中看不到。

更有趣的是，宇宙會透過各式各樣的方法，帶來資訊，讓我們更順地走過這個人生。

有時候，是透過一個老人。有時候，是透過一個我們認為不懂事的小孩子。也可能是透過一個陌生人，甚至可能是透過動物、植物、沒有生命的東西。大自然都來幫我們加油，帶來眼前需要的答案。而我也只需要寧靜地關注，就可以得到這些訊息，點出一個新的人生方向。

就是這麼奇妙。

就算不是奇蹟，我們也會自然注意到——只要跟生命合作、跟每一個瞬間完全接軌，各式各樣的巧合也就自然出現了，來加持我們。而這些巧合出現的頻繁程度，是難以想像的。

我們自然體會到，生命的每一個角落都在同步。每一個角落，都在透過我們活出這個生命，並透過瞬間來表現。自然而然，我們也就好像把無色無形的絕對帶回人間。

投入這個瞬間，也只是自然投入「在」。

「在」，也只是這個瞬間的寧靜。

透過寧靜，環抱這個瞬間。也透過寧靜，可以容納一切瞬間所帶來的變化。

再怎麼順、再怎麼不順、再怎麼激烈的變化，寧靜都可以把它含進去，同時也可以放過它。任何變化，都可以不去干涉它。

其實，也沒有什麼好抗議的。就好像前面所表達的，這個瞬間反映出來的生命只是整體的很小部份。我們不可能對它有充分的理解，更不用說對它的目的做任何判斷。

我們看到的瞬間，也只是生命的表面，而這個表面是跟生命的整體連結的。透過這個表面的瞬間，我們也只是在反映整體的變化。而整體的變化，我們透過人腦永遠不可能全面理解。

這種體會，本身就帶來一個不可思議的狀態——我們從隨時都在抗議、對瞬間帶來的什麼都不滿意，突然發現生命變得很好過。每一個瞬間，不光是突然對我們友善，而生命整體也跟我們友善，完全跟我們合作，完全跟我們接軌。

沒有另外一個狀態比這個更神聖的。

回到練習，其實最多也只是把注意力關注到每個瞬間，也就這麼簡單。關注它，不提出任何抗議、改進，也就是完全接受它，容納它，臣服於它。在這種狀態下，「我」自然消失，起不來。

在這個瞬間，甚至連念頭，再加上萎縮，也就自然消失。沒有念頭，沒有「我」，我們就像一個人突然從泥巴裡走出來，頓時發現自己失去了好多沉重。

我們都被人生過去帶來的種種內容和變化誤導，認為這些就是生命的全部。其實，生命還有一個不動的神聖的架構站在背景，是最原初、最完整的意識，也就是我們不生不死的「心」。

假如把人生種種的變化比喻為話劇，這個背景就是話劇不動的舞台。嚴格說，連舞台的比喻都不太正確。更應該說是一個「沒有」的因地，從這個因地，舞台和人生的話劇才可以衍生出來。

我們完全注意不到這一背景，只因一生的注意力，完全被生命的前景（人間）綁住，沒有體會到這個遠遠更大的生命的背景。

就彷彿我們把自己推到生命一個小小前景的小角落邊盯著，於是認為人生一切只是無常，只是痛苦。不知不覺間，把人生活成一個又一個的問題，而且解決不了。

換一個新的眼光看世界，就能體會，過去種種的痛苦，還是自己造出來的，是我們每一個人都困在人類整體制約所帶來的昏迷，而把真實扭曲了。這個宇宙和生命，在每一個角落都送來一把鑰匙。只是我們透過「我」把真實扭曲了，反而看不到這一把鑰匙。

再一次回來談練習，我要再次強調——把握這個瞬間，隨時回到這個瞬間，並不需要靠任何「做」。我前面用「觀察」或「覺察」這兩個詞，是希望你體會到毫不費勁的觀念。「覺」和「在」，與所衍生出來的觀察或覺察，是我們本來就有的。還沒有念頭，就有「覺」。它是不生不死的。不需要做任何動作來「覺」。最多，只是觀察，只是覺察。

輕輕鬆鬆地觀察每一個瞬間，一個人讓意識不斷體會「覺」，不斷地「在」，而注意力自然也就不會流向念頭跟接下來的情緒。這麼一來，根本就沒有空檔讓念頭和情緒起伏。

這，才是活在當下「這裡！現在！」最大的作用。這麼一來，就那麼簡單，毫不費力，我們自然打破時間的限制，打破念頭帶來的扭曲，打破情緒所擴大的萎縮。每一個瞬間，自然單純化，也就好過了。

「覺」，離不開「在」的觀念。輕輕鬆鬆的存在這個瞬間，「這裡！現在！」，這個當下就在眼前。這比什麼都簡單，簡單到不能再簡單，小到不能再小，卻比什麼都重要。

面對瞬間帶來的一切，這一張圖要表達三種不同的意識狀態。我們把瞬間帶來的一切，用圖中的酒桶來表達。

最左邊的人，他對瞬間的態度是抵抗、不友善的，這也是我們一般的情況：對瞬間，要不抱怨，要不有所期待或甚至後悔。

中間的人，他對瞬間的態度是接納的。如果對任何瞬間都可以妥當的接受，自然會發現自己的生命豐厚了起來。我們同時會發現，只要容納瞬間，自然吸引生命帶來的轉機，而增加我們成長、學習的機會。所以，中間的人，和他手上的桶子都變大了，可以容納更多。

最右邊的人，他已經更進一步的解脫，就連「接受」、「容納」、「臣服」的觀念都已經消散。他清楚看到一切都是一個大妄想，也不可能跟任何虛的妄想對抗。隨時讓它們來，讓它們走。這麼一來，瞬間就完全活起來。神聖的生命自然透過這個人，延伸到這個世界。是神聖的生命在活他，透過他，流入人間。

瞬間和生命，離不開對稱

只要對瞬間友好，不再提出抗議，可以全部接受，它自然幫助我們讓人生比較好過，樣樣都順起來。就算沒有順起來，還是接受，它也就自然好轉。

換一個角度來談，我們對生命的理解其實相當有限。生命自有它的安排。並不是我們認為的「順」，就是真正的順。

相對地，假如虧待這個瞬間，這個瞬間也會回頭虧待、甚至虐待我們，帶出更多的煩惱。任何對抗或反彈，離不開腦海生出來的判斷跟扭曲。它本身也就是強化「我」的境界，把我們自己局限在一個小角落。

你可以自己試試看，做個實驗，把對瞬間的任何抗議暫時放到一邊，看看人生是不是更好過。假如在短期內沒有效果，或是只有反效果，要記得，我們對人生有限的理解，並不等於全面。

生命所帶來的考驗或危機，站在永恆或更長遠的角度來看，常常是來幫助我們的。只是，我們當時不知道。有時回頭看，當時人生的變化或危機所帶來的安排，長遠來說，對我們其實是最有利的。

比如說，兩個人分手。站到個人的角度來看不是好事，甚至帶來很大的傷痛。但是，也許從長遠的角度來看，它本身就帶來生命更大的機會，讓我們把注意力擺到更深的層面。

體驗：「在」——輕輕鬆鬆存在——的靜坐

接下來，可以用以下幾句話當作最有效的練習，讓我們體會到什麼是「存在」或「在」。也就是什麼都不用做，本來就有，最簡單、最根本的意識狀態。

「在」同時也是——「什麼都不是」。

「什麼都不是」，也只是無色無形、「空」或空檔。

我希望你跟著我一步步慢慢地讀，同時體會這幾句話，作為一個練習。接下來，你也可以採用這種方式，當作一個隨時隨地的練習方法。

輕輕鬆鬆，不管是坐著或是躺著，什麼都不用做。

輕輕鬆鬆地知道——「存在」或「在」，比任何「做」、「看」、「聽」、「觸」、「觀」、「想」還前面，也跟每個「做」、「看」、「聽」、「觸」、「觀」、「想」一點都不相關。

我本來就「在」，而「在」倒不需要「做」，不需要「看」，不需要「聽」，不需要「觸」，不需要「觀」，也不需要「想」。

我不費力就可以「在」。

在哪裡？就在「這裡！現在！」

或許，我可以輕鬆地觀察呼吸，一吸，一呼。觀察到呼吸進，呼吸出。胸腔上，胸腔下，我都知道。甚至，我還繼續「在」。這個「在」，跟呼吸也不相關。我「在」，「在」到底。根本不用管呼吸，連觀察呼吸都是多餘的。就放過呼吸吧。懶得管它吧。

接下來，我也可能聽到一個聲音，也許在外頭，也可能是身體發出來的。也知道——任何聲音，跟我的整體的意識不相關。我也就把聲音放過。

我的整體意識，其實早就包括它，包括任何聲音，也不會受到任何聲音的干擾。

也許，我身體有哪一個部位稍微動了一下，這裡動一下，那裡動一下。我都知道，而我都不去管它。

動。

停。

生。

死。

我都不用理它。

連輕輕鬆鬆看著它，都是多餘。

放過它，放過一切。

任何念頭飄進來，飄進我的腦海，我都可以容納，可以包容。我連「看」都懶得「看」。我也輕鬆地放過它，隨著它，不去干涉它。

也許，我疲倦了，也就放過它。疲倦就疲倦吧。疲勞就疲勞吧。

身體的任何感觸——舒服、不舒服、冷、熱、涼、痠、癢、痛，我都可以接受，都可以讓它自由存在。它怎麼來，怎麼去，隨它。

還有什麼東西，我可以注意到，需要去理它的。算了吧，樣樣我也只好放過。任何東西可以注意到的，都懶得理它。讓它生，讓它死。我都不用去做任何抵抗。甚至連理它，都不用。連觀察，都懶得去觀。

我，只是。

我，是。

我，在。

我。

14 活出生命全部的潛能

也只是把「在」帶到生命的每一個角落。

我想再換一個角度，進一步說明神聖、瞬間和意識之間的關聯。

一般人會認為——人來到這個世界，就應該好好的學習、工作、爭取好的生活條件，找一個好的事業，挑一個好的對象，有一個好的家庭，最後有種種好的成就。我們要留心的是——這一切的期待和追求，都離不開生命的外在，也就是人間。

站在這個外在世界，這些追求離不開「動」，也離不開加強「我」和「世界」的隔離。強化「我」，才可以達到人生種種的規劃，才可以加強「我」和周邊和這個世界的區隔，也才可以取得勝利。

不幸的是，我們的種種「動」、種種「做」，一方面是透過物質的轉變或增加，來達到這些理想。另一方面，則希望在無常中找到永恆。

到最後，一定會發現，沒有任何形相或物質所帶來的東西，包括成就，包括勝利，可能是永久的。早晚，我們對人生一定會失望。就算得到，遲早也要失落，而這失落會帶來更大的失望。或早或晚，我們會讓生命帶來種種的危機，強化對生命悲哀的觀感。

站在外在世界，這些追求和規劃有它的角色，不能否定它的重要性。但這些角色和重要性都是相對的，絕對不是最關鍵。

最關鍵的，是我們的意識狀態，也就是「心」。只有透過醒覺，一個人才可以真正活出生命全部

的潛能，讓我們這一生得到全部的解答。

醒覺了，我們其實不是活出某一種生命。反過來，是生命來活我們。生命帶我們點點滴滴走下去。而我們不用多問，也不用多知道，甚至可以接受不可知的一切。

我們也明白，任何「知」離不開對立的意識，有一個主體在知，也還有一個客體要被知道。整體是不可能以「知」或「客體化」（設定主客的分別）而可以局限得下來的。

我們只是輕鬆地把生命交出來。再也不讓念頭和「我」，甚至念頭和「我」所帶來的分別、帶來的種種的「知」領著我們走下去。

醒覺過來，一個人並不是再也不思考了。有趣的是，剛剛好相反，一個人醒覺，反而自然會把念頭當作一個工具，需要的時候就用，不需要，就放下。我們會發現，在醒覺的狀態，念頭含著最原初的意願。它本身的力量是不可思議的。這要每一個人親自體驗，才能夠體會、理解。

醒覺過來，一個人也不是不動。他每一個「動」，簡單流暢，卻能產生最大的效應，最大的力量。他這個動，本身是從寧靜所產生的，本身就含著「在」，是「在」所延伸的，自然會跟生命接軌，也只是轉達生命最原初、最大源頭的力量。

有趣的是，一個人醒覺，活在當下，他是完全臣服的「在」，透過臣服，也就是「空」，面對每一個瞬間。

人生的任何目標，再也沒有絕對的重要性。反而，透過瞬間所帶來點點滴滴的生命，在「動」或「不動」中，他都可以傳遞出內在的平靜。

透過瞬間，他把一切的無常，變成了永恆。每一個動作都是友善的，完全和生命合作，都帶給周遭喜樂、圓滿和希望。他在圓滿的意識狀態，自然透過「動」，轉出來最高、最圓滿的境界，身邊的人都能體會到。

一個人，把一切臣服給這個瞬間，不斷地把注意力交給「這裡！現在！」，又不斷地放過當下所帶來的一切挑戰。這個意識的狀態，就有那麼大的力量。

體會到這一些，一個人自然只會擔心沒有把「這裡！現在！」找回來，而自然會把這種最自然的存在，當作人生最高的目的。

在醒覺的狀態，一個人也沒有什麼人生目標好追求的。也沒有什麼「動」或「不動」可做的。他不光是自然放過任何瞬間，也輕鬆放過這個世界，放過一切。

再有什麼災難、危機，他也可以承受。他充分知道，這些外界所帶來的打擊，只代表生命很小的一部份，甚至可說是不成比例小的一部份。把全部的注意力集中到外在的世界，才是真正的不健康、真正的不合理、真正的不正常。

醒覺，連「神聖」這兩個字也失去了意義。本來一切都神聖，怎麼可能還有任何東西比較神聖，或還把一個神聖的境界找回來？當下，也是神聖。寧靜，也是神聖。生命，也只是神聖。我，也不可能不神聖。

「在」，神聖的一切，也就是輕輕鬆鬆接受每一個瞬間，就那麼簡單，也就進入了神聖的生命。也只有輕鬆地「在」，才可以讓我們深深地體會到這個生命神聖的根源。

只有「在」，再「在」，再再「在」。透過每一個瞬間，「在」。我們才可以完成這一生來所要達到的任務，活出生命最大的潛能。

不消耗任何時間，我們突然跳出這人生的軌道，落入不生不死的一體。

接下來，也沒有任何人生的問題好談，好追求的。更沒有任何生命的目的或方向需要談的。一個念頭都還沒有動，生命已經圓滿。

醒覺過來，生命也不再成為問題了。這張圖的魚和烏龜，分別表達生命的外在和內在。外和內自然接軌，自然同步。任何問題，還沒產生，早就消失。最多用「喔～」來表達一切。
一切，也只是喜樂、愛和平安，也只是「在」的特質。

你，在嗎？

讀到這裡，我相信你已經發現——《全部的你》和《神聖的你》所帶出來的，全部都是路標。希望透過這些路標，讓你從一個局限的軌道，自然轉向不分別的一體意識。讓你體會——全部的你，也就是你，神聖的你。

任何可以用語言表達的觀念，本身是局限，是相對，套不進我們不生不死的一體。語言，最多只能當一個路標。

相對的意識和語言，跟整體絕對的生命——一體意識，存在於兩個不同的邏輯軌道。一個是透過「動」所組成，另一個是「在」。兩個其實不是矛盾，既非對等，也沒有對立。

「在」是在每一個「動」中都存在的。只是我們透過忙碌的「動」體會不到，甚至忘記了「在」。透過語言，我最多只能透過「動」(語言）指向「不動」(「在」)。

假如「動」中沒有「在」，我們不可能挪過去、不可能換軌道的。

「動」本身含著「在」(「不動」)。透過寧靜，才可以體會到「在」，也就是體會到自己。

我講到這裡，也就是想把《全部的你》的重點，當作《神聖的你》的基礎。但無論如何，總擔心不夠清楚，不夠完整。所以，我想再做一點補充，可以和你的理解相互對照，看看還有什麼疑問。

接下來所分享的話是比較濃縮的，在邏輯上可能很難理解。但我相信，只要把局限的意識放開，它自然會流進你的心裡。

就像我這本書完全是用口述寫出來的，口語會帶來不同的能量場，也符合古往今來的學問智慧的轉達方式。我也透過一系列有聲專輯，錄下在寧靜中所流出來的話。接下來，我所分享的段落，是《你，在嗎？》專輯序的一部份，沒有再經過任何編輯和改動。

《你，在嗎？》
風潮唱片 2016.06

真實的路標

沒有一句話是不證自明的真理。再淺顯易懂，也一樣。語言和文字起源於念頭，而念頭只是萎縮了的整體，將原本浩瀚無垠、不可分割的真實，四分五裂成細細碎碎的片段。所有的念頭，都給人一種幻覺——好像它本身就可以自足，也好像它自己就可以存在，而且是一體之外的獨立存在。其實，根本沒有這回事。

同樣的，這套專輯裡所說的話，不可能代表整體的真實。最多只是路標。通向真實的路標。是出於內心的直覺，而不是經頭腦盤算的路標。

這套專輯提出的路標如下：

1.可見的、化現出來的宇宙，只是全部真實、也就是全部意識的一小部份。

2.全部的真實、全部的意識，包含了已化現的一切，也包括了未曾化現的一切。

3.已化現的一切，也就是我們的感官和念頭所能知覺的意識客體或對象。

4. 已化現的一切，是從未曾化現的一切，透過螺旋的動力，帶動意識而凝聚出的意識場。
5. 意識的螺旋場是宇宙最原初、最無所不在的場，連結了「已創生的一切」和「未曾創生的一切」。
6. 已化現的一切，只能代表全部意識的一小部份。經由分別的錯覺、「我」的錯覺，化出一個個不同的意識體。
7. 「我」就是分別的信念，是意識體以化現出來的形式存續下去，所不可或缺的必然狀態。
8. 一個獨立的身分，本身就是一個萎縮而局限的意識，而這本身也是從「沒有」化現出來的。
9. 有「我」的概念，才有念頭，而所有的念頭都是相對，本身還局限在已化現出來的範圍內。
10. 所有的念頭都在時—空的範圍裡運作，時—空就這麼造出了念相。
11. 念相衍生出人類的現實。回過頭來，念相又強化了區隔、固化了「我」。
12. 念相生出更多念相，永遠不會超越念相的範圍，也無法觸及未曾化現的意識。
13. 念相，產生了時—空的錯覺，也是我們人類種種苦難的根源。
14. 只有站在未曾化現的意識或全部意識的層面，看清這些念相，才可能從苦難裡，解脫開來。
15. 只有透過念頭還沒發生之前，就已經存在的覺察，才能體會未曾化現的意識、理解全部的意識。
16. 念頭之前的知覺，落在這一個瞬間的奇點，將時空展開為一個又一個接續不斷的「這裡！現在！」。
17. 「這裡！現在！」是透過「空間—瞬間」的架構來表示——「這裡！現在！」沒有空間，也沒有時間。也可以說超越了空間，超越了時間。

18.「這裡!現在!」是唯一的「空間—瞬間」，可以結合已化現的一切與未曾化現的一切，讓我們體會到完整而沒有分裂的全部意識。

19.「這裡!現在!」是唯一讓我們超越人類現況的真實，也是唯一永恆的現實。

20.「這裡!現在!」是唯一的「空間—瞬間」所帶來的門戶，讓我們穿越局限的意識，躍入不受限制的意識，也就是全部的你。

21. 要進入「這裡!現在!」，是透過恩典，透過「在」，這也就是最自然的意識狀態。

22. 你，其實就是意識的全部，化現成一個有限的自我，義無反顧地融入未曾化現出來的一切。

23. 全部的一切，也就是你——是無可迴避的體悟，也是我們每一個人演化再自然不過的結果。

這些路標，如果哪一個還不夠清楚，也沒有關係。但願透過這套專輯所流動的語言，讓這些路標能夠「活」起來，走進你的心。我也希望，這些路標所帶來的領悟，能改變你的人生。

第三卷
活在神聖的空間

輕輕鬆鬆，明明白白，活出人間所帶來的每一個瞬間。這本身就是活出神聖的生命。包括清醒地呼吸，清醒地走路，清醒地做事，清醒地痛苦，清醒地失落，清醒地死亡。每一個角落，都可以找到恩典。

活在神聖的我，一個人也自然落在「在」的狀態。活「在」，一個人再也沒有什麼結果想追求。也是最輕鬆、最根本的狀態。而這狀態本身就是喜樂、愛與平安。這麼一來，生命帶來的痛苦和危機，或地球整體的大變化，都是「心」帶來的一個轉變的大機會。我們最多也只能跟著地球，一起達到徹底的轉變。

Section
第三卷 03

「在」是意識最輕鬆、最根本的狀態，是宇宙或人類意識演變最後的結果。活「在」，我們也只能順著宇宙最大的動量，和它合作。這張圖，用一個球來代表「在」，也是最穩定、最輕鬆的狀態。

1 神聖，是一個「在」的成就

只有透過我們的內心，才可以找到神聖的空間。

任何我們可以表達的人生目標，還都離不開外在的世界。語言離不開念頭。念頭離不開形相。形相離不開外在的世界。

沒有任何人生的目標，無論達成與否，可以帶來圓滿。人間，也沒有任何東西是可以永恆的。遺憾的是，我們每一個人正是想追求一個比較永久、比較完美的人生狀況，才給自己設定出種種人生的目標。

透過這些目標，本來是希望可以找到人間的幸福和成就。但仔細觀察，任何目標，在人間就是無常，也不可能帶來不無常的結果。感情、家庭幸福、身體健康、財富名譽，以及任何想像得到的成就，總是有一天會淡去，甚至消失。這，是人間最不可能違反的「法」。每一個人，只要活在人間都逃不掉。

相對地，只有躍入無色無形的內在世界，才可以找到永恆、無限。**也只有透過內在，才會真正找到生命的「常」，也就是永恆，是生命的神聖，是生命最深的意義。**

最有意思的是，這個生命無色無形的不動，我們每個人本來就有，而不能當作人生的目標來談。用「目標」這兩個字，彷彿還有一個動，一個尋，要用力去追求。然而生命的永恆，卻是不費力，輕輕鬆鬆透過「這裡！現在！」自然浮出來。

它是語言無法表達的。沒有話可以表達這個神聖的狀態，沒辦法和任何東西比較，沒辦法歸納，找不出它的任何特色，甚至連問題都問不出來。也許，就這樣，我們已經把它找回來了。就是那麼微妙。

如果真要用文字，為我們提供一個通往神聖空間的路標，那也只是「在」，或「存在」比較接近。找到、甚至活在神聖的狀態，又是一個「在」的成就。

只有透過「在」，人生一切的對抗、一切的阻礙才可以消失。

我講的對抗，包括任何知識、任何念頭、任何形相——任何「我」可以抓取的。任何形相，都是透過對抗才可以成形。

沒有對抗，自然也沒有「我」，沒有黑暗，沒有邪惡。

我們在無明當中，把自己的身分落在形相——任何形相，這種關聯本身就是人類所造出的痛苦、殘酷不仁的根源。

在一個充滿對立而對抗的世界，有了光，才有暗。有了好，才有壞。有了完美，才有缺憾。有了美，才有醜。有了快樂，才有痛苦。

對抗，或是形相，不是用對抗可以消除的。反而，越對抗，越加強二元的對立。

拿「我」做一個實例，你越對抗自己的「我」或別人的「我」，愈容易激起防衛，甚至造出反彈。我們仔細觀察自己和身邊的人，自然會看到很多活生生的例子。

透過對抗，不光只會強化「我」的防衛和反彈。甚至，我們可以留意一下——對什麼看不順眼，甚至激烈反彈、對抗的，可能是自己也有的問題。講白一點，我們越看不順眼別人的哪一點，往往就是自己也有的特質，說不定比對方還嚴重。

這麼說，要徹底消解對抗，倒不是再加上一個對抗的觀念。其實，輕輕鬆鬆觀察到「這裡！現在！」，透過「在」或寧靜來觀察一切（包括對抗），就把對抗的念頭消失掉了。

這也是把神聖找回來，最有效的方法。

觀察到任何念相，已經打開了解答的門。不僅觀察，還能接受、容納、放過任何所觀察到的念相，就已經洩掉了對抗的燃料。這一點，是我們每一個人都可以親身體驗，親自驗證的。

雖然談的是心靈的層面，然而從科學，比如說數學的角度來看，這裡談到的方法其實完全合理──人要徹底解答一個系統（念頭的世界）所帶來的問題，一定要從更完整、更深層的層面來解答。要跳出來這個系統──跳出這個念頭的世界，才可以解決念頭所帶來的危機和考驗。

消解對抗，甚至，只要輕輕移開對抗。「在」，自然爆發出來。

「在」本身就是神聖的根源。樣樣都奇妙地活起來了。樣樣都變成不可思議的奇蹟。最不可思議的是，「在」所帶來的狀態──本性、心、意識的狀態──就是喜樂、愛、平安。

這裡所談的喜樂、愛、平安，不是從人間有形有色的故事可以找到的，也不是透過努力可以帶來的。任何努力，還是在一個形式的世界打轉。「在」的狀態，我們本來就有，是我們最根本的狀態。有了喜樂，有了愛，有了平安，我們自然把神聖的空間帶回心中。透過我，這個生命自然讓每一個角落神聖起來。

就是那麼奇妙。

神聖，是內心的狀態。神聖帶來徹底的意識轉變，從我們內心的負面陰暗挪開，轉到不分別、平安的狀態。我用這兩張圖表達這個轉變：一個人假如樣樣都是負面，看人生自然是悲觀，連大自然都不跟他合作。而瞬間所帶來的每一個變化，包括天氣，都可以成為抱怨、反彈的藉口。然而，透過內心的轉變，樣樣會好起來，就像第二張圖，一個人突然看到的都是陽光，都是完美，都是平靜。樣樣都活起來，樣樣都神聖起來。最有趣的是，唯一的變化在內心。更不可思議的是，內心一改，外在也自然調整，自然順起來。

Sat-Chit-Ananda 在・覺・樂

Sat-Chit-Ananda，也拼作 *Satcitananda* 或 *Satchitananda*，是一個表達心，也就是內在意識狀態的詞。這一觀念，早在兩千八百到兩千六百年前已經出現在印度的《秘傳奧義書》（*Uppanishads*）。[27] 對我而言，這個詞可以翻譯成「在・覺・樂」。

不光這三個概念，有很深的意義，就連這三個字的順序，也反映了最深的領悟。

只有透過「在」（*Sat*）——空檔、寧靜，一個人才可以自然覺（*Chit*），而自然發出「在」所延伸出來的喜樂（*Ananda*）。

這種喜樂，跟人間任何事、任何變化都無關，是內心透過「在」所轉出來的一種特質。我在這本書除了喜樂，還提到愛和平安，也是同類的特質。這些都是我們本來就有的，也是我們本性的一部份。它本身就存「在」，是我們最輕鬆、最根本的狀態。

活「在」，我們自然活在喜樂、愛與平安。

---

27 《秘傳奧義書》*Uppanishads*，是印度教哲學觀經過口傳以及後來的文字記錄而成的眾多經典的集合名稱。推測最早的版本可能是 *Brhadaranyaka* 和 *Chandogya*（八〇〇—六〇〇 B.C.E.）。到了西元三世紀，一元不二的思想已經開始出現在《秘傳奧義書》，後來於「不二論學派」中集大成（*Advaita Vedanta*）。這個學派，可以說就是印度的智慧法門的起源。

2 寧靜——現代人最需要的祝福

沉默，在外在。寧靜，在內在。是神聖的起步。

一般人，可能都接觸過神聖的音樂。

我們通常會稱神聖的音樂，是想表達這音樂美極了，美到幾乎不可能是在人間所創出來的。甚至，它本身就帶來一種永恆的感覺。經歷了百千年，還會一直存在，讓我們跟神更深刻的接觸，帶來一種清靈的體驗。

過去，許多古典音樂都可以稱為神聖音樂。現代人的生活步調雖然變快了，仍然可以從所聽到的音樂中，鑑別出一種神聖的特質。

有趣的是，這些音樂作品，會帶給我們那麼大的啟發，其實都是在最寧靜的無思狀態下創作出來的。

它本身可以結合兩個世界——外在和內在，也離不開寧靜。音樂還是在流動，但自然會帶給我們一種不動、永恆、無限的境界。

一般人想不到的是，音符和音符之間，話和話的中間，聲音和聲音的中間，也就是沉默，本身就是最神聖的音樂。外在的沉默、空檔，自然也跟內在的寧靜結合。

一個人活在寧靜，話自然也變少，沒有念頭，而透過「在」，觀察到這世界所有的「動」。自然

生命的內在本來就是寧靜，本身沒有動過。要把生命的外在和內在完全合一，一個人只有透過寧靜，也就是「在」，才可以把兩個世界接軌。合一了，一個人自然活在寧靜。從每一個「動」，每一個角落，他也自然可以把寧靜活出來。透過寧靜，天堂和人間自然也就接軌了。

對樣樣不會再有什麼反彈，也就自然不會再給對抗生存的空間。任何對抗，包括全部的念頭，也自然減弱了力道，甚至消失。連這個人間局限意識所帶來的世界，也跟著消失。世界消失，剩下的只是——神聖的生命。

外在的世界消失了，生命並沒有消失，我們跟著生命，重新誕生在這個世界。而這個新生的世界，已經截然不同。它本身，已經神聖。

神聖的生命，也只是把生命的外在和內在完全接軌、完全合一、完全整合。內在的生命遠遠超過外在的生命。一個是絕對，一個是相對，根本不能比較——更不用談比例。喜樂、愛、平安本身也是「在」的狀態所帶來的特質，一樣也是絕對，不受人間的限制。

我們自然會把內在的生命當作人生主要的目的。從內在，延伸出外在。外在的任何目標，自然變得不重要，是為了配合內在生命的目的才有的。

這樣子，人生突然顛倒過來。內在與外在的世界再也不分手，天人合一也只是如此。

沉默，不是聲音的對等。寧靜，也不是「動」的對等。「空」，也不是「有」的對等。「在」，也不是「做」的對等。

然而，沒有沉默，也就沒有聲音。沒有寧靜，也不可能有動。沒有空，也不可能有有。沒有在，也不可能有做。

沉默、寧靜、空、在，都是絕對的觀念。而聲音、動、有、做，是相對的觀念。

寧靜，也就是「在」，在任何形相，包括音樂、聲音、念頭、動作都可以找回來。

最不可思議的是——要把寧靜找回來，反而不是跟這個形相對抗。我前面也提過，形相所帶來的任何對抗，是透過容納、臣服、包容才可以化解。

臣服，是臣服於每一個瞬間，讓每一個瞬間都單純化。讓這個瞬間所包含的事實自己說話，不要再加另外一個解釋、另外一個念頭、另外一個追求、另外一個問題。

假如，我們不斷地回到這個瞬間的事實，而不是停留在事實所勾出來的念相或種種的分析解釋說明。那麼，這個瞬間會更容易面對，我們也更可以容納。

還沒有加任何念頭前，就把這個瞬間的事實容納。

帶著輕鬆的觀察和容納，每一個瞬間所帶來的事實，自然不會延伸到念相。這才是《全部的你》和這本書所談的臣服。

我們每個人只要懂了這個道理，自然可以把它當作一個隨時可用的練習。

臣服——容納瞬間的練習——從聲音，回到寧靜

比如說，某一個人來到辦公桌前，他音量很大，要我給他回應。套用這一章的架構，也就容納「這個人講話音量大」這個事實。容納了，答覆了，事情也處理了。

而不是再加上一連串的想法和解釋——「他這麼大聲，肯定是對我不滿。」、「是不是哪一次得罪他了？」、「他為什麼只對我這麼大吼大叫？」、「唉，以後別人怎麼看我，是不是也會瞧不起我，說我不好。」……

只要不再把這些想法往自己身上聯繫，這一來，會發現臣服變得特別簡單，也是最合理的解決方案。

因為臣服的只是事實，而不是屈服於一個虛的念頭所衍生的世界，不是屈服於沒有發生的事——不是屈服於「我活該」、「沒有人喜歡我」這些念相所帶來的標籤。對這些想法帶來的標籤和判斷投降，並不是真正的臣服。

或者——

很可能，事實發生了，我們也確實生出了好多負面的想法，和前面所舉的例子一樣荒唐，甚至更離譜。

是的，這些幻想確實在念頭的境界發生了。在念頭境界，這是事實。

那麼，也就容納、臣服於「原來我還有……的念頭」。
所臣服的還是事實，是在這個瞬間所發生的。
臣服於事實，自然找回生命的空檔，透過寧靜，在看著每個瞬間。
熟練了這個過程，每個瞬間，都可以用寧靜把它包起來。比較不可能對瞬間產生激烈、躁動的反應，甚至反彈。

只要內心有寧靜，我們自然不會讓瞬間帶走，也不會拿瞬間帶來的任何變化，去刻畫個人的自我形相，甚至變成身分，變成自己。
不被任何形相困住，「我」自然跟著消失。
神聖，也就自然在身邊。

3 透過儀式，回到神聖的傳承

讓每一個瞬間，作為最神聖的儀式。

透過思考的邏輯，人類早就創出一個「主」、「神」的觀念，以及「神聖」的想法。透過各式各樣的儀式和聖物，來表達內心最高的尊敬。透過這些形式和形相，希望可以與神連結。

聖物，帶著人心對神的印象。人類再透過儀式，希望活化這些聖物，將靈氣帶到人間。每一個宗教，都離不開這兩者。而且，所有宗教都非常講究祭壇的呈現方式，包括上面擺放的聖物，以及執行的儀式。兩者結合，構成非常嚴謹的傳承，代代相傳給後人，希望保留最原初、最神聖的用意。

這些儀式，除了敬神，本身也有淨化的作用——

自然淡化外在世界的作用力，讓我們轉回到內心。

世界各地的文化對此都相當講究，也希望文化裡的每一個成員都參與其中。

早期的人類，白天忙著採集狩獵，夜裡做火供，大家一起唱歌、跳舞、飲宴，自然把舞蹈、音樂、節奏、飲食納入了神聖的一部份。人類最早所崇拜的對象，包括太陽、月亮，也都是大自然裡的元素。隨著文明的發展，人類崇拜的對象逐漸變得抽象。

此外，社會發達，開始有各種階層的工作，於是崇拜的時間，便定在固定的日子，比如星期天。儀式也變得愈來愈正式，開始有特定的模式和運作方式。

無論如何，總是離不開古人的精神——希望跟「神」溝通，把祝福、保佑、加持帶到身邊。

神聖的儀式有不同的層面，包括象徵和符號，就像圖中央圓形的曼陀羅表達宇宙的圓滿和完整。神聖的儀式，也包括慶典。以印度的 *puja* 來說，除了種種的符號和象徵、神的形相、供養的水果之外，它本身就是一個神聖的慶典。華人文化也有獨特的符號象徵和儀式，民間的拜拜和供桌的擺設即為其中一例。

無論是象徵或慶典，神聖儀式主要的目的就是希望集中人的意識，同時打斷雜亂的念頭，將意識帶到更高的狀態，跟神聖的對象融合。它本身是一個很好的靜坐方法，包含了動態和靜態。

台北龍山寺

印度 *puja*

印度排燈節

馬來西亞華人家庭供桌

梵蒂岡聖伯多祿大教堂正祭台

越南華人家庭供桌

這些儀式，通常離不開一個系統和資格來延續傳承，也會指定一位延續傳承的人，一方面代表「神」的加持，同時也代表「人」去祈求。這種傳統一直持續至今，例如天主教的神父、基督教的牧師在星期天帶領禮拜，佛教的方丈主持法會。

我們華人也有一個特殊的傳統——在家裡設置牌位，對祖先的靈表達最高的尊重。並透過定期的儀式，表達追念、祈求保祐，也反映儒家文化對慎終追遠的強調。

反而是到了現代，我們面對種種的儀式和聖物，不免帶著一種質疑的眼光，認為這些是迷信。尤其站在科學和科技的角度，會覺得都不符合理性。於是，儀式更深層面的意義，也就這麼在人間漸漸散落了，相當可惜。

其實，透過儀式，無論是唸誦或是禮

拜，在重複而規律的身體動作中，我們自然達到無思無想的狀態。尤其在誠懇的狀態下，透過這些聖物和儀軌帶來的信心，我們的注意力可以比較集中，更讓我們投入，放開任何念頭。

這種體驗，本身就讓我們轉向內心，讓我們得到寧靜，而契入生命的空檔。這種狀態，一般都自然帶來快樂和平安。正因如此，經過了千萬年，這些儀式還能保留下來。

我常常跟朋友談到，其實，每一個人都應該建立自己的儀式，把生命簡化。透過一個規律的步調，可以消失念頭，同時也讓寧靜自然浮出來。

不一定透過宗教，單純的靜坐也可以作為一個儀式，把真正的自己找回來。這是現代每一個人都需要的一堂課。一口醒覺的呼吸，完全清醒，也是一個好的儀式，甚至是個最不費力的儀式。

只怕我們一天忙碌下來，完全落在念頭的世界，沒有給自己任何空檔，而被種種的念相帶著團團轉——不知不覺，從早到晚，甚至一生，都活在對抗中，不斷透過各種形相來加強「我」。到最後，把自己全部交給了在這個人間所扮演的角色和形相，而忘了給自己一個空檔，失落了生命更深層的意義。

這麼說，我們隨時可以透過自己創造的一套儀式，把生命找回來。倒不是非要透過公認的儀式，才能完成這個任務。

對神聖有所體會的人，自然會隨時把握住任何瞬間所帶來的儀式的機會，自然會把自己的生命交給每一個瞬間。也就讓每一個瞬間成為最神聖的儀式，帶著自己走這一生。

投入這個瞬間，也自然消失了任何外在的追求。自然會淡化對人間的期待，以及所設定的目標。他清楚，任何外在所帶來的目標，不管表面上多高明、多吸引人、多麼被大家認可，都一樣是無常的，會隨著環境和狀況隨時改變。這樣的人生目標不光靠不住，站在生命的整體，最多也只有相對的重要性。

內在所帶來的目的，也只有一個——就是心或意識狀態的徹底轉變，讓我們醒覺。這個內在的目的，其實就是人心整體的目的，也是整個宇宙唯一的目的。

透過每一個醒覺的瞬間，自然可以完成這麼大的轉變。

多年來，很多人都體會到大環境的變化。我過去也用 ascension 或提升這個字眼，來表達反映整個宇宙的靈性覺醒程度。打個比方來說，好像宇宙從一體變成多體，再變得多元而五彩繽紛，透過頻率和能量的轉變，想做個翻身，重新回到一體。

進一步說，宇宙想對自己做個觀察、得到醒覺。我們既是這個宇宙的一小部份，也只好跟著這個頻率的轉變，一起回家。

從個人的角度來看，也是如此——大的危機，反而帶來大的機會。人類的歷史從來沒有過這麼不可思議的快步調，造成那麼大的壓力、那麼大的不安、那麼大的痛心、那麼大的恐懼，累積那麼大的不快樂。然而，正因為在整體和個人的層面，同時有那麼大的危機，我才敢講，這是人類醒覺最大的機會。

想不到的是，醒覺，就在眼前。是那麼不費力，是每一個人都可以得到的。甚至，連「得到」這兩個字都不正確。我們本來都有，老早都「在」，只是自己不知道。

儀式所帶來的寧靜，本身就有意識轉變的力量。透過寧靜，我們可以包容任何瞬間。包括它所帶來的一切形相。透過寧靜，我們每個「動」自然變得從容，也自然都是神聖的。

從一體，到多體，再回到一體

談到生命現在由多體想回到一體，我們在好多地方可以看到實例。

我還記得年輕在紐約讀書時，認為自己處在一個黃金時代，只要投入某個特定的主題，比如在免疫領域探索細胞死亡的機制，一定會有種種的成就。才幾十年，我們已經以很快的步調在各個層面進行整合，想進入更高、更完整的全面，希望從個體看到整體。就像是想集合好多平面，看到一個共同的立體。

人類社會的各個領域，無論是經濟、物質或資訊的發展，也都自然移向共同的平台。在同一個平台上，可以達到種種方便——使用同一種語言，在同一個介面上有更好的互動。為了與整體會合，資訊與科技也在發展跨平台的平台。政治也是如此，全球各地包括歐洲，都在尋求聯結，許多國家已經使用同一種貨幣。這世界，好像成為一個大型的地球村。生命，好像一個大的資訊螺旋場，正在同步與統一所有的領域。

我在很多場合，包括透過《全部的你》、《神聖的你》這兩本書和有聲作品《你，在嗎？》，談地球頻率在提高或加快，也只是在表達這個整體或合一的力量。現在地球的共振，已經帶來不可思議大的生命場或螺旋場，催促人類非做一個大的整合不可。

所以，外在世界和內在生命的整合，倒不是不切實際的空談，而是人類必然的方向，也是宇宙演變的方向。內外整合，就是宇宙存在最大的目的。

最後，宇宙，只想觀察到自己。

宇宙在等著我們醒覺，而透過我們可以觀察到自己。

再講透一點，宇宙就在等著我們醒覺，等著我們把醒覺帶到人間每一個角落，讓每一個角落的生命都看到自己，無論是一朵花，一隻鳥，一顆石頭，都可以看到自己。

順著生命所帶來的轉變或提升力量，怎麼擋都擋不住，早晚都會完成，只是步調快慢的問題。我們最多也只能搭上這趟旅程，順著它，完成人生最大的目的——醒覺。

這本書，在這個時候出來，也只是希望能讓這個步調快一點，讓這個整合早日完成。

Andrew King, *Into Your Hands*

每一個文化、每一個宗教，都留下一些信物，人類自然會稱它為神聖的。有些是大聖人留下來的遺物，透過宗教的傳承，讓後人特別重視。比如說，天主教很講究十字架。透過十字架，一個可以帶來最嚴重身心虐待的刑具，把耶穌的形相放在上面，也是來表達臣服的觀念——連最深的痛苦，最大的痛苦，耶穌可以完全度過，甚至可以完全接受。

在釘死之前的最後一口氣，耶穌還說「父啊，赦免他們！因為他們所做的他們不曉得。」[28] 也是傳達人最高的一個境界——在最大的痛苦中，還能完全清醒，完全做到清清醒醒地受苦，以及慈悲。

十字架上的耶穌，不離人間的形相，卻能帶我們回到更深的無色無形的層面。

佛教也一樣有遺物，最神聖的遺物是佛陀的舍利子。佛陀涅槃之後，肉身火化留下一粒粒芝麻大小的固體物質，梵文稱為 *sharira*，也就是中文所稱的舍利子，存放在各地的寶塔，透過各地寺院傳承下去。密宗尤為重視，有一套傳承的制度，透過上師或仁波切代代傳給弟子，用生命去守護。

28 〈路加福音〉23:34。

在這個圓形的容器裡，含著白色、芝麻一般大小的佛陀舍利子。

這些舍利子，千百年來，帶來數不清的療癒和能量轉變的奇蹟案例，也幫助我建立「真原醫」的理念。將來有機會，我會分享《真原醫》和舍利子的淵源。

我這裡想表達的是，任何物質、任何形相，還是離不開無色無形。反過來，最高的領悟，也自然會包容物質。一個人證到法身，是透過「在」，看穿這個世界，而自然跟生命的內在接軌。

然而，還要透過徹底的轉變，才可以讓生命的每一個體，包括肉體、情緒體、思考體……跟「在」完全接軌。如此，才能完全化掉過去的制約。

換句話說，一個人要從每一個細胞、每一個體去領悟全部的生命，才可以大徹大悟。有這種成就，連身體都會跟著轉化。

佛陀的舍利子，也就是這種大徹大悟的成就。不光是在領悟上的成就，而是肉體的每一個角落都已經成道，才會留下後人所稱的舍利子。

4 在苦難中，找到生命的永恆

每一個清醒的受苦，都是神聖的，是把受苦變成我們的選擇，把它變成人生轉變最大的機會。

前面提過，危機帶來轉機。話雖如此，在人面臨困境時，不見得能很快接受這一道理。尤其遇到人生的危機時，會認為自己為什麼那麼坎坷。看到別人有錢、有名，樣樣都順，為什麼自己事事都不順。內心的委屈和傷痛，無以形容。這些際遇，同樣會讓我們認為生命不公平。這是每個人在家庭、工作、交友都可能遭遇的情況。

遇到這些朋友，我除了安慰，通常也會提醒——上帝是公平的，而宇宙不可能犯錯。一個人名氣越大、越是有錢、越是一帆風順，往往越是耽誤了人生轉變的契機。既沒有任何改變的動機，也沒有任何做改變的機會，甚至根本不覺得需要去探討這些人生的大問題。我們也很容易忘記，任何人間所帶來的方便或成就，早晚都會消失。累積越多，失落了，就帶來越大的危機。這個現實，很少人可以過關。總有一天，一樣會失落，一樣要傷痛。

我們對物質的追求與重視，也是基於我們從小被灌輸了物質的重要性。媒體上的明星和名人，看來風光，又多彩多姿，又酷，讓我們也想把這樣的影像，貼附到自己身上。出名的運動家或球星、才華洋溢的發明家、百萬富翁或能呼風喚雨的社會領袖，都有類似的吸引作用，讓我們不斷地往某一種社會角色看齊。順著這種心理，商業廣告也要採用名人的形相，來吸引大眾的注意力，帶動消費的欲望。我們採用某一個產品，好像也連帶買了這個產品代言人（名模、明星……）的形相。

我們很少想到，富人、名人或呼風喚雨的人失去了所有的財富、名氣和權力，他的生活狀況會有多麼大的動盪。相對地，一個生活簡單的人，失去了所有的財產，生活狀態的轉變也很有限。他本來就很樸實，物質對他並沒有很大的作用。

此外，在這些出名的人的背後，無論我們認為他有多少成就，其實，就我的觀察，這些人非但都不愉快，煩惱還特別多，自視甚高，對別人特別有看法、有評判。

這些煩惱，很多還是自我形相的要求所造出來的。一個人活在相當快的步調，隨時都承擔著不可思議、數不清、很難紓解的壓力，也好像永遠追不上自己或別人所期待、所設定的目標。球星不可能每戰必勝，做生意也不可能永遠獲利，政治家也不可能次次勝選。一路要承擔的全是壓力和憂鬱，而這些壓力轉化為不安和焦慮。很多出名的人，自然會以酒或藥物來釋放壓力。這是一般人所看不到的。

再從另外一個角度來觀察，外在成就——人間所認定的財富名望，不光是無常，在我們全部的生命裡，更是不成比例的小。可惜的是，卻誤導了我們每一個人。

清醒的受苦，開啟神聖的內在空間

活在這個世界，我們的注意力不斷地被帶向外在的形相。只有透過失落，尤其重大的失落，不管是感情、家庭、事業，才會突然體會到生命的無常，而回到內在。

重大的失落，讓我們沒有第二條路可退，反而能讓我們向內看，回到內心，希望找出來一條路。我才會稱任何失落都是神聖的，帶給我們一個祝福，本身就是一個大的恩典。

尤其，我們遇到災難、重大的損失或死亡的時候，突然體會到無法以理性解釋、沒有道理的痛苦。這時候，一個人才有機會跳出來。從局限的意識，轉向無限大的一體意識。從相對，轉到絕對。從「我」，跳到「無我」。從「腦」，落到「心」。

這時候，面對外在，雖然痛心，只要回到內心，回到「在」，自然可以體驗到平靜。這是很多人一生早晚都會遇到的經驗。然而，只有少數人才可以透過這種刺激，徹底轉變意識，而從人間的漩渦跳出來。

重點是，我們遇到任何危機，甚至災難，是否可以接受、容納，甚至全部臣服。面對災難，看著它。透過每一個瞬間，面對、甚至迎接每一個危機甚至災難，都可以接受，這才是清醒的受苦。

清醒的受苦，本身就是神聖的受苦。

有時候，這個瞬間所帶來的痛苦太大，就算我們沒辦法接受這個瞬間，是否可以試著去接受自己這個「沒辦法接受」的反彈。

如果還是沒辦法接受，我們還是試著去接受自己「沒辦法接受『沒辦法接受』」。

同時，我們也可以在內心試著把一切的痛苦交出來，奉獻給其他的眾生，奉獻給這個世界。比如說分手，在最信賴的關係中受到說不清的委屈，我們也許可以在心中把種種委屈帶來的痛苦，很誠心地交出來，奉獻給每一個人，每一個和我們有同樣痛苦的人。我們承受這種委屈，也就好像在為每一個同樣處境的人，承受同樣的心痛和委屈。

這樣子，不再有任何對抗，我們會突然有一個寧靜。而這個寧靜也自然淡化，甚至消除這個痛心。

清醒的受苦，作為一個練習

人生大大小小的失落，我們每一個人都經歷過，而且通常很難走出來。我想再跟大家分享一次，把前頭所談的「接受反彈」與「奉獻痛苦」兩個觀念，作為一個練習來分享。

這個方法相當有效。如果你或身邊的人正為失落所苦，或許可以試試看。

只要失落浮出來，我們首先覺察它——看著它，觀察它。比如說：

——（某某事），讓我心痛，我知道。

——（某某人），讓我難過，我知道。

這個人所講的話，對我造成刺激，我知道。

這件事，對我造成的打擊，我知道。

這件事，或這個人，對我帶來的傷害，我知道。

他太狠，別人想不到他多絕情。←→我知道，我也只能接受。

這件事對我太不公平，太冤枉。←→我接受「太不公平，我被冤枉」。

這件事，對我人生帶來的衝擊和危機，讓我幾乎絕望。←→我也知道。

我沒有別的選擇，他逼的我無路可走。←→我也知道，我看著這個念頭，我也只好接受。

我不想活下去。←→我都知道，而我可以接受我有這種想法。

難道人生就這麼悲觀，這麼殘酷。←→我知道自己很悲觀，承認自己就是這麼悲觀。

我很掙扎，夜裡老是驚醒，沒有人知道我多難過。↔我知道，我可以接受——這個難過。

我不可能接受這些話，也不可能原諒。↔我接受「不可能接受」，也接受「不可能原諒」。

這種練習讓我更難過。↔好吧，就知道自己更難過，知道自己沒辦法忍受。

這些話讓我反彈更大。↔我接受「我就是反彈」。

接受，接受，只是接受。

再不好的念頭，都接受。再難堪的場面，再可怕的記憶……都接受。

用這種方法，不斷地接受每一個瞬間所帶來的念頭。無論多麼負面，想個辦法，接受這些念頭。這個練習，也只是這樣子。

看看，有沒有各式各樣的方法，來放過自己。

一個人放過自己，也可以放過別人。

接受反彈，是清醒的受苦很重要的一部份。

除了前面的「接受反彈」的練習，有些人生的失落實在太大，我們很難接受、面對。苦本身會帶來一連串的負面念頭，讓我們跳不出來，看不清周遭。在苦、在痛心的時候，很難踩剎車。所以，需要給自己一點緩衝。

最好的緩衝，就是知道——個人的痛，不是個人的，而是反映人類集體的無意識。

我多年來也跟周邊的人分享這第二種方法。

面對失落、創傷，看著自己正在發痛的心，同時看看可不可以有一個念頭——此刻的痛心，其實是

為了全人類在承擔。

心裡不舒服，同時知道，自己是為了全人類所帶來的集體無意識而不舒服。

心痛的落淚，知道自己是為了全人類在痛心、在落淚。

就讓這個痛心、落淚，完成它自己本身帶來的最大的目的。

將個人的痛苦與犧牲，獻給每一個生命，每一個過去、現在、未來同樣面對失落的人。也就好像我們為人間承擔這個無可奈何的痛苦，作為一個最高的供養(offering)。

不要小看這個供養、奉獻的念頭，它會帶給我們一個安慰，讓我們的痛苦有一個安頓的空間，可以走出一條路。

遭受嚴重創傷的朋友，我也常建議——可以在淋浴或泡澡時，讓情緒出來。一個很好的方法是——連續四短一長的醒覺呼吸。[29] 透過它，打開我們的制約和約束，而讓情緒最深的層面浮出來。

這時，可能有眼淚，有痛心。同樣地，將這些眼淚、痛心、甚至種種痛苦的記憶作為最高的供養，帶著這樣的念頭——

就讓我，為人間承受這個痛苦。

透過我的痛苦，希望能釋放其他人的痛苦。

你可以用自己的話，只要誠懇，帶著交托、供養全人類的心意。這就是一個練習。

每個人都可以試試看，只要這麼做，就可以給自己帶來安慰，也讓苦、甚至對苦的反彈得到一個神聖的空間。

29 我把這個非常實用的醒覺呼吸練習錄下來，在《重生·蛻變於呼吸間》專輯稱為淨化呼吸法（*Kriya Yoga*），它本身具有很大的淨化作用。

5 清醒的受苦，自然帶來寧靜、信任，是唯一清醒的選擇

不只是清醒的選擇，也消除了人百千萬年的集體制約。

清醒地面對每一個瞬間所帶來的狀況，不在上面再加一個念頭。完全接受它，於是也沒有什麼念頭好加的。

完全接受任何瞬間，自然會發現，這個瞬間已經被內心的寧靜吞掉，而把瞬間包容起來了。包容了，每一個瞬間也只是如此。再怎麼壞，也只是如此。

甚至連好壞，我們也懶得去區分。可以讓它來，也可以讓它走。我們也就輕鬆放過它。這，同樣是神聖的受苦。

神聖的受苦，還有另一層含意：表達對生命、對生命延伸出來的宇宙完全信賴。充分知道——宇宙或一體生命不可能犯錯的。甚至，沒有什麼錯或對好談的。我們受限於局限的意識，也只能接受全部生命的安排，不需要再有任何質疑或對抗。

透過瞬間，讓我們完全容納生命。它本身，是解脫，是平安。這是我們清醒的選擇。

這麼說，也沒有什麼好後悔的。後悔這兩個字，是透過時間才可能發生。把自己交給瞬間，也就知道沒有任何東西值得後悔。一切本來是生命的安排，而後悔還只是一個大妄想，是透過人間的角度在看生命，而生出對錯分別的對立。

沒有什麼可以後悔的。我們生活的每一個部份，都變得神聖，都值得慶祝。我們也自然完全承擔生命所帶來的每一個變化、每一個挑戰、每一個考驗。

最後，它也是清醒的選擇。

透過我們的選擇，即使遭遇巨大的痛苦，我們也只會選它，而不可能選擇別的。因為我們充分知道，生命外在帶來的痛苦，剛剛好是自己所需要的這一堂課。如此，才可以得到學習或解答。這種態度，本身就表達對生命最高的信賴，而可以消除任何對抗。

清醒的受苦，也只是透過我們的選擇才有的。

這一來，我們把「我」的因果顛倒。甚至，也就讓它消失。

清醒的受苦，是消逝「我」最好的方法

前面提過，每一個人都離不開萎縮。只要跟人間有任何互動，免不了得到萎縮。

念頭本身，是透過對抗（萎縮的根源）才成立的。腦，完全在「在」的狀態，不可能有念頭。任何念頭就是萎縮。而萎縮所放大的情緒覺受和反彈，帶來的就是苦。

其實，任何危機，都可以變成解脫的工具。沒有痛苦，沒有人會想解脫。痛苦越大，它本身越讓我們體會到無常。同時，讓我們沒有第二條路可退。

可以覺察到痛苦，而不是去對抗，是消逝「我」最有效的方法。

把覺察帶到我們生命的每一個角落，包括痛苦，就是清清楚楚地看到自己在受苦——看著它、接受

它、包容它。這本身，也只是消除「我」唯一的方法。它像一束光，帶到黑暗中，過去的黑暗自然消失。我們並不需要對抗黑暗，比如說責備自己或別人，也不需要對苦的種種細節、劇情去做分析。

清清楚楚地看到自己在受苦，也就是清醒的受苦，本身是最好的療癒方法。倒不是針對苦去延伸出詳細的理解、歸納、解釋，強調它的細節與內容。

面對痛苦，最好的方法，就是關注它，觀察它，也就是覺察。只要透過寧靜或空檔，覺察到外在世界帶來的痛苦，痛苦反彈的力道也就自然減弱。抵抗痛苦，反而會產生反效果。就好像這張圖，我們可以把這道光明當作「覺」。覺，也就是意識的光明。而苦，就像這張圖的黑暗，也就是無明。我們只要用光或覺，去覺察任何瞬間，黑暗自然就消失，倒不需要去對抗它。

6 集體的痛苦和危機，帶來整體意識轉變的大機會

這一切，也只是對稱法則相對相成的必然結果。

《全部的你》、《神聖的你》這兩本書所強調的醒覺，是生命整體的醒覺。不只是個人的，而是整個地球、全人類大規模的醒覺。之所以這麼說，也只是要點出地球和宇宙頻率的大變化和提升。這種頻率的變化，自然也帶來極端的對立。在這種極端的分別和失衡之下，人類也受到不可思議大的危機、不安和衝擊。

大危機，本身就帶來大的機會。透過醒覺，重新平衡生命外在和內在，才足以化解那麼極端的對立。

懂了這些，我們自然可以清醒地做一個選擇——搭上這一趟醒覺的順風車，或是繼續昏迷。

清醒的受苦，這個觀念也可以拿來描述全人類、甚至地球整體。

前面多次提到，無論是對自身、周遭的生命、地球、人類帶來的危機，目前可說是史無前例，已經到了接近毀滅邊緣的地步。不光如此，只要觀察人類歷史，就會發現，人類文明的發達其實是透過對立不斷地分別、細化、衍生，而不斷地加快腳步，自然帶給大家不均衡的狀態，連人類自己也覺得跟不上這麼快的步調。

隔離所造成的兩極對立，已經到了一個極端的地步。只要看看周遭，都會發現，生活愈來愈快的步調，所帶來的腦的過度的「動」，造成的壓力和隔離，已經讓現代人的身心得不到安寧，甚至生病。我們不斷追求知識，而種種的知識，跟「動」或「做」，也自然強化對立，讓我們跟生命的內在愈來愈隔離。強化對立，自然也強化「我」。然而，被強化的這個「我」，從整體生命的角度來看，不過是生病、負面的狀態，自然帶給周邊與地球最大的危機，造成人類發展的瓶頸。

現在這個時點，「我」已經發展到了極致，而苦難也大到了極致。「我」和生命的隔離，可以在每一個角落看到。無論是自己的內心、家庭、工作環境、社會、民族、地球，都可以看到這個現象。

最後的結果，就是不快樂。

人類有那麼多痛苦，而且現在是相當極端的痛苦，可以說只是在為我們下一個階段做準備。[30]

30 這種危機、這種壓力所帶來的神經上的失衡和健康上的考驗，讓我們現代人沒有一個是真正健康的，正是我在《真原醫》所要表達的一個重點。

這樣的危機，本身也是一個機會。沒有這些痛苦、這些危機，我們沒有機會醒覺。所以，它也可以說是生命的安排。

正是透過集體的危機，眼看著沒有第二條路可退，而可能使人類整體醒覺過來，邁進演化的下一個階段。

前面談過對稱法則，外在有那麼大的失衡，生命的力量必然要做一個調整，不可能讓這種大規模的不均衡持續下去。這種狀態，從能量的角度來說，相當不穩定。但是，我們也不用為生活上所帶來的大規模瘋狂和疾病而煩憂，因為我們自然會走出來，而且是非走出來不可。

生命的內和外，早晚一定要做個大的調整。一定要有徹底的轉變，內外才可以接軌，才可以回到均衡，才符合對稱法則。你我也只能把握這個機會，搭上這一列醒覺的順風車。

再進一步說，人類現在所面對的極端對立，可以看作是演化必需的一個階段。

人類的演化走到目前的地步，其實也可以說是在準備意識的轉變，從「做」進入「在」。進一步說，從「做」找回「在」。

地球目前大幅度的轉變，帶著個人同時轉變。全人類的轉變（也有人稱為宇宙和地球的頻率或振動正在加快）是整體性的，我們更需要全面了解這方面的科學，不要再阻礙、甚至對抗這些變化，而無謂增加我們的痛苦。我想強調的是——順著它，把轉變的力道，變成轉化的一個機會，跟著地球一起醒覺。

搭上演化這一波醒覺的列車，通往人類全新的命運。醒覺，活出神聖的生命，最多也只是活「在」「這裡！現在！」每一個瞬間，也就自然搭上這一列纜車，跟著地球的演變一起走下去。這比什麼都簡單。

醒覺，就好像一個水瀑，透過瞬間爆發出來。現在人類的不均衡已經大到了一個地步，非大量爆出來不可，否則不可能永續生存。我們就像站在這個水瀑前，透過瞬間，只能讓它帶著走。

我們能做的，最多是體會、觀察集體的受苦。透過每一個瞬間，只是不對抗，把全部的神聖生命找回來。

7 不後悔，活在不批判的神聖空間

在這樣的神聖空間，就連批判，就連後悔，也不留一絲痕跡。

我們仔細觀察，每一個人都活在後悔當中。遇到任何一個狀況，假如是好的，會後悔沒有停留久一點。有好的風景，也後悔沒有帶照相機把它留影下來。即使這個片刻過了，也希望透過照片，把它找回來。

遇到不順，我們後悔的反彈會更大。塞車耽誤了時間，會後悔怎麼沒有選另一條路。事情不順，自然會後悔，當初沒有做更好的規劃，沒有做好風險迴避。

我們不是想扣留、延長這個瞬間，就是想避開這個瞬間。兩方面，都會讓我們不斷地產生後悔。再進一步觀察，後悔百分之百是時間的產物。沒有時間的觀念，沒有什麼後悔可談的。後悔是透過過去的記憶，或未來的投射，才可以發生。

人生帶來的兩難，甚至憂鬱、不安……種種煩惱，也是透過後悔所產生的。

這裡，我想帶出來一個後悔的功課。

這個功課很簡單，每一個人都可以做到。

練習

會後悔，本身就是行為、言語、念頭帶給自己的萎縮，讓我們不滿意、不快樂，所以想做一個修正。

萎縮主要的來源，是我們對樣樣、包括自己的批判。所以，不後悔，首先我們要守住「不批判」。對樣樣事情，不對立、不抵抗，批判的動力也就自然消退。

然而，即使還做不到，也不至於需要不斷地後悔。連對自己「還在後悔」的這個批判，也可以採用「接受」的態度來對待。看清每個批判的起心動念，批判自然消退，後悔的念頭也起不來。

針對內心的批判，我們可以做一個功課：

覺察自己使用這些形容詞時（壞、討厭、噁心、倒楣、浮誇、委屈、不順、沒道理、不守規矩、不禮貌、看不上眼、不夠完整⋯⋯），心裏浮現出來的負面念頭。試試看，可不可以看著這些用詞和念頭，注意自己在各方面的分別與判斷。

輕輕鬆鬆地，透過注意，或許已經可以踩個剎車，讓這些負面的用詞不至於脫口而出。即使來不及踩剎車，也就繼續輕輕鬆鬆看著它，看著自己說出這些負面的用詞，以及接著產生的分別和批判（也就是後來的反彈）。

同樣的，面對這些反彈，也繼續輕輕鬆鬆看著它。

進一步，連正向的形容詞，像是多美、多好、多想要⋯⋯也一樣看著它。

一樣地，讓它們自然地來，自然地走。

這麼一做，會發現——我們對任何瞬間做一個好壞的評價的勁，都會減少，甚至消失。自然地，我們就讓瞬間存在了，不需要再加上一個念頭，而可以輕鬆放過瞬間。

我們輕輕鬆鬆地「在」，活在寧靜，活在一個空檔，活在這個瞬間。更正確的說法是，讓這個瞬間來活我們。只要讓瞬間來活我們，瞬間不可能再帶來一個念頭。它本身是單純的。它來了，自然就走了。

連一個影子都不留。

活「在」一個神聖的空間，也就是一個沒有批判，也沒有後悔的內在空檔。生命本來是圓滿神聖的，可惜，我們透過念頭和情緒，再加上萎縮，把它扭向負面的方向了。只要把注意帶到每一個瞬間，把這個瞬間單純化，不再加上一個標籤。我們自然找回喜樂、愛、平安。

出處：*Vida de Jesús, Sagradas escrituras (Imágenes del viejo Testamento)*, VIIIª serie, retrato Vº: Jesús y la mujer adúltera[iii]

耶穌在《聖經》中，帶來另外一堂重要的功課。

當時有一位女士被眾人指責犯了錯，在大庭廣眾下，遭到公開的羞辱和懲罰，甚至有人拿起石頭要往她身上砸。耶穌對眾人說：「你們中間誰是沒有罪的，誰就可以先拿石頭打她。」[31] 沒有人能夠答，也不敢丟這個石頭。

我會分享這個故事，有兩個目的。首先，想表達人類制約所帶來的批判或責備，讓我們多麼容易為別人定罪。活在這個人間，誰都一樣，不假思索就把責任交給別人，並透過負面的眼光來看這個世界。到最後，沒辦法原諒自己，也原諒不了別人。

另外，我還想再次表達——過去的大聖人留下來的智慧，其實正是現今這個時代最需要接觸的。就像生命的指南針，幫助我們把握自己的人生方向。我希望，年輕的一輩都有機會接觸到這些智慧，而能從人間的痛苦走出一條路。

---

[31] <約翰福音>8:7。

第四卷
走出自己神聖的路

看懂生命的全部，我們自然也只能走上神聖的一條路，完成這一生的旅程。走上這神聖的路，跟過去全部大聖人接軌，再也不跟生命的內在分手。

雖然活在外在的世界，我們其實從來沒有離開過心。

讓心，活出我們。

讓每一個「動」、每一個行為，完成它本身最終的目的，也就是「在」，也就是最高的意識狀態。

最多也只是透過我們每一個「動」，活出「心」，也就是「在」。把「心」、「在」、「靜」、「空」帶到人間。

我們也突然從知識的限制掙脫開來，包容甚至歡迎未知、不可知的不確定。這麼一來，我們突然自由了。不再受任何人間所帶來的限制，也明白我們老早就回到一體意識。

Section
第四卷 04

只有透過享受、不費力的「做」，透過「心」、「在」、「靜」、「空」，才可以突破任何領域，將內在和外在世界整合。整合了生命的內外，我們才可以真正找到自由，才可以找到自己想走、需要走的一條路。

從人間看來，這條神聖的路可能孤獨，也可能不受人看重。但是，醒覺的人並不在意。或早或晚，他最多只能把神聖的一切，帶到每一個瞬間，輕鬆完成這一生最大的目的。

1 從萎縮，回到圓滿，是我們每一個人都可以做到的

把萎縮當作一個解脫的工具，看著它，包容它，也就自然看穿這個人間。

我們每一個人生出來，第一口呼吸，就帶來了萎縮體。第一口呼吸就帶來痛，帶來不舒服，讓我們哭。就算不哭，也要把嬰兒打哭，才可以確認生命的第一個徵兆。

來到這個世界，我們帶著人類整體的萎縮。不光來自父母，還包括全部人間的萎縮。萎縮，也就是個人和集體的制約，透過念頭，再加上情緒的擴大和加速傳遞所造出來的。

萎縮，不只是痛、恐懼、憤怒、焦慮、煩燥、恨、絕望、沮喪這些明顯的負面情緒，還包括一些相當微細的負面狀態，比如《全部的你》所談的「兩難」。隨時把生命當作兩難，也永遠只能在兩個壞的決定中選一個。

我們每一個人都遇過，也許是自己，或者別人，隨時都在煩惱中。隨時都不自在，到哪裡都不自在。額頭壓得低低的，眉頭總是鎖的，臉是繃的，眼角下垂。你可以觀察到，他對瞬間第一個反應就是皺眉，接下來全身緊縮，好像馬上有一個問題要來了，隨時要和生命抵抗。好像活著這個生命，是一個沒有辦法承受的負擔。甚至，連一口呼吸本身都是問題，都帶來兩難。這其實就是憂鬱。

再舉一個例子。或許你讀這本書，也可能覺得乏味或無聊，這同樣是萎縮。人通常需要外在的刺激，好讓自己感覺新奇、新鮮、有勁，自然需要咖啡、酒精、派對、重低音的音樂、甚至身體激烈地

動起來跳舞，使神經獲得一些刺激。這是我們現代人面對壓力常見的排解方式。

不知不覺，缺少這些刺激，本身就帶來一種乏味無趣的感覺。這是一種輕微的萎縮。我們覺得不過癮，還想要更多刺激、更多經驗來滿足。這一種「總是缺少什麼」、「要透過人生來完成什麼」的感覺，本身就是萎縮，只是比較微細。

仔細觀察，情緒的作用本來很單純，只是幫助我們擴大念頭的效應，讓念頭帶來的指令盡快傳達到身體每一個部位。科學家早已發現，情緒是透過類似荷爾蒙的小分子，由神經末端分泌出來，透過血液接觸到所要作用的細胞，在很短的時間內，擴大神經傳導的資訊。這個機制，原本也只是協助保障生存。

沒有想到，經過幾千萬年的演化，人類透過念頭產生了另外一個體。所謂的念頭體（thought body）雖然是虛的，但身體無法區隔，會以為這個念頭體所發的指令是真的。現在一般人的念頭都是負面，透過這樣的念頭，這個機制自然採用負面的情緒來擴大萎縮。如此一來，我們隨時帶著一個萎縮體，活在一個萎縮態。甚至透過一個萎縮場，好像和全人類共振。不光是與這個世代共振，甚至和過去、未來都連了起來，而且都是負面的。就像基因一樣，這個負面的共振可以一代一代地傳下去。正因如此，我們才很難從制約裡跳出來。

除了個人的萎縮，還有集體的萎縮。同時，萎縮場和萎縮場之間還可以共振出一個更大的萎縮場。國家、民族、社會在情緒的煽動之下，作為往往都是負面的，而且程度遠遠超過個人作為的總和。

情緒所擴大的萎縮，自然變成個人和整體的「我」很重要的一部份。

萎縮體本身好像是活的，好像有自己的生命，[32] 有自己的循環。透過擴大情緒，帶來反彈，產生負面的反應。這反應往往和刺激的強度不成比例，卻讓我們認為是唯一的一種反應模式。

比如說，開車的時候被後方超車嚇一跳，不假思索就開罵了，甚至一路都在氣，進了辦公室還忍不住找事情出氣，根本想不到自己還可以有其他的反應方式。

萎縮本身已經成了一個習氣，在腦海裡建立了一個固定的迴路。只要一落入這個刺激，就只會按著這個循環走下去。

萎縮的結果，就是不快樂。

---

[32] 我對生命的探討特別感興趣，之前做了一些奈米生物的研究，想了解奈米尺寸的粒子可不可能有生命，而生命又是什麼？站在生物的角度，一個「體」可以稱之為活的，也就是要滿足下列條件：可以生存、複製，還可以跟環境產生種種的區隔和互動。我過去所研究的奈米細菌或有機奈米粒子，雖然不完全符合上述條件，但乍看之下有時好像又有生命，可能與地球的生命起源相關（John D. Young & Jan Martel. The Rise and Fall of Nanobacteria. *Scientific American* 302, 52 - 59（2009）；楊定一、馬奕安〈奈米細菌非細菌！〉《科學人》二〇一〇年第九十六期二月號）。

用這種邏輯，我最多只能做個「不科學」的比喻，把萎縮體比喻成一種能量或螺旋所帶來的「體」，看起來就像是活的生命。它可以吸收周邊所帶來的負面能量，和其他的萎縮體互動，又好像有單獨的存在。萎縮體和萎縮體之間甚至會產生共振，互相影響。所以，我這裡才用「好像有自己的生命」這句話來表達。

Panic Attack 恐慌發作

萎縮，最極端的實例，也就是panic attack——恐慌發作。不分男女老幼，現在愈來愈多人有這種情況。恐慌發作，造成身體的凍結，讓人動彈不得。很多人在人多的公共場合，或是要公開講話，甚至跟人聊天或睡夢中都會發作。一發作，激起身體全面的反應，接下來會不舒服好長一陣子。甚至，連免疫系統的抵抗力也跟著下降。

恐慌症發作時，自律神經的交感神經系統所受到的過度刺激，是只有嚴重的恐懼才會達到的強度。這些刺激，透過交感神經系統，影響全身每一個部位，包括心臟、呼吸、腸道、肌肉、內分泌，讓人緊張過度，進入凍結。

恐慌發作，是萎縮狀態的一個極端的例子。負面的念頭，透過情緒的反彈與擴大，使一個人不斷處於萎縮的狀態。持續下去，身心就全部凍結，動彈不得，而全面影響生理和社交功能，包括睡眠。

恐慌發作，是因為我們人分出了兩個體——身體和念頭體。念頭體是由虛的念頭所組成，但我們的生理照樣跟著它反應。

早期人類，身邊有野獸或其他的威脅，靠著這個恐懼反應，可以讓肉體得到生存。但是，這樣的威脅在現代生活已經沒有了。我們主要的威脅反而是透過念頭成立的，是在一個虛擬的境界所產生的。可惜的是，身體沒辦法分別威脅是現實還是虛擬的，甚至可能把虛擬的威脅看得更重、看得更真。

我在《全部的你》談到，只有人會創出兩個體，動物反而沒有。所以才會強調，大自然和動物是最好的老師。它們隨時活在「這裡！現在！」，不可能停留在念頭的世界。跟它們接觸，我們自然也可以體會到「這裡！現在！」。

可惜的是，在現代的社會，連寵物也受到人的感染而進入萎縮狀態。以下的兩張照片，是我二兒子的狗。任何人看到他，都會覺得他很可愛。但是，他還很小的時候，我們就發現他和一般的狗不一樣。不知道是不是之前被虐待過，或是先天的遺傳，他長期處在一種恐慌發作的狀態，不光是看到人會怕，而且是很誇張的怕。我過去從來沒有在動物，尤其是狗身上，看到這種行為。

我也發現，這隻狗特別敏感，會關注人的臉色，很懂事。家人有壓力時，他會靜靜走過來，把頭擺到你的膝蓋上，靜靜地陪伴、安慰你。看到他，我總覺得和人沒有兩樣。此外，他非常注意環境的微小變化，連走路都看得出他的兩難。好像心裡有事，往這裡走兩步，會突然停下來換個方向走，來來回回地徘徊。很難想像，一隻狗會有這麼多的顧慮和煩惱。

我們的萎縮狀態，真的是文明帶來的疾病。不光是影響到人，甚至已經開始蔓延到動物，整個世界都變得不健康。

文中所提到的狗，他的名字叫 Logan。這兩張照片分別是他兩個月（左）和六個月（右）時拍的。

不抵抗萎縮，是從習氣解脫的第一步

萎縮體，離不開神經的迴路。

萎縮帶來的那麼大的反彈，其實跟《真原醫》所講的習慣或習氣是相同的。它透過一個迴路不斷地運作，不斷地刺激，變成我們最仰賴的神經傳導路徑，成為自動的反射。

這也可以解釋，為什麼我們碰到一些情況，會身不由己地一再反彈，而且反應遠遠超過刺激的強度。

啟動神經的迴路，再加上情緒的擴大，透過血液攜帶的情緒分子，可以把這個反應傳遞到全身每一個部位，尤其肌肉和自律神經系統，讓我們接下來可以很快產生很多生理上的反應。負面的刺激，會透過交感神經系統來傳遞，產生種種的萎縮、緊張、不舒服、不快樂。一個簡單的神經訊號，透過這樣的層層放大，才會使習氣的反應，往往和刺激不成比例。

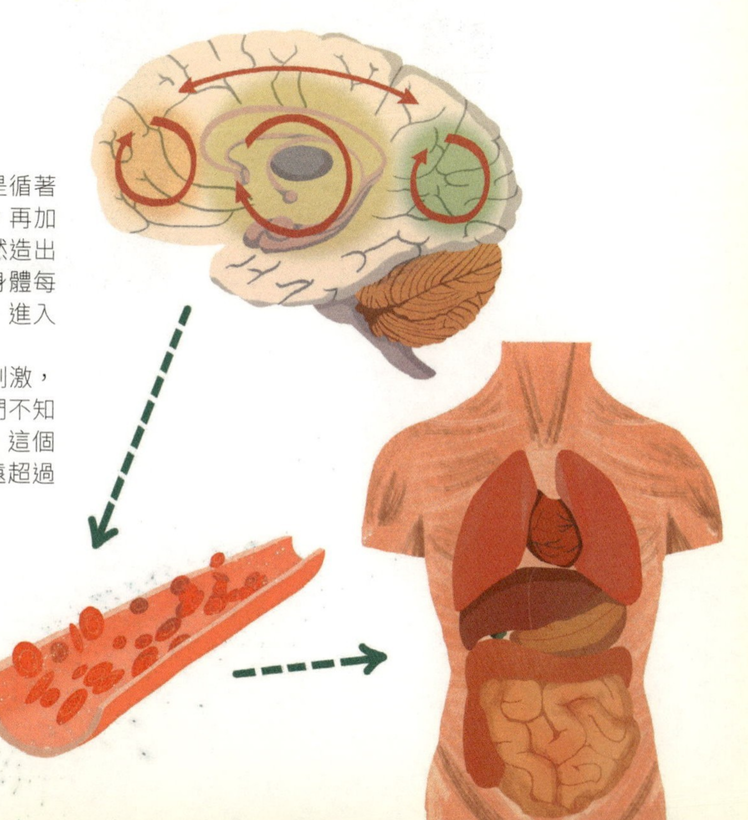

一般所謂的「習氣」，也只是循著一個腦的神經迴路不停運作，再加上情緒的擴大，這個迴路自然造出更大的迴圈。這個迴圈涉及身體每一個部位，讓人產生萎縮體，進入萎縮態。
任何環境帶來或內心產生的刺激，都可以誘發這個迴路，讓我們不知不覺產生自動的反彈。而且，這個反彈一般都大得不成比例，遠超過刺激的強度。

要從萎縮走出來，假如有個方法好談，也跟面對習氣一樣的，絕對不能對抗。越對抗，萎縮帶來的反彈越大，而反彈造出來的萎縮也會越大。

建立一個新的迴路，反而才是最好的方法。而造出新迴路最簡單的方法，也只是看到自己的萎縮、看到自己的反彈。

練習

只要可以看到自己的反彈，同時覺察自己的萎縮，自然為這個迴路踩了一個剎車，在周邊造出了一個空檔，讓我們有多的選擇。其他的，什麼都不用做。

假如有反彈，也知道，就接受自己的反彈，就是這麼簡單。

你可以採用這個方法試試看——

下一次，遇到任何刺激的狀況，看看能不能把注意力帶回到這個狀況本身。甚至，帶回到自己的反應。就算來不及剎車，也沒有關係，也就接受自己來不及踩剎車。同樣地，不用對自己做任何對抗。

這樣子，多重複幾次。甚至，每天都試試看。我們自然會把注意力退回瞬間，而透過瞬間，把任何狀況簡化。

談到萎縮場的共振，在生活中其實很容易觀察得到。我們接觸一個人，很負面，也就是說他的萎縮場很強。幾秒鐘內，我們會立即感覺到不舒服，而這個不舒服不是理性的判斷，而是直覺。

然而，這個直覺也只是萎縮場和萎縮場產生了共鳴。連我們一般所稱的愛，也離不開這個共鳴。

英文裡有一個常用的詞 gut feeling，字面直譯就是腸道的感覺，一般人用來表達直覺或靈感。腸道本身最容易受到情緒的影響。我們心情舒坦與否，都可以透過腸道體會到。腸道，確實跟腦、跟免疫系統有很緊密的關聯，也隨時受到腦造出的情緒分子的影響。而腸道的變化，讓我們感覺舒暢或不舒服，而可以意識到事情不對勁。這就是心理神經免疫學（psychoneuroimmunology）的發現。

透過腸道，我們可以直覺到周邊的萎縮場。要提醒的是，如果我們對別人的萎縮場有很激烈的反應，通常是我們自己也有這個萎縮體。

這個萎縮體，其實是來保護「我」。「我」只要受到刺激、受傷，萎縮體也跟著受到刺激、受傷，自然產生反彈。反彈越大、越激烈，反而「我」存在的勝率更大。好像只要「我」可以跟周邊區隔開來，就把握住了「我」的身分，而得到一個生存的空間。

面對別人的萎縮體，而自己沒有反彈，這是一堂很大的功課，也是我們每一個人隨時都可以練習的一堂課。

反過來，假如是自己的萎縮體受到刺激，能意識到、甚至覺察自己的防衛與反彈，已經相當不容易。可以看到，而什麼都不做，這本身又是一個很好的功課。

我想，我們每一個人都可以試試看。

最直接的一個練習機會就是——被人刮了一頓，受到侮辱、刺激、被冤枉，是否能不反彈，是否能包容下來。這是消除萎縮體最好的方法。

說到底，還是離不開接受、臣服這個瞬間——「這裡！現在！」所帶來的一切。

其實，我們可以把情緒的反彈，稱為一種習氣。它已經落在潛意識裡，是一個自動的反應，超過意識的控制。習氣，也離不開時間的觀念。可以說，透過習氣的作用，我們無意識地一再想把過去活回來。

這麼說，也只有透過「這裡！現在！」，才能真正的消除習氣。

在我們意識轉變的過程中，其實情緒也是最好的工具，讓我們體會到自己對生命的對抗，透過接受，進一步化解。如果負面的情緒，都可以接受。正面的情緒，都可以接受。自然會發現，無論正面負面，其實都一樣的無常，都一樣的平等。這樣，一個人自然會回到寧靜。

進一步說——連「好」的情緒，包括過度的興奮、自信、舒服、愉悅、爽快，其實還是外在所帶來的，跟內在的生命無法接軌，一樣靠不住，也都只是無常。這些正向情緒，雖然是大多數人想追求的，其實還是離不開形相。最後，還是在強化「我」。

最不可思議的是，只要找回「在」，「在」自然會帶給我們喜樂、愛和平安。而「在」所帶來的喜樂、愛和平安，是永恆的，不受人間任何條件的制約。它跟人生的狀況，一點都不相關。在任何狀況下，只要我們「在」，隨時都可以有喜樂、愛和平安。

這是我們每個人都有的，是你我共同的意識狀態，我們的腦從來沒有忘記過，也是腦最根本的狀態，從來沒有離開過。不需要學，不需要教，不需要得到，甚至也是得到不了的。它是「在」這個神聖的狀態所帶來的。

把情緒當作修行的工具，不抵抗自己和別人的萎縮體，是解脫的第一步。

打開情緒的結，也就是打通生命的能量

萎縮體的一個主要現象，就是情緒所帶來的結。這些結，是透過個人和人類集體的制約（也可以稱業力）所造出來的，會讓生命的氣難以流動，造成堵塞。

如果一個人的氣脈完全通暢，連念頭都不可能有。因為他不在對抗的狀態，而是與生命一體達到共振。

情緒體，自然會帶來一種不均衡，讓我們對瞬間做出種種的抵抗，而強化「我」。「我」本身是靠情緒的結或萎縮體，才可以擴大。

我用這張圖來描述制約所帶來的結，尤其情緒結。只是圖中流動的不是水，而是生命的能量或意識。

沒有結的時候，生命的能量或一體意識不斷從無色無形，透過我們，透過瞬間冒出來。有了結、有了萎縮，這一股能量的流動就被擋住了，讓我們沒辦法得到滿足或舒暢，更不用談寧靜或解脫。

萎縮體的反面，可以稱「圓滿體」。圓滿，其實是「在」的成就，和「做」無關。
我們本來圓滿，只是透過人間帶來的萎縮，就像圖上方右邊的女士和左邊的男士，自然覺得自己不圓滿了。一個人活「在」，就像上排中的人一樣，可以和身邊的生命共振，將他自己的圓滿帶給周邊。他左右邊的兩位，靠近他的那一側，也就沒那麼萎縮。
把「我」完全消融，也就回到圓滿的狀態。就像下排三個人，「我」的邊界已經暈開來。很自然地，和周邊的人的互動，也都是圓滿的。圓滿再加上圓滿，自然把環境變得圓滿。希望這是我們地球未來轉變的方向。

2 覺察，是解開萎縮最好的方法

萎縮，也只是從一個虛的念頭起步的。去抵抗它，也只是強化它。

在前一章，我提到了萎縮體（或是情緒體）是很好的解脫工具。其實《心經》短短兩百六十字，除了講到「色即是空，空即是色」，又說「受想行識，亦復如是」，意思就是——受也是空，空也是受。受，感受，還是離不開念相的範圍，本身還是虛的，是神經系統透過和細胞的互動所產生的。感受跟神經系統不同的地方在於，它的作用範圍遠遠超過神經系統。它是腦和細胞的介面（mind-cell interface）所產生的記憶、反應和反彈，在生理上是全面性的。才會對身心帶來那麼大的作用，甚至很大的障礙。

一般而言，情緒的結之所以難解，也是因為它已經滲透到每一個細胞。《心經》提到感受是空，是最好的提醒。但是，每一個從事心理療癒的專家都知道，要解開情緒結有多麼難。

然而，只要輕輕鬆鬆把注意放到這個瞬間。透過這個瞬間，體會每一項萎縮所帶來的情緒反彈。看著它，輕輕盯著它，知道它。這樣子，就把正在焚燒身心的大火，給慢慢降下來了。

我在《真原醫》提過 attention begets energy，也就是氣功所談的「意到氣到」。當初提這個觀念，主要是在談身體的觀想——我們把注意力放在身體的哪個部位，就能活化那個部位。

我這裡想進一步說 attention begets release/transformation，「意到化解」——我們把注意力放在哪裡，就帶來釋放，帶來轉化。這是古人帶來的一個最大的修行的祕密——只要把注意力放到任何角

過去的制約（業力）帶來身心種種的結，這些結主要停留、堵塞在我們的情緒，而造成萎縮。只要有這些情緒的結，生命的能量流不過去，而成了情緒反彈和抵抗的主要來源。我們來到這個人間，已經帶著全人類過去制約的結，這一生也還在不斷加上更多的制約，把結綁得愈來愈緊，甚至看不到自己怎麼造出這些結的。要徹底解開這些結，唯一的方法就是覺察——覺察自己種種的萎縮。

落，不再加一個分別、念頭、投射，自然會消除隔離，而讓我們和注意力的對象結合，而自然取得寧靜。這種寧靜，也只是表達外在和內在的合一或接軌。寧靜越深、越廣大，接軌越徹底。

覺察到萎縮，也可能還是繼續反彈。沒有關係，只要知道自己在反彈，也可以接受這個反彈。心裡不舒服，就接受不舒服。心裡悲傷，也都知道。用這種方法，自然會走到寧靜。

或許這些話聽起來像是在重複。但這實在是好重要的一堂課，所以透過不同的角度，再一次說明。

這就是解開萎縮體最好的辦法。再次強調，不是透過對抗去解開往昔種種的悲哀和約束。這不光是不可能，還會造成更大的反效果。

我們對抗、抵抗瞬間，才造出萎縮。不可能透過造出它的對抗，而反過頭來解開它，只可能會越陷越深。

3 從外在的知識，到內在的智慧

任何知道，都是對抗。沒有對抗，也沒有知識。

全部知識，都是腦建立出來的。任何知識，要靠歸納、比較、分別才可以成立，離不開對抗，離不開形相，尤其是念頭造出來的念相。

把自己落入一個乃至於種種形相，就鞏固了「我」。知識，離不開形相。任何知識，只是在加強「我」。

知識其實是「我」很重要的一部份，讓我們得到一種區隔。知識多了，我們自然感覺到一種優勢，認為懂得越多，越有自信，在別人眼裡越顯得可靠。所謂的專家，就是透過知識才取得專家的資格。我們一般人，可說是一半以上的時間都在追求知識，追求學習。

「我」的成形和強化過程中，知識的取得佔了很主要的部份。即使自己沒有，也希望接觸有知識的人，彷彿可以把有知識的人的形相挪到自己身上。有些人喜歡接觸科學家，也有人喜歡接觸史學家，都離不開我們對自我形相與知識之間關係的投射。

可惜的是，任何知識，還是離不開局限的腦所可以想像的範圍。就算是窮盡一生都讀不完的知識，也一樣。比如說現在透過電腦、網路、報紙、電視、收音機、雜誌，甚至社交媒體所得到的知識，可說是集中了人類有史以來到現在的知識體，仍然離不開有局限、有條件、受制約的腦所創出來的範圍。

其實這些知識，等於在幫我們穩住人間。我們根本不知道，累積越多知識，反而越解脫不了。我們可以得到的知識已經麻痺了感官，讓人沒辦法消化。我們從一個螢幕跳到另一個螢幕，再接下來跳到下一個螢幕，有時候才跳到第三、四個螢幕，已經想不起第一個螢幕的內容。

這種快速取得知識的慣性，反而讓我們無法集中，讓我們不可能處理、消化這些知識，更不用談記得，更不用談「在」了。我們每一個人，都不「在」。我們的心，都在別的哪裡！

我們看年輕人盯著螢幕或玩遊戲時，人好像在這裡，但又不在。最有趣的是，現在的人，吃飯時可能一邊打電腦或傳簡訊。明明臉朝著你，卻看不到你。他的腦，其實不在這個世界，在別的哪裡。

不光不「在」，現在一般人都有嚴重的注意力缺失或過動的問題，尤其小孩和年輕人很普遍。連坐都坐不住，甚至有時要用藥物來壓。大人，也受到知識的過度刺激或過度負載，都在一個不安的狀態，隨時覺得焦慮，也隨時把人生當作兩難。這是現代人相當普遍的狀況，沒有一個人可以倖免。要求效率，要跟上生活的快步調，也只好學會使用種種的電子工具來取得知識。

知識不光是不可能帶來解脫，還是我們煩惱的一個重要來源。從解脫的角度來說，知識可以說是這個世代最大的一個阻礙。懂得越多，困境越多。

耶穌在《聖經》裡提過「真理必叫你們得以自由」，[33] 後人把這句話改寫成「知識必叫你們得以自由」，很普遍的用法，來強調知識的重要性。可惜的是，這種詮釋，完全誤解了耶穌的這句話。

耶穌所說的真理，談的是全部的生命或智慧。而自由，是說可以活在神聖的生命，隨時把天堂帶回人間，隨時把生命的內在透出來，蔓延到生命的外在。後來的人所談的知識，則完全是念頭的產物。越多知識，反而把人綁得越緊。

[33] 〈約翰福音〉8:32。

知識，是否帶來真相？

一般人會說，知識帶來真相。我相信，你當然也聽過這句話。

然而，我要說——任何知識，永遠不可能帶來生命的真相。真相，永遠不是透過知識可以追求到的。

我有許多朋友，包括自己年輕時，都有一個理想，想追求宇宙的統一場。愛因斯坦也投入這個領域，離世之前很遺憾自己沒有完成。接下來的年輕一輩，包括我，也前仆後繼地奔向這個理想，希望自己可以做到，可以解釋一切。

古往今來的哲學家，也同樣認為透過知識，可以了解生命的真相，乃至於提出一套全面的說明和詮釋，也是想透過知識，對一切做個說明。

東方人相當幸運，一直以來，我們不完全只發展外在。東方文化對內在有很深厚的探討，也留下了相當完整的基礎。世界史上主要的大聖人，還是現身於東方世界。耶穌是少數的例外。

東方的聖人很早就體會到知識和智慧的區別。知識，是透過「動」取得的；而智慧，是寧靜和「在」的成就。

人在寧靜中，全部的生命自然會透過瞬間、透過意識、透過能量而滿溢出來。所以，智慧不屬於任何人，是「我」永遠得不到的。它是生命最根本的狀態，透過寧靜的瞬間而轉出來的。

我才會說——一個人證道，與生命合一，是生命來活你。反過來，「你」可以活的生命，絕對是局限、制約的小小部份。

知識無法帶來真相。反而是智慧，才永遠離不開真相。

我進一步說，不要害怕真相、不要害怕說真話。真話，如果是從智慧出來的，早晚會得到驗證。

最令人嘆息的是，任何知識離不開外在世界的表面，也離不開種種的變化，全落在「動」的範圍，也只是強化或改變人生的內容。不僅僅是無益於生命的探索或深入，反而可能成為最大的阻礙。

生命的內在，不是透過局限腦海的線性邏輯所帶出來的。它本身跟「動」、跟任何知識都不相關，而是透過「不動」、無色無形的「在」才可以領悟到。跟任何知識不僅不相關，根本是任何知識都無法進入的。

透過知識，不可能體會到「在」。

最嚴重的是，透過知識，我們根本答覆不了「我到底是誰？」這個問題。任何回答，還是把整體局限到一小部份。只要是用知識可以表達的，一定會把整體分割、限制成一個小部份，還把人生的種種變化、種種故事、種種內容，當作了我的全部、你的全部。

同樣地，你不可能「知道」你到底是誰。只要可以講「知道」，所知道的絕對不是你的真實。只是你在這個人間所扮演的角色，所取得的身分，和所顯現出來的一小部份。

不知道自己是誰，是醒覺的第一步。

很多人聽到這句話會很驚訝，立即要點出矛盾，甚至生出抵抗。會認為——假如我失掉身分，不知道自己是誰，我當然不存在。就算還存在，也等於失去功能了，絕對不要走上這條路，千萬不要傻到這個地步。

有這個反應是合理的，只是反映了我們在世界所受的制約，而且是站在一個局限的意識上說話。認為活在這個世界，是以頭腦帶來的意識為主；沒有這個局限的意識，就失掉了生存最大的工具。

站在局限的意識，還有一個「我」，有一個「你」。我和你，當然是區隔有別的。而知識，要由

「我」（主體）來知道一個客體，延續著同樣的區隔，這種架構和運作，完全脫離不了局限的意識。

人只要寧靜下來，進入「這裡！現在！」，自然會看到生命更深的層面，也就是生命整體主要的部份。

契入這個瞬間，知識反而自然消失了。我跟我所看到、所知道的，已經完全分不開了。哪裡還有知識好談。

這是每一個人都可以親身驗證的。

只要完全投入、接受、容納、臣服這個瞬間「這裡！現在！」，這些都是再自然不過的狀態，本來也是我們最根本的狀態。

不知道自己是誰，不知道任何東西、對象、客體，同時一個疑問都沒有，人自然回到神聖的生命，也就是全部的你。

不知道，一個人不光可以生存，他從任何作為、任何「動」、任何瞬間，都隨時活「在」。清清楚楚地面對生命，一個人，其實什麼都不用知道。

4 面對不確定

不只接受不確定，還可以享受不確定，一個人自然走上神聖的路。

表面上，一個人不知道，什麼都不知道，而不可能知道。**下了這種決心，自然進入不確定。**

我所講的不確定，是人不可能規劃出來的生命，也不是外在世界所安排的生命。

活在「這裡！現在！」自然會發現，一切的知道、一切可以知道的，本身都對生命帶來一個局限。把完整，切成片片段段的小部份。把整體，化為一個角落。把多重的層面，降階為人間的表面。將遠遠更大的生命背景，窄化為人間小小的前景。這種局限就是我們個人和集體的制約，而我們從來沒有跳出來過。

知識所帶來的確定性，其實是一個大妄想。假如有一個確定性好談，本身也只是一個很窄、很小、很有限的確定性。只是在人間的邏輯和腦區別的範圍內，透過對抗，得到的一點相對的理解，而被我們認為是偉大的知識。

我也可以把「不確定」稱之為神聖的信仰。信仰，一般都拿來表達一個不科學、不理性的信念，然而，也就像人矇著眼一頭往前走，沒有念頭帶來的顧慮。可以說，信仰是落在心的層面，讓心帶著我們走下去，倒不是落在腦的層面，由腦的運作或邏輯來決定方向。

可惜的是，我們活在人間，每個人都需要樣樣確定。不管是學習的安排，事業的規劃或生活的條件，都希望得到一種確定感，才覺得安全。我們活在時間的觀念，也離不開對「確定」不斷的追求。

把「確定」挪開，而一個人還可以完全自在，這本身就是解脫的一大步。

我接下來想進一步說明。

活在不確定，是充分理解局限意識帶來的知識的限制。人間帶來的全部知識，還只是在生命的表面打轉，不可能對全部的生命有任何代表性。

活在「這裡！現在！」不再加另外一個念頭，也自然讓我們看透念頭所帶來的扭曲。讓我們輕鬆地存在，不知道，不可知——一般人所認為的不確定——而一點疑問都沒有。讓我們內在和外在接軌，完全通透。讓生命的每一個角落活起來，都在跟我們說話，帶著我們走。

這種領悟，本身就是神聖的信仰，也才是神聖的知道。

活在這種狀態，每一個瞬間自然變成不可思議的奇蹟。而我們每一個人，只要有這個勇氣大步跳出來，接下來，都可以發生數不清的奇蹟。不可能再活在一個狹窄的人間，受到對立知識的限制。

我相信，這句話，和你在人間所聽到的一切，恰好顛倒。但我還是希望你仔細觀察，它是否帶來徹底的突破，讓你的思維全面改觀。

5 神聖女性的黃金盛世

未來的地球，要透過神聖的女性，才可以得到永續，得到生存。

這可能是這本書帶來最重要的一堂課。這本書所講的許多重點，都可以歸納入「神聖的女性」的概念。

我多年來在許多場合，包括專輯《等著你》，也特別強調——這個世代其實是該讓女性大放光芒的時代。我稱之為黃金盛世。

女性，為人類承載了數不清的負擔。不光是心理，還有生理上的。在人類歷史上，女性不斷地成為不公平對待、傷害的標的，被男性排除在文明社會之外。好可惜，最早本來不是這樣子。

從歷史留下的紀錄來看，原始的社會許多都是母系社會（matriarchy），是追求和平的社會。女性的長者更能帶領大眾。此外，最容易與大自然結合，最有靈感的，也是以女性居多。女性也是療癒師，不光是身體的療癒師，也是心理的療癒師。女性比較沒有「我」，比較不是活在念相的世界，她本身的注意是向內的，比較容易契入「在」、寧靜的狀態，也比較容易跟生命的內在接軌。

男性，因為生理和內分泌架構的差異，是透過力量的爆發爭取生存，取得他在社會上的角色。肌肉發達，比女性強大的肌力，跟雄性動物一樣，容易取得主宰的地位，也自然成立了一個由競爭和力量所帶來的「我」。

這種身體上的優勢，再加上思考、念頭所帶來的分別，使男性自然成為帶領人，而排擠了女性在社會的角色。隨著人類社會的文明化，整體的痛苦也可以說是從這裡開始蔓延。男性，很自然會用武器和力量來擺平紛爭，更傾向往外在世界尋找解答。

透過千萬年男性主導的演變和發展，念頭所帶來的「我」也隨之不斷加強。不斷地強調「動」，內在所帶來的「在」自然銷聲匿跡。我們才有今天的後果——整個社會都在強調「動」，而忽略了「在」，才造出那麼大的危機。同時，千萬年來，男性不光是忽略了女性內在寧靜所帶來的「在」和直覺，還用各式各樣的方法打壓。甚至，打著宗教的旗號，將比較有靈氣、有智慧的女性，任意安上女巫惑眾的罪名。

到了現代的社會，還是不平等。以學校的教育和升學考試來說，還是由男性的邏輯所建構，都是以培養男性的優勢為主，偏重記憶、知識的歸納和分別，以此做為評估的標準。這樣的教育體系完全集中在「動」的虛擬範圍，徹底忽略我們生命的內在、寧靜和不動。還進一步透過競爭，透過時間帶來的壓力，想對學生區別和排名。

這一來，女性也只好想辦法在這種男人主導的世界生存，只求表現不會輸給男性，甚至要勝過男性。進入社會，職場的升遷規則也都是為男性的行為和需求所設計，局限在邏輯的區別和歸納。

很多女性是感覺取向的，但是在男人主導的社會中，只好隱藏自己的感受。大家都忽略了，其實很多好的決策，根本沒有什麼合理性好談，而是透過 gut feeling、一種直覺、靈感而得到的。這一點，其實是女性比較強。只因為男性欠缺，又意識不到重要性，反而會排斥女性的參與。

我總覺得很可惜，為了在這個世界生存，許多女性不得不犧牲她天賦的本質，而學得跟男性一樣，透過理性、透過客體意識的比較和判斷來認識這個世界，局限自己的存在。現代社會的很多女性，已經跟男性沒有什麼分別，甚至活得比男人更男人。

此外，透過千萬年的制約，活在社會的壓制下，女性的萎縮體跟男性很不相同。彷彿女性到這一生，帶著女性一代代累積下來的集體萎縮，也透過生理內分泌的週期影響，隨時讓集體的萎縮狀態爆發出來。

因此，在醒覺的過程，女性格外要去面對這個集體的萎縮。它帶來一個能量結，濃縮而凝聚了過去人類帶來的種種創傷。正因如此，覺察到情緒，覺察到自己的情緒轉變或反彈，對女性反而是更重要的。我相信，每一位女士只要觀察自己，都會同意。

儘管如此，女性要將生命內外接軌，其實還是比較容易。女性的注意力本來就是向內，而比較少念相的污染。對女性而言，要進入「在」，可能沒有那麼多阻礙。

接下來，我個人的看法是——會有更多的女性更早醒覺過來，甚至是大規模的醒覺，而帶動全球的醒覺。我認為，這是女性此生最大的優勢。

只要有更多女性醒覺，自然會把這世界領向神聖女性的紀元，讓我們把內在的寧靜和「在」帶回來，回到「在」和「做」、「內」和「外」的均衡。

透過神聖的女性，我相信未來的社會和地球會做很多調整，達到比較平等的狀況。不光是政治、社會、經濟上的平等，連宗教都會有一個全新的平等架構。不再強調分別、競爭和對立，而是鼓勵合作甚至共生存。不再強化排除和特殊，而是涵容一切。不是完全強調「動」、成就或作為，而會自然投入「在」，轉向內在和反思。這是未來地球必須進入的狀態，人類才可以永續生存。

最早的母系社會

本書提到，早期社會都是母系社會。在華人的文化中，目前所知道最早的是紅山系文化，位於現在的內蒙古遼河流域東邊一帶。透過同位素定年，這個文化距今約莫五千至一萬年前。

最有趣的是，他們那麼早就懂得運用神聖的器物。將這些最堅硬的玉研製成各種器物，用以溝通天地神靈，來表達對神聖的連結。其中，許多遺物都是女性所用的耳玦和管珠項飾用品。反映出當時權威女性為主的身分識別及佩飾的社會階級形態。

這裡選用了一些紅山文化文物的照片。從玉文化型態來看，大概是我們華人遷移的起點。

6 神聖的法

在人間，透過每一個角落，都可以找到神聖的法。

這一章〈神聖的法〉（sacred teachings），是想表達對古往今來大聖人的尊重和敬意。

古人證到了真實，沒有留下紀錄，而是弟子把他們所交代的話留下來，變成人類完整的智慧寶庫，流傳至今。這才是人類最有價值的寶藏，甚至為人類鎖定了演化的方向。

他們的成就，遠遠超過任何人可以想像。在演化上的跳躍是不可思議的大，是人間沒辦法用理性或任何念相去理解的。

我們從邏輯沒辦法理解，但從心的層面又知道是正確的，而會感受到共鳴。人類的歷史才會一再回顧這些道理，回到這些法，親身驗證這些法，或把這些法當作人類發展的目標。

我在《靜坐》也談到人類的演化是顛倒的，不管經過多長的時間，還是一再回到這些大聖人的手掌心，離不開他們所談的意識狀態，彷彿我們非證到他們所帶來的意識狀態不可。

我們能體會到這種理解，也只是因為這些大聖人把內在和外在的生命全面貫通，徹底接軌。透過他們，內在的生命流入外在世界。

有意思的是，這種全面生命的接軌——本身就是神聖的，也只是反映生命最根本、最輕鬆、最自然、最穩定的狀態，每一位聖人也才會自然回到這個狀態。

不管什麼角落，哪一個民族、文化、時代，不約而同都會回到這個生命的共同點。

這個共同點，就是寧靜，空檔，或說「空」，也就是我們生命的本質。它自然變成一個最終的落點，旅程的終點。只要沒有任何干涉（念頭），它自然離不開這個最原初的點。

在每一個神聖的法，或是後人的論中，每一位大聖人都自然強調「在」的觀念，並自然區隔「做」和「在」所帶來的不同狀態，還進一步強調——要回到「在」，不是透過「做」，也無法透過「想」。

他們都提到，念頭本身是最大的阻礙。只要把念頭挪開，「在」就自然浮出來。佛陀這麼說，耶穌也只是這麼講，老子也是活在其中。

反而後來的弟子失掉了這原初的領悟，在上面再加上各種「動」的觀念——修行、努力、追求、成就——而把最輕鬆、最原初、最直接、最不費力、我們人人都有的本質，扭曲成一個最難、最珍稀、最需要努力的目標。在千百年之間，就把最簡單的事變得那麼難。把本來都有的，連動植物都有的本質，變成一個不可抵達，不可能得到的境界。

透過這種扭曲，我們意識的狀態自然和我們最輕鬆的本質接不上軌。越是用腦，越是費力，越是追求，反而走了越遠的冤枉路。

可能你會想問：假如沒有這些大聖人，還可不可能有「道」、有「在」、有「悟」？答案是：很簡單，當然還是有。

這些「道」、「在」、「悟」從來沒有離開過我們，是我們生命最根本的條件，是我們共同的本質。沒有「道」、沒有「在」、沒有「悟」，也就沒有生命。所以，問題不是它們存不存在，而是我們知不知道，有沒有觀察到，有沒有知覺到。

透過我們平常使用的客體意識，不斷地分別比較，甚至標記、知道、推敲，絕對不可能覺察到生命的源頭。它有一個覺察的「我」，還有一個被覺察的客體。不管怎麼放大這個客體的地位，它還只是生命很小的一部份，沒辦法代表整體。我們也不可能透過任何念相，而能想像出神聖的生命。全部的生命，或說「道」、「在」，不是透過「動」、「做」、「想」可以得到的。

我們最多是把局限的客體意識挪開，讓全部生命的一體意識照明出來。道，就在眼前，從來沒有離開過我們。

再說透徹一點，追求道的人，也是道。所追求的，本身也是道。這樣子一來，道——到底。沒有任何東西不是道。

我有時會說——從局限的客體意識「滑」到絕對的一體意識，才可以突然覺察到自己。

我用「滑」這個字，是要特別強調，一體意識是「取」不來，也「跳」不過去的。而是輕輕鬆鬆透過瞬間，透過「這裡！現在！」，把局限意識、局限的「我」挪開，一體意識自然就在眼前。一體意識，本身是最輕鬆、最簡單，其實也最微不足道的狀態。

這裡所談的「自己」，是生命的源頭，而不是「我」所局限出來的「自己」。醒覺，也只是讓意識覺察到意識，意識觀察到意識自己，生命觀察到生命自己。

沒有誰在覺察，也沒有什麼被覺察到，也只能說自然就回到不動的「在」。

假如還有一個自己的觀念存在，接下來只能說「自己把自己給自己」——自己—自己—自己，一直自己到無限，沒有東西不是自己。自己，也不用覺察自己。它，就是。

回到神聖的生命，也就好像圖中的人輕鬆滑冰那麼簡單。人輕輕鬆鬆地滑向圖的右邊，代表回到一體意識。沿著這個主要的方向，是生命最不費力的一條路，比什麼都簡單。只要挪開一切的阻力，自然也跟它接軌了，也自然就到家了。

所以古人才會說，道無所不在，從來沒有來到，也沒有中斷過。傳承，不需要一位大師或老師，也沒有什麼傳承好談的。它本身不是一套知識，更不需要透過資訊體傳遞下去。甚至可以說，透過語言是不可能真正傳達下去的。

雖然如此，我們還是要重視種種神聖的法。它們帶來許多路標，為我們省下不只這一生的光陰。透過它們，我們也在這個旅程中得到鼓勵、安慰和驗證。它們也強化我們的信仰，讓我們在無常的世界得到一種永恆的篤定，知道自己走的路是正確的，沒有離開過古人千萬年的足跡。

神聖的法主要都來自東

方，早期在印度、華人文化最為發達，日後才延伸到世界其他角落，包括西方。想不到，這些法現在要繞好大一圈，從西方回到東方，才會被我們重視。這是我覺得最可惜的。其實，全部的法，早就在我們眼前。

此外，我認為更遺憾的是，雖然大多數華人和東方人都有神聖的法的基礎，也隨時可以信手拈來，卻不知道這本身就成了一個阻礙。古人的智慧變成口號，在腦海裡形成了一套完整的系統，把自己困在其中，更不容易跳出來。

還有一些朋友，把這些聖人的話只當作一種比喻，認為這些話雖然很美，但跟自己的生命不相關。

在我所接觸的華人中，這是很普遍的。不光沒有珍惜這些法，甚至代代相傳之下，把法變成了最大的制約，內化成為強力的文化和社會限制，比西方人更難掙脫。

考慮到人間的這些限制，我才會想採用不同的切入方式，希望讓現代人能和古人重新接軌，將這些法帶到生活。希望我們都能充分理解——這些法，不只和生活有密切的關係，更是生活中最關鍵的一件事。

說簡單，它比一口呼吸還簡單。說重要，它比吃飯、睡覺都還重要。這種決心，是我希望透過《全部的你》、《神聖的你》這兩本書帶給你的。只怕自己表達得還不夠清楚。

神聖的法，不見得只在古人的典籍裡。任何自然的元素，動物、植物、一切，都可以是神聖的法。只要我們意識跟所覺察的對象合一，不再加一個念頭，我們已經自然走上神聖的法所帶來的道路。

全部神聖的生命，一直在等著你。從每一個角落，都可以回家。要不要走，只有自己可以決定。嚴格講，也沒辦法決定或不決定，最多只能拖延一時。

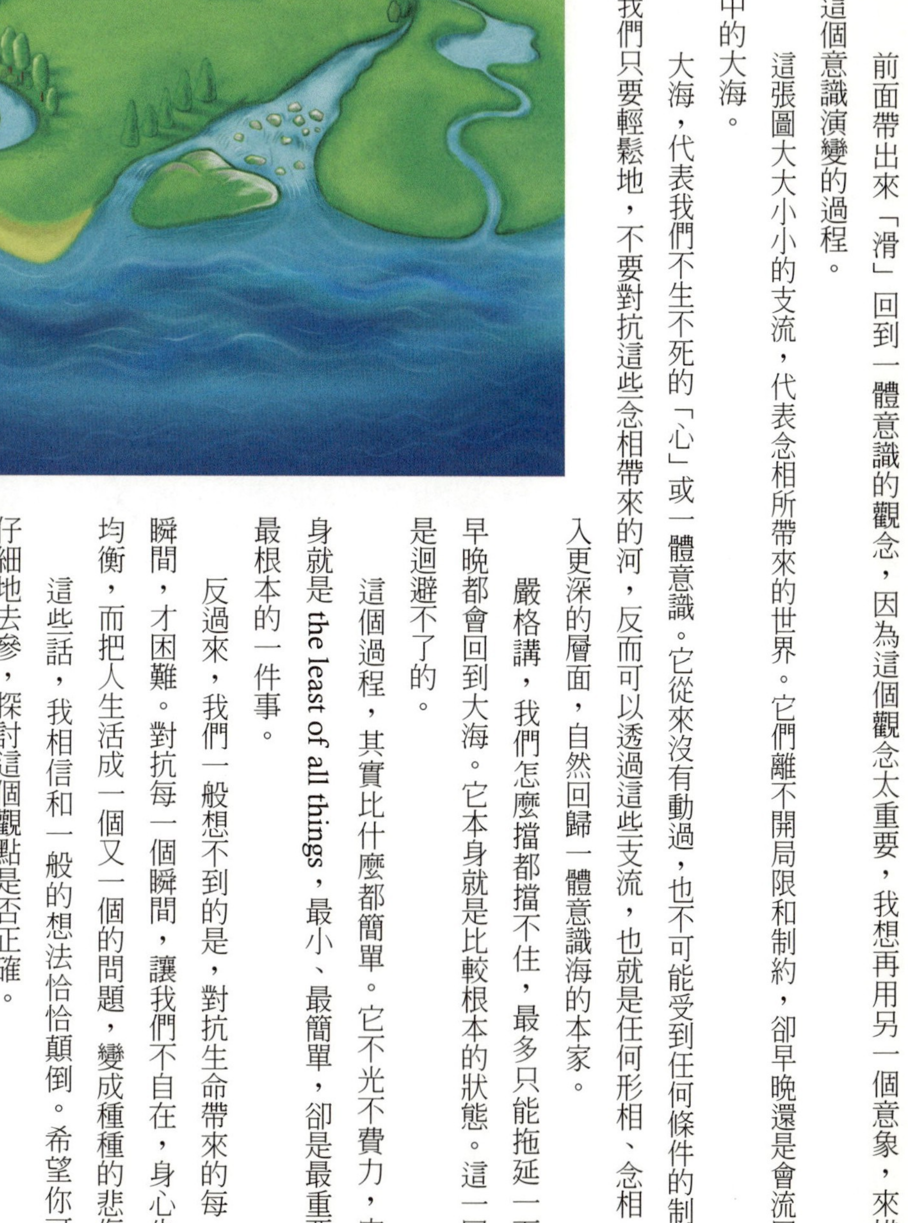

前面帶出來「滑」回到一體意識的觀念，因為這個觀念太重要，我想再用另一個意象，來描述這個意識演變的過程。

這張圖大大小小的支流，代表念相所帶來的世界。它們離不開局限和制約，卻早晚還是會流回畫中的大海。

大海，代表我們不生不死的「心」或一體意識。它從來沒有動過，也不可能受到任何條件的制約。我們只要輕鬆地，不要對抗這些念相帶來的河，反而可以透過這些支流，也就是任何形相、念相，進入更深的層面，自然回歸一體意識海的本家。

嚴格講，我們怎麼擋都擋不住，最多只能拖延一下，早晚都會回到大海。它本身就是比較根本的狀態。這一回歸是迴避不了的。

這個過程，其實比什麼都簡單。它不光不費力，它本身就是 the least of all things，最小、最簡單，卻是最重要、最根本的一件事。

反過來，我們一般想不到的是，對抗生命帶來的每一個瞬間，才困難。對抗每一個瞬間，讓我們不自在，身心失去均衡，而把人生活成一個又一個的問題，變成種種的悲傷。

這些話，我相信和一般的想法恰恰顛倒。希望你可以仔細地去參，探討這個觀點是否正確。

7 聖人一定要傳法嗎？

醒覺，一定要有什麼表現嗎？

我們會認為，一個醒覺的人領悟或證道了，需要為人間做種種的表率。這是每一個人都期待的，也會拿人間的標準往他身上套，看看符不符合「聖人」的定義。特別是看他種種的行為，來判定一個人是不是見道了。只要有些行為看不上眼，就判定這個人還差一大步。

我過去常觀察到，一個人修行越久判斷越強。對於修行應該要有怎樣的表現，有他更明確的看法。有時會對人說「你還差遠了」、「你還沒到那個地步」或者「你還沒有資格講這種話」、「你自己還有好多問題沒有解決」。

這些判斷無不反映了過去個人和整體的制約所帶來的限制，還離不開時間、努力和作為的範圍。也就好像想拿一個有限制的意識，來約束不受限制的全部生命。

這是不可能的。

一個成道的人什麼都不需要解釋，什麼都不需要表現，不需要去符合任何人的期待。他只是平安活在這個人間，或是跳出這個人間。他想做什麼，就做什麼。無論做什麼，他隨時都在當下——「這裡！現在！」面對生命。

有時候，面對事情，他也可以激動地去處理，或是不處理。有時候，跟別人溝通，他也可以做專業的說明。他可以寫一部經，也可以一個字都不留。想做什麼，自然和全部的生命合作，離不開全部生命的「在」所延伸出來的真—善—美，同時再也不受到人間帶來的任何制約、期待、評價的拘束。甚至，也不受人間認定的真善美的限定，不會造出任何真善美與否的對立。

一個人成道了，最多只是內心很寧靜，外在很平安，可能選擇在某一個角落平平淡淡地過一輩子。他做什麼工作，扮演什麼角色，其實都不重要，只是跟全部的生命接軌。他只要存在，都已經影響到身邊的人，將另外一個層面帶到人間，成為身邊的人的恩典。

一位大聖人，同樣的，一句話也不用留。前面也提過，歷史上的大聖人，尤其是各個宗教的始祖，沒有親自留下文字。人間所認為的重要，對他一點都不重要。假如他還在的話，你去跟他問法，他可能還會反問——有什麼法好談？

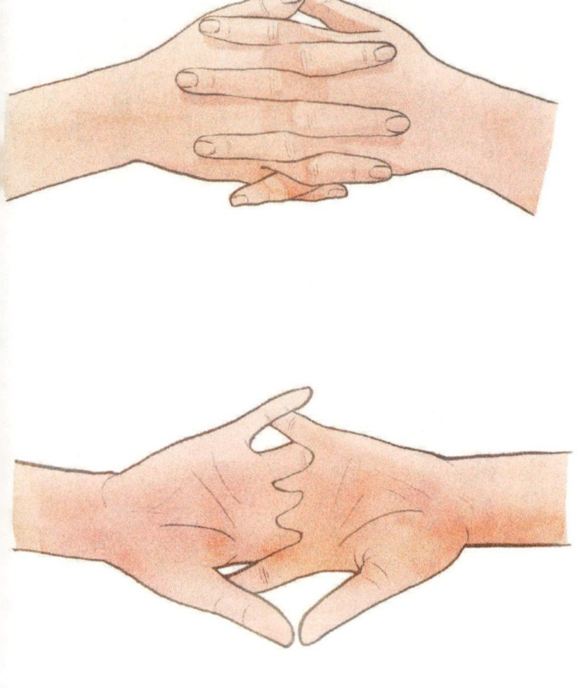

醒覺，也就是把意識徹底顛倒過來。意識翻轉過來，就像這一張圖用手掌由內向外翻所想表達的那麼簡單，那麼不費力。
翻過來，一個人對人生的看法自然完全不同，再也不受人間的制約。他可以來，也可以走，可以活出生命的全部潛能。然而，這個潛能倒不是透過任何「做」才可以表達出來的。
醒覺，也只是意識層面的成就，不可能透過人間的制約來理解。

8 永恆的現在

這是巴巴大師留下來的話。

在寫〈神聖的法〉這一章的時候，突然有一個空檔讓我讀到Babaji（也有人稱Papaji或巴巴大師、巴巴吉）的幾句話。[34] 這個巧合讓我愣住了，好像外在世界真的和內在生命同步，自然讓我遇到一些相關的話、相關的訊息，來補充這本書的觀點。

我這三十年來，覺得和巴巴大師特別親近，在很多時點得到他要給我的訊息。在心中，認為這就是巴巴大師親自講給我聽的，帶給我很大的安慰和鼓勵。

巴巴大師是古今傳說中的大菩薩，也是一位長生不老的大師。他在很多不同的年代現身，透過種種形相呈現在已經準備好的人的面前。我讀到的這本書[35]並不是一本嚴謹的學術著作，連出處都沒有列。所以，我也沒辦法告訴你這些話是巴巴大師在什麼時候、在哪裡講的，只能把他帶給我的訊息自行翻譯出來，呈現給你。

---

[34] 我這裡把巴巴大師的話帶出來，也是想傳達：除了佛陀、耶穌、老子等大聖人之外，在人類歷史中還有許多成就者所說的話，仔細體會都離不開神聖的法。

印度的系統把巴巴大師稱為大菩薩，就像大乘佛教的文殊菩薩、普賢菩薩、地藏王菩薩或觀世音菩薩等，或西方的天使、天使長、天主教的聖人。這些聖人在我們醒覺的旅程中，帶來祝福和鼓勵，有時不見得是透過菩薩或天使的化身，而是透過身邊的一個人、一朵花、一條訊息。然而，你心裡明白，就是這位與你有緣的菩薩或天使所要帶給你的。

[35] Karin James. *The Best Enlightenment Quotes & Passages To Awaken The Buddha Within.* CreateSpace Independent Publishing Platform; 1st edition (June 27, 2014).

「在」所帶來的無條件的狀態——喜樂、愛、平安。

「……無論發生什麼」

我相信，你讀到以下幾句話會有很深的感觸。簡簡單單幾句話，道盡了我在《全部的你》和《神聖的你》所表達的一切。對我而言，佛陀、耶穌、老子和後來的聖人，也是一樣的，表達的也只是如此。

醒覺，也只是領悟到自己本來是自由的。它本來就在這裡，最多只幫你把這個結解開。它是把「你」這個桶子，丟下「在」的井，而沒有用貪嗔痴的井繩。

不要想去哪裡，輕鬆地存在，就好了。唯一的需求，是「在」。連「看」都不需要。它簡單到我們會認為是難。它就在「這裡！現在！」這個瞬間。沒有今天。昨天。明天。就在現在。

假如一切從來沒有存在過，你要從什麼解脫？

空，首先要先空掉空。

自由，先讓自由得到自由。

在自由中，沒有任何可做的，也沒有任何不可做的。自由，是想像不到的，也碰不到的。

人，生來就是為了得到自由。你只能聞到自由，呼吸自由，在自由。

在每一個瞬間，自由，都在這裡，來抱著你。

永恆，就是現在。活在瞬間，每一個瞬間。

9 對生命，再也沒有一點懷疑

「第三晚。六枝香開靜時。護七例沖開水。濺予手上。茶杯墮地。一聲破碎。頓斷疑根。慶快平生。如從夢醒。」（摘錄自《虛雲和尚年譜》）

圖片取自《虛雲老和尚畫傳集》

過去的聖人留下的自傳，可以帶給我們另外一個層面的鼓勵和參考。它們離不開生活的考驗和實際的狀況，本身就是神聖的法。

我們東方，尤其印度、華人文化和藏密有相當多類似的紀錄，可說是東亞文化的至寶。只是，非常可惜，現在只有很少數的人會接觸。就算接觸了，也只把它當作比喻，並不會進一步去探討聖人親身留下的啟發和心得。

我們華人近百年來也出現了一位大聖人，就是虛雲老和尚，活到一百二十歲。他一直到一百一十三歲，才對弟子口述了自己的一生，也就是後人所讀到的年譜。他寫下的經歷，文字直接樸實，本身就反映他的成就。我讀的時候，每一句話對我都有棒喝般點醒的作用。

他提到五十六歲時「頓斷疑根」，也就是當時才完全醒覺。有趣的是，他用這四個字，也就是沒有再剩下任何疑問，來表達醒覺，和本卷第四章強調的進入「未知」和「不可知」是一樣的。

更有趣的是，一位大聖人會這麼坦誠，說自己直到中晚年才對生命不再有任何疑問，才完全投入全部的生命。當時年輕的我讀到這裡，感動得一直流淚。

他的表達讓人明白——一個人見道了，心裡真的沒有事，並不擔心別人對他有什麼看法。同時，也帶給後人一點信心和希望——每一個人，不管什麼年齡，都可以醒過來。一個人只要誠懇、成熟，就可以醒覺。

此外，我們看虛雲老和尚的法相，就發現他和傳統修行人不一樣，無論長相和穿著都不同。他的頭髮和鬍鬚很長，穿的袍子跟一般出家人不一樣，講話也很開放。話不多，但什麼都可以講，沒有給自己任何限制，這也是我最欽佩的一點。他老早跳出時空，跳出局限制約的一切。他在解脫當中，老早已經跳出人間所帶來的限制。他也早就知道神聖是在心內，不是在外在的表現。

除了虛雲老和尚，禪宗史上還有一位趙州禪師，十幾歲就出家，很年輕就有所悟。六十歲時，答覆學生的問題之後，發現自己心中還有疑惑未解，於是到處行腳，參訪善知識。直到八十四歲，被一位年輕後輩頂了一句「你這麼大歲數了，連自己的住處都不知道嗎？」頓時大徹大悟，就此安心在河北趙州的觀音院闡述禪理，到一百二十歲過世為止。[36]

虛雲老和尚與趙州禪師的生平為我們做了很珍貴的示範——誠懇地面對自己、面對生命，也就從形相的吸引中解脫開來，化去最後一點疑惑，而能與全部的生命接軌。畢竟，我們在人間都受到形相的吸引，而年紀越大，越難掙脫形相的束縛。

然而，正如這本書不斷提到的，到了現在，地球頻率的變化、人類頭腦的分別對立、集體步調的加快都到了一個地步，人類的醒覺已經不是個人的醒覺，而是透過集體轉變的力量，一起醒覺。無論是男是女、是年輕人、還是年紀大的朋友，只要願意，都可以搭著整體轉化的順風車，一起醒覺。

36 《景德傳燈錄》卷第十鄂州茱萸山和尚的生平記載了這一段「……趙州諗和尚先到雲居。雲居問曰。老老大大漢何不覓箇住處。諗曰。什麼處住得。雲居曰。山前有古寺基。諗曰。和尚自住取。後到師處。師曰。老老大大漢何不住去。諗曰。什麼處住得。師曰。老老大大漢住處也不知。諗曰。三十年弄馬伎。今日却被驢撲。」這一段經歷，用這兩本書的觀點來談，趙州禪師想表達的也就是——一切可以理解、領悟到的，都還是相對，還只是腦海設定出來的制約，就連禪話或醒覺的觀念也一樣。一個人表面上可以懂「全部」的觀念，但是活不出來，因為這個懂、這個理解還離不開腦的境界，是透過邏輯所建立的。要徹底醒覺，一個人要把一切放下。連任何領悟都不需要再去追求。這本身，才是全面的臣服。

第五卷
神聖的路標，到處都有

路標不只是指引方向，也帶給我們信心。讓我們在旅途中不斷地獲得鼓勵和確信。神聖的路標，也只是這樣子。

神聖的路標，不光是不斷地指向神聖的生命，讓我們可以徹底地轉變意識，還會加強自信，帶來各個層面的篤定。

神聖的路標，可能有形，也可能無色無形。它可能是人間可見的一個具體之物、一個符號，也可能是一個念頭帶來的抽象觀念。只要你有完整的基礎，透過每一個角落，自然都能落回全部的生命。

每一個人可以運用的路標都不一樣。只要接受這一神聖的旅程，自然會找到和你相應的路標。最奇妙的是，好像全部的生命捨不得讓你繼續迷路，會用各式各樣的方式給你路標，就像牽著你的手走過人間。只怕你透過制約和念相的蒙蔽，反而看不到眼前的路標。

要記得，一個人只要有解脫的期待，甚至變成一個願，而且這個願比任何人間的興趣、目標都更大，它本身就決定了結果，會產生不可思議大的力量。這個力量不是從外在的人間發出來，而是從我們的內在，透過瞬間所爆發出來。願越大，這個翻轉的力量越大，連擋都擋不住。

徐頌齡．台東

1 神聖的朝聖

神聖的生命，就是把每一天當作我們最後的朝聖。

這個主題，是對許多雲游的朋友最高的敬意。

釋迦牟尼佛在世的時候，就已有出家的觀念：一個人完全不將自己投入物質需求，將自己跟物質與形相完全脫離，用出家的形式來體現——人間沒有一項絕對的事，或絕對重要的東西，值得去抓，值得去投入自己。

耶穌在世的時候，也是從一個城市到一個城市，從一個村莊到一個村莊，很年輕就四處雲游，到各個地方講道，也都是透過行腳而完成的。

老子，更不用講了，他根本避開這個人間，對人間沒有任何依戀。

後來的大聖人，也都把人間看得很淡。首先，對物質都有一個解脫的看法。我遇過很多四處雲游的朋友，在找、在尋生命的全部，認為對靈性的追求是他人生最高的目的。透過行腳朝聖，他們對古今的聖人或聖人待過的聖地，表達敬意。這不僅帶來一種平靜，也是很誠懇地希望把自己交託給過去的聖人。

地球上其實有不少聖地。讓我覺得最不可思議、最有趣的是，從能量的角度來看，地球本身有些地點構成了能量網格（grid），由地球靈線或所謂的龍線（ley lines）所組合，離不開地球的地磁場（geomagnetic field）和種種螺旋場。

巧合的是，一般人所稱的「聖地」，有不少也在這些靈線或靈線的交會點上（也有人稱之為力量點，帶有能量的螺旋）。例如埃及的吉薩金字塔群、英格蘭的巨石陣、中國的長城、印度的Arunachala Mountain（成道者拉瑪那·馬哈希的道場）、柬埔寨的吳哥窟、台灣台東的金崙、西藏的拉薩、秘魯的馬丘比丘、秘魯和玻利維亞交界的普瑪彭古、智利的復活節島、巴基斯坦的摩亨─卓達羅、北蘇格蘭的芬德霍恩、百慕達三角洲、亞歷桑納州的神聖螺旋區、秘魯的納斯卡線、沙烏地阿拉伯的麥加，也都離不開這些能量的奇點。許多著名的教堂或寺廟，也都落在這些點上。

古人怎麼可能知道這些地點，這本身就是一個最大的奧妙。也讓我認為，沒有腦的阻隔、沒有念頭的干擾，反而自然讓我們的

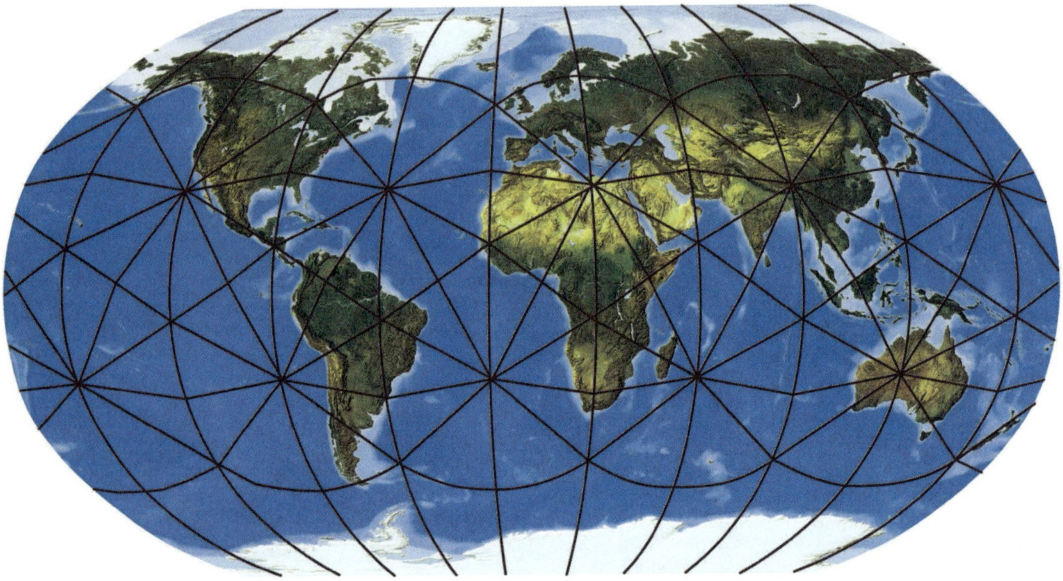

這張示意圖帶出主要的地球靈線，構成了能量網格。（未包含區域性的靈線）

內心，也就是生命的內在可以帶來各式各樣的體會。而且這些體會，遠遠超過人間所帶來的知識。

回到朝聖這個主題。確實，這些神聖的地點帶來大的能量的補充、種種的淨化或能量交換。從能量的角度來談，是不可思議大的提升和轉變。透過朝聖致敬，跟神聖的意識結合，帶來更大的加持力量。對於一個求道的人，會帶出種種身心的體驗。

這裡所談的朝聖，含有很多深層的意義，我們每一個人的靈性旅程都可能接觸過，也都值得肯定。但這些體驗還是離不開物質的層面，離不開「動」、「做」的範圍，含著期待、修行、能量、提升……種種「靈性」的作為。最多也只能當作路標來看，倒不能太認真。

真正的朝聖，是在心中。是活在人間，但不受這個人間的污染。是面對事情，但不讓事情帶走。是進入這個世界，但沒有在世界迷失。

是不透過任何努力，連朝聖都不需要，就可以找到的。任何費力，任何一個「動」，甚至包括找到，都已經是多餘的。

站在這種定義，神聖的朝聖其實是人生的開始，是真實的全部神聖生命的起步。而不是透過神聖的朝聖，以為可以把全部的神聖生命找回來。

神聖的生命不用找。它隨時都在眼前，任何朝聖都找不來。它本身就含在這個瞬間「這裡！現在！」，隨時都可以汲取。

要進入全部神聖的生命，一個人才真正開始活起來。

世界各個聖地，吸引許多有所追求的朋友前來朝聖，希望能體會更深層面的寧靜、永恆與神聖。

埃及吉薩金字塔群

英格蘭巨石陣

中國長城

印度 Arunachala Mountain
（成道者拉瑪那・馬哈希的道場）

柬埔寨吳哥窟

台灣台東金崙

秘魯馬丘比丘

秘魯和玻利維亞交界的普瑪彭古

亞歷桑納州神聖螺旋區

智利復活節島

印度菩提迦耶（佛陀成道處）

沙烏地阿拉伯麥加

神聖的心

神聖的心，也可以稱為耶穌最神聖的心（拉丁文稱*Sacratissimi Cordis Iesu*），是天主教採用的一種修行的練習。透過肉體的心，再加上臣服的交托甚至融合，而找到耶穌神聖的愛。

這種練習，本身也可以當作神聖的朝聖。任何奉愛的練習，也只是把主體和一個神聖的客體結合。透過任何一個物質的神聖形相，抵達無色無形——正是一種神聖的朝聖。

神聖的心和一般的朝聖不同，是往內心走，而不是在外在世界行腳雲游。然而，兩者的效果其實是一樣的。透過神聖的心的練習，幾百年來，也幫助好多人得到平安與內在的平靜。

2 人間的關係，是最好的一堂課

任何關係，都可以變成一個神聖的路標。只有跟生命完全接軌，才是永恆的，才是神聖的關係。

我想，沒有人不期待人間的愛情。一個人不管多孤獨，都抱著一份希望——有一天能找到一個伴侶，並透過這個伴侶來完整自己，同時還期盼這個完整會是永恆的。

然而，沒有任何人間的關係能符合這份期望——既不可能完整，也不可能永恆。

只是，愛情的吸引力還是遠遠大於其他形相所帶來的引力。種種的對立與分別，包括性別、個性和興趣的互補與搭配，都會帶來像磁鐵兩極之間對偶的吸引力。

接下來，有了家庭，這個吸引力只會加大，在腦海中建立一個表面上看來最穩定、最能發揮功能的單位，陪我們一起面對人生，面對社會。

人間的關係——「我」的最後一道防線

人間的愛——愛一個伴侶，愛一個家庭——也就是我們要醒覺、要跳出人間最難過的一關。前面也提過，要解開這個「我」是太不容易了。念相的世界一定會用各式各樣的花招反彈，不讓我們停留在這個瞬間，而是回到一個充滿煩惱、念頭的「我」的世界。

人間所帶來的關係，也可以稱為「我」的最後一道防線，以免我們完全臣服給瞬間，把「我」就這麼消失掉了。而且，這道防線通常都會勝利。它所帶來的滿足感，至少還會略略耽擱我們醒覺的旅程。甚至，就這麼讓人陷進去了，一輩子走不出來。

你聽到這些話，也許會很驚訝。畢竟我們過去所得到的印象是——人生最大的目的，不外乎成家立業，至少要找到一個好的伴侶、建立一個家庭、留下好的後代，延續下去。這就是人間認定的永恆。

然而，只要我們仔細觀察，人間所稱的愛根本離不開「我」的範圍。無論我們再怎麼把它說得像無條件的愛（unconditional love），一落到外在的世界，這句話本身就是矛盾，根本不可能成立。這個外在世界，是種種條件所組合。人間的愛，自然也就落入條件的制約和限制。

比如說，所謂「無條件的愛」，至少也要先符合個人的期待，我們才肯給出。如果不符合期待，也就收回來了。我們仔細觀察，親子之間往往就是如此。

站在父母的角度，自然認為孩子是他帶來人間的，理所當然會當作自己的擁有物，甚至當成自己的一部份。也通常認為「我」比較有人生的經驗，比較有智慧。即使是「你」的人生道路，「我」當然比「你」當孩子的更清楚該怎麼走，於是造出一連串的對立和對抗。孩子也覺得沒有受到尊重，而對人生產生種種的反彈，甚至無力感。

孩子一樣會期待理想的父母，也自然會認為——如果父母沒有造成傷害，我的人生應該會和現在不一樣。於是，親子之間的衝突，會被孩子放大，而成為情緒或性格上的傷疤。然而，這個世界，也不可能找到足以為神聖標竿的父母。父母無論怎麼盡力善待孩子，孩子的萎縮體也早晚一定會建立出來。他來到這個世界，本身就帶來一連串制約和情緒的萎縮。更別說活在這個人間，即使在家庭裡不受創傷，在學校、在工作早晚也要受傷的，這是避不開的。

此外，透過物質或形相所創造、延伸的任何動力，包括人間的愛，都離不開個人的期待、需要和互補，終究要走向失望。而且，物質和形相本身就是無常，隨時都在變化，隨時可能消失。要維持關係，在人間不光需要費力，即使費盡心力也不可能永恆。包括我們認為的天作之合，早晚也會幻滅。

再舉一個例子來說，有些父母（其實是每一個人，包括我）自然會想保護孩子，不希望孩子跌倒受傷。儘管自己的成長也受過挫折，也從受傷得到學習，但絕對不希望身邊的人有類似的經驗。這一來，反而完全忘記了——受傷、受苦其實是生命學習最好的機會。

這種保護心態，本身其實含著一種誤解——沒有看清楚外在世界的無常，還認為外在世界就是永恆。

談到神聖的關係，我也還在學習當中，和每個人都一樣。我只是知道——任何關係都是不能依賴的，都不是永久。從人間的關係要找到幸福、真實、永恆的解答，是不可能的。它本身是由局限的意識所組合而成。雖然如此，人間的關係還是可以讓我們得到學習，可以作為生命最好的一堂課。

3 愛，也只是生命的本質，和生命的內容不相關

透過瞬間，自然活在「在」所帶來的愛。

唯一永久而不受任何制約的關係，也就是我們跟每一個瞬間，跟接下來的瞬間，跟再一個瞬間的關係。

我們投入這個瞬間，輕輕鬆鬆關注它，不再帶來一個念頭，不再造出一個牽絆，也自然達到寧靜，自然活在「在」所帶來的愛。

只有這個愛，才不會受到任何人間因素的制約或限制。人間的任何變化，不可能把它帶走。有趣的是，這個愛是長久的，並不需要任何燃料來維繫。它本身和人生的任何狀況不相關。只有這種愛，才是通往全部生命的門戶。只有這種愛，才是真正神聖的愛。它已經從人間跳出來，和形相無關。

更有趣的是，「在」所帶來的愛，本身就可以帶來一個空檔。透過這個空檔，我們回到人間的關係時，也自然順起來了。不再對別人有什麼期待，樣樣都可以接受，不再分別、不再評判，自然會發現人間的關係也就通暢了。即使不順，我們也知道要怎麼處理。沒辦法處理，我們也懂得接納、包容，不斷地回到「這裡！現在！」。

把任何關係簡化到一個剎那、一個瞬間。透過關注、覺察，把每個瞬間當作最後一個瞬間。在人間相遇的任何關係，也就變得單純。

最有趣的是，這種理解，我們可以帶到人生的每一個角落。不管是親人或陌生的人，我們都可以重新建立一個新的關係。任何關係，都可以用生命的空檔去包容起來，而把自己的看法、期待和反彈降到最低。

這麼一來，不光是關係可以看清，連任何東西、任何客體，我們也一樣可以看清。在形式上，關係是最難看清的。因為有互動，而且通常會勾起很深的感受。一個人，只要能用寧靜、空或空檔包圍人間的關係，不讓自己被它帶走。接下來，也不會讓任何形相帶走。任何形相，包括關係的重要性，也自然消失。

一個人醒過來，他身邊的關係可能更好，可能更親密，也可能更淡。有人會選擇跳出家庭親情的牽絆，也有人選擇不改動，根本不是問題。真正的關鍵是——**我們對每一個瞬間是不是專注**，對每一個瞬間出現的關係和人，是不是把全部的注意力奉獻出來，而同時把內心的「在」或寧靜，帶給周邊的人、周邊的關係。

也只有透過這種和瞬間真實的關係，才可以化解任何反彈和過去不滿的牽絆。用這種態度面對生命，無論發生什麼變化，都可以輕輕鬆鬆地處理，再也不用透過我們的念頭或萎縮，做不必要的擴大。無論如何，人間的關係再也不會像過去那樣，造出一連串的制約，一連串的反彈。

神聖的愛，也就是瞬間所帶來的寧靜。沒有任何要求。它對任何人和事情都自然達到平等心。是溫暖的，倒不是熱烈的。是包容的，倒不是排他的。

神聖的愛，也不需要時間來取得。它是給，而不是索取。

每一個人，都可以立即投入。

神聖的愛

你可能認為，為什麼不把神聖的愛作為獨立的章或卷，畢竟「愛」是人生這麼重要的部份。

原因其實很簡單。

我們人間的愛不可能稱之為神聖，只因它不可能永久。

它是透過客體意識的區隔和分別所組合的架構——有一個人愛人，有一個人被愛，在兩個客體之間，透過一個愛的動力牽繫起來。這樣的架構，每個元素都是由一個念相再加上一個「動」所聯繫，離不開幻相。如果我們真要談愛，反而是——完全失落人間的愛，才可能把真正的愛找回來。

要談神聖的愛，或許更正確的表達是——神聖的失落，甚至是神聖的犧牲（sacred sacrifice）。是透過失落，甚至犧牲人間的吸引，我們才可以看到全部的生命，才可以真正讓愛爆發出來。這個真正的愛，本身是不分別，只是隨時慶祝我們共同的本質。

這種領悟，就好像前面談過的，要讓自己全部迷失在未知、不可知，才可能把真正的生命找回來，是一樣的道理。

在這個失落的過程，「我」絕對不會輕易鬆手，而會用各式各樣的方法，透過種種念頭和情緒的反彈來抵抗、對立，擴大到甚至生死攸關的地步。讓人失落一段親密關係，好像失去生命一樣可怕。

這一關，是所有大聖人都面對過的。穿越它，才可能完全解脫。

因此，神聖的愛，也只是穿透「我」和念頭的幻相，看到每一個人生命的本質，是你跟我，跟任何人、任何東西都有的。神聖的愛，是透過任何周邊的人，體會到這個共同的本質，欣賞這個本質，臣服於這個本質。

這種和生命全面的接軌，才可以稱為神聖的愛。

它才是永恆，從來沒有生過，也沒有死過。

能在對方身上，看到與自己共同的神聖本質，這麼說，神聖的愛，也只是愛自己。但這個自己，完全不同於「我」，而是整體或是一體。

我們倘若在這上面想做任何局限，落到某一個人、某一個東西，加一個「想要」「想得」的念頭，自然變成了人間的愛。

神聖的愛，也只是體會到我們跟任何人、任何形相，都有同一個本質，都離不開一體，也就是生命的整體。這張圖用背景的一點一點代表一體，是每一個人、每一棵樹、每一個生命都有的。我的一體不可能不認得、更不可能不愛一切的一體——自己。

4 感受和感情，作為意識轉變的門戶

感受和感情，還只是形相。最後，還是要清醒地看穿，才可以進入「心」，體會到寧靜的「在」。

我在這裡著墨這麼多，也就是想表達——感受、感情，在意識轉變過程的重要性。

假如可以清楚地看透人間的感受、感情，甚至愛，我們已經走出人間一半了。

透過千萬年的演化，人類知覺的重要性已經在演變。五官的知覺（色聲香味觸）和感受對我們的作用也已經不同了。釋迦牟尼佛還在的時候，他說「聽」是最重要的，而特別肯定一位十地菩薩——觀世音菩薩所帶來的種種聽的法門，並稱之為在人間最利的法門。[37]只要運用到聲音，聽或持咒，都離不開耳根的法門。在佛經中，《心經》可以說是最精華的法（我個人認為，沒有第二部經比它更精煉），集中在觀世音菩薩修行的成就，是當時觀世音菩薩和舍利弗互動所留下來的紀錄。站在能量的角度，聲音的能量跟我們的肉身最接近。正因如此，每一個最古老的文明，都用鼓聲和類似的樂器，讓我們和地球達到共振。

此外，幾百年來，知識的取得變得非常快速，而自然讓我們的眼受到大量的刺激。不管是電視、電腦、手機或任何顯示器，都在要求眼根來接受、體會快速度的轉變。

所以，眼睛的看和耳朵的聽，是我們這個時代接觸世界最重要的窗口。

值得一提的是，觀想（visualization）也離不開眼根，只是把眼根的作用轉向內。我多年來在許多場合以觀想和朗誦作為主要的體驗方法，也在《靜坐》介紹過觀息（觀呼吸），還介紹過白骨觀，

也離不開觀想。

一樣的，感受（feelings）也是愈來愈重要。我們把第六識稱為念頭，嚴格講，感受的重要性不會輸給念頭。感受，是結合神經與細胞的介面。比起念頭，它跟身體的距離更近。感受會凝聚到每一個細胞上。我們不用談到解脫的層次，就連心理創傷的療癒都要從感受下手，這是心理療癒專家都知道的。

感受和感情也可以作為意識轉變最有威力、最直接的一個門戶。清楚地看到感情，而可以放過它，不去跟任何感情做對抗，也就是最好的路徑，讓我們進入「這裡！現在！」。

我這裡談「清楚地看到」，也就是「覺」。指的是——輕輕鬆鬆的知覺。透過每一個瞬間，都可以覺察。「覺」就像一束光照明這個人間，自然燒透人間的感情或無明，而帶來神聖的愛與醒覺。

不這麼做，感情也變成最大的阻礙。

我們沒辦法進入瞬間，正是感情在那裡阻擋，透過反彈和每個細胞內累積的記憶，所產生的力量排山倒海，自然把我們帶走。

[37] 有趣的是，在《楞嚴經》中二十五位菩薩各自對照修行方法，結論是觀世音菩薩的耳根圓通法門對我們是最有效的。有興趣的讀者不妨自行參看佛陀留下來的經典，它本身就是最好的修行手冊，就像《楞嚴經》點點滴滴地標示出修行過程可能的意識轉變經過，是最好的參照。

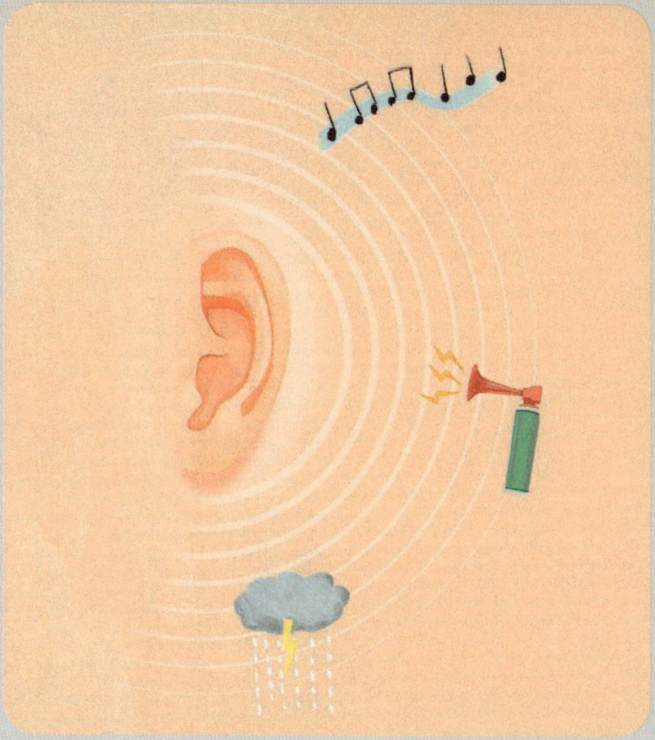

清醒地聽，當作練習

我們可以閉起眼睛，輕鬆地聽周邊的聲音。
聽，不帶出另一個層面的標籤，不帶出一個解釋。
聽，只是聽。
不管聽什麼，只要輕輕鬆鬆地聽。
聽什麼，不重要，只要輕輕鬆鬆地聽。
有些聲音，是人說話、走路的聲音。
有些聲音，是機器運轉的聲音。
有些聲音，是從我身內發出來的。
我們只要聽，放過「聽什麼」，不要去追究。
只要聽，就好了。
睜開眼睛，看還可不可以繼續聽。
聽，只是聽。
不要再帶一個念頭。
一天，不管在做事、吃飯、休息、散步、坐捷運，
都可以隨時——幾分鐘，幾秒鐘，
用這種清醒的聽，來覺察這個世界，接受這個世界。
只要練習，
會發現念頭自然產生一個剎車。
接下來，我們自然有一種休息舒暢的感覺。
這就是當下。

5 面對感情的失落

感情所帶來的失落，是我們「心」轉變最大的機會。

我們這一生，也許和父母、和孩子，和伴侶或是好朋友，在關係中早晚都會經歷嚴重的失落。也通常都會覺得自己受到委屈，是對方的錯，是他莫名其妙，說都說不清，根本不理性。接下來，就造出很多情緒上的結或萎縮，帶來一連串的悲傷。只要一想起，念頭就轉不完。我相信，沒有一個人可以倖免。

我用上圖來補充說明。只要想起過去的失落或是衝突，自然把過去的萎縮態帶回來，甚至會把我們帶回過去，再次經歷同一個失落所帶來的萎縮（如圖左下）。同時，一個人也可能將某一個人或狀況投射到未來，而相對的把萎縮帶回身邊（如圖右上）。

所以，關係可能會帶來一連串的萎縮，甚至包括過去的、或對未來投射的，都讓我們透過萎縮擴大它的負面作用。也正因如此，我們很難度過感情失落的這一關。

然而，這種衝突或決裂，在人生中早晚要發生的。面對這種情況，或許有兩句話可以幫得上忙。首先，That which we don't have in the first place, how can we lose？從來沒有過的，怎麼可能會失去？

任何關係——孩子、夫妻、夥伴、朋友，本來就不是我們的，有什麼捨不得分離的？又可以搞丟什麼？我們會有失落感，還是因為「我」把一部份或全部的自己投入了「他」，把我自己和他混淆了，把「我」和周邊的形相合併而迷失了。這些互動，變成了我們生命的一切。失掉了關係，也就好像失去生命的一切。即使沒有失掉一切，也好像失去了「我」的很大一部份，而只留下傷痛。

請再記得第二句話——That which we are, we cannot lose. 本來就是的，也不可能失去。

我們的生命不是透過人生的內容、眼前的劇情來定義的。生命是整體而永恆的，內容再怎麼變，支撐它的架構從來沒有變過，不可能變，也不可能失去。它本身是永恆的，也是我們每一個人、每一個東西所共享的本質。透過這本質，我們才可以延伸出這場人生的話劇。

人，假如真正體會到這兩句話，也許就可以看開很多過去的傷痛，解開傷痛所帶來的情緒的結。而突然會發現，從每一個失落，都可以找到恩典的新芽。失落越大，它帶來的轉變動能也越大。它本身也就是宇宙所帶來的祝福。

正在經歷關係的決裂時，也許沒辦法理解這些話，甚至對這些話會有很大的反彈。但是，時間一長，或者從一個更高的角度來看，可能會發現——關係的決裂有時候是必需的，而帶給我們人生新的可能性。

6 把感受，當作最好的練習方法

透過感受，可以隨時把注意帶回到身內，我們自然體會到「在」。

接下來這個練習的方法，不光對萎縮所帶來的反彈可以踩一個剎車，也最容易讓我們進入身體意識——我們的身內（inner body）。

身內主要的部份，也只是空。所以，進入身內，也只是進入空。

只有透過空，我們才可以體會到「在」。

不光如此，我們身內並不完全受到神經或腦海的控制。細胞本身就是和一體意識接軌的。把知覺帶回身內種種的覺受，本身是最有效的方法，把一體意識帶到人間。

這裡所要分享的，其實是修行最大的祕密。

練習

輕輕鬆鬆，閉上眼睛。坐著或躺著，都可以。

深呼吸。

觀察這個呼吸，觀察到呼吸所牽動的肌肉、部位。

再一次，深呼吸。

輕輕鬆鬆地觀察到，氣流在每一個部位的流動。

再一次，深呼吸。

進一步，看還可不可以觀察到更微細的牽動。

接下來，把注意力落在身體的內部。

觀察到動。

觀察到覺受。

觀察到熱、涼、動、脹、氣的流動。

觀察到生命所帶來的活力。

注意力輕輕鬆鬆地跟著身體走。
跟著生命的氣走。
觀察身內的每一個感覺。
有時候，透過呼吸，
輕輕鬆鬆地讓注意力，再回到呼吸所牽動的部位。
再重複一次。
不斷地重複。

現在睜開眼睛，看還可不可以感覺到身內的感覺。
面對周邊的人事物，還有一個身內的覺察，好像有，又好像沒有。
好像從這個身內的覺察，在看著世界。
這是最簡單的方法，把注意力落回到生命的空檔。也就是透過身內的空檔，我們隨時活在外在。
利用身體這個最堅實的形相，反而可以隨時找到無色無形，隨時回到「在」。
這就是我說的最大的祕密。

這麼練習下去，你會發現——身心自然會放鬆，而念頭自然會減少，甚至消失。在觀察身內的感受時，其實，不可能同時還有念頭。我們把念頭集中到知覺，在感受。你自然會發現，即使「心」在反彈中，用這種方法，可以讓我們跳出種種自己設定的制約。

7 清醒的受苦，把握「心」

每一個瞬間，都可以把握住「心」，自然就把自己交給神聖的全部生命。

面對任何關係的失落，能清醒的受苦，而把握住心的狀態，把握最高的意識狀態。這相當不容易，是很重要的一門課，也是我們每一個人來到這一生的必修課。

下面這張圖，是我親眼看到的一個經過。

早上，我喜歡在基隆河畔跑步。路上，常常會在Starbucks稍作停留，喝杯水，也略作休息。

有一天，和我一起走進Starbucks的，是一對中年夫婦。走在後面的女士，大約五十歲左右，拉著一張臉，滴滴答答地不斷數落她的伴侶。隔了一陣子，我也不太記得她究竟說什麼，現在回想起來，大概是「我真是受夠你了。你就是沒用，就是不爭氣，什麼都做不好。不要以為孩子會站在你這邊！我們都受夠了。我要跟你離婚！我和孩子都不想再跟你過下去了！最可惡的是，明明是你的錯！可是每個人都說是我有問題！沒有人理解我！」

她的伴侶看著她，說「啊，我很抱歉，讓妳這麼不開心。我只希望妳過得好好的。妳知道，我一直在關心妳，一直很愛妳。」

這位女士越聽越氣，一扭頭，大步就走了。她用力拉開門，每個人都聽到門在後面「匡」的好大一聲。

吸引我注意的，不是這位女士抱怨的內容，而是這位男士寬厚的表現，和他那時候的神情。我在旁邊，看見他眼角有淚，但是整個人並不激動，甚至是很平靜，好像有一股光明從他內心透出來。

他轉過來，看著我，沒有說話。然而，有一種東西在我們之間交流。在那個瞬間，他知道我懂。我離開之前，很自然，用我在外國生活的習慣，抱了他一下，帶給他一點祝福——「我明白。」他，也回抱我。用眼睛，跟我表達感謝。

半年後，我又見到這位男士。這回，他主動走過來和我打招呼，說：「謝謝你，上次給我那麼大的安慰和鼓勵。我現在離婚了，過得很自由，可以想做什麼就做什麼。我前妻家裡的情況其實很不錯。她從小就被照顧得很好，只是面對人生不太適應，心情也容易受影響。我怎麼做都很難讓她開心。如果可以，我很希望能幫助她早日走出來。」

後來，又一個巧合，我又遇見他一次。發現他一樣很實在，也很斯文，可以感覺到內心的寧靜、溫柔和快樂從裡頭透出來。我明白，他已經從人生走出一條路。只是不知道，這位女士什麼時候可以走出不快樂。

會在這裡分享這個小故事，因為我認為，人最多只能對自己每一個瞬間的意識狀態負責——我們最多只能把一切落回「心」，讓身心自然合一。

身心合一，念頭自然消失，我們倒不需要再做什麼。身心合一，一個人自然活在當下，自然把樣樣都單純化，也就自然充滿喜樂，充滿愛，充滿平安。這是最高，也是最簡單的意識狀態。

我們活在這世界，最多也只能把握每一個瞬間，把自己交給這個瞬間，而接受、容納瞬間所帶來的種種變化。這本身，就是「心」的狀態。

不管面對什麼困難、什麼冤枉、什麼委屈，最多也是一個瞬間，把一切承受，也就活過去了。好像神聖的生命有它一個整體的安排，隨時會帶給我們加持的力量。表面上看來很多不順利的事，其實，站在整體的角度，這些不順對我們的生命也可能是一件好事。

不要去抵抗，一切就平靜了。

在每一個瞬間，把握住「心」，我們也就勇敢地面對生命的每一個危機。

前一章提到感情的失落，也可以延伸到關係的失落、生命的失落。同樣是我們每一個人早晚都要面對的。

接下來，我想再分享一個二十多年前的小故事。

星期天的一大早，我從亞歷桑納州的一個機場，要趕回紐澤西。那是我事業最忙碌、最分身乏術的時候。我急著回去，準備週一主持一個重要的大型會議。

到了機場，發現等候的隊伍很長，而櫃檯的服務速度很慢，前前後後到處都是抱怨的聲音。就連我，也在嘆氣。

這時，後面傳來一個宏亮的女聲說：「It's just a line. It is OK.（只是排隊，沒事。我們都可以搭上這班飛機的，不用擔心。）It's all good.（一切都好。）」

好像受到她聲音的感染，前後的抱怨聲馬上安靜了下來。

對我而言，最特別的——是她的聲音和步調。

她的話充滿了動力，卻又同時帶來很深沉的寧靜。

就幾句話，卻有相當大的空靈的作用。

來了。走了。不留一點影子。俐落地結束。

我轉過身來，第一個反應就是——抱了她一下。抱她的時候，我注意到她大約四十幾歲，身形相當寬厚。

進了機艙，我在窗邊的位子坐下，發現位子都滿了，整架飛機最少有兩百多人。沒想到，接下來坐到我旁邊的，剛好就是這位女士。

她看著我大笑，我也只好對她微笑。

有趣的是，這種巧合，對我們兩個人似乎一點都不希奇。

"Gayle P."

"John."

自我介紹完畢，我跟她說：「從妳的聲音和寧靜，我可以感覺到妳這一生經歷了很多。」聽了我這麼說，她也跟我分享她的人生故事。

她說自己離婚了，因為第三者介入，和前夫已經分手十年，女兒跟她住在賓州。五年前，遷居佛羅里達的前夫，在高爾夫球場工作，邀請女兒去球場渡假一星期，作為十五歲的生日禮物。

女兒很高興，她也特別為女兒買了球具。

沒想到，前夫接到女兒，才到高爾夫球場，就在停車場遇上一輛小貨車。司機喝醉了酒，撞上她女兒。貨車上鋒利的工具落到女兒身上，孩子當場死亡，幾乎身首異處。

前一天，她還興高彩烈充滿祝福地送女兒到機場。接下來，她在機場接到的卻是棺木。那種傷心和痛苦，很難描述。

在這種無法忍受的巨大痛苦中，她突然體會到無常，從內心最深的層面流出寧靜和平安。呼吸變得深長，甚至，突然停下來了。

接下來，她的生命完全轉變。一切都安靜下來，一切都平安了。

她還是回去當老師，卻發現自己一切的煩惱都消失了。

我坐在她旁邊，就彷彿聽見一位聖人在我眼前講話。在機場時，就覺得她的聲音帶著很深的止息的力量。現在，這個印象更強烈了。

她在談話中，時時流露一種寂滅的味道。我在機場已經抱過她，這時，我又給了她一個很大的擁抱。

一路上，她沒再說話，我也沒再說話。

下飛機前，我留了她的地址和電話。此後，每年感恩節或聖誕節，我都會寄給她一封信或小卡片，簡單問候。

只要想起她，除了她的人生經歷，最讓我印象深刻的，就是她平靜的狀態。

她每年也都回信，簡單和我分享她的近況。到了第八還是第九年，她突然寫信：「John，我知道

Andrew King, *The Lamb*

耶穌被釘在十字架上，承擔了全人類的痛苦，還可以從種種的限制跳出來。這就是他為我們所示範的——最寶貴的一堂課。

你為我擔心。不用擔心了，我現在找到伴侶，過得很好。」

我後來就沒有再跟她聯繫了。儘管過了那麼多年，只要想起她，還是可以回想起當年交流的每一句話。還記得她深長的呼吸，以及寧靜。

我們從人生的每一個角落，都可以找到生命的出口。接受痛苦，清醒地接受，是我們這一生來，最要珍惜的一堂課。失落越大，相對地，機會也是越大。從每一個失落，無論是感情或生命，都可以找到最高的恩典。換句話說，失落本身就是最大的恩典。

透過形相的失落，我們才可以把真正的我找回來，而真正的我跟全部的生命從來沒有分手過。

我們每一個人都是神聖的。

8 神聖的快樂

快樂，是我們的本性，跟人間的好壞無關。最多，我們只能記得快樂。

快樂和愛，我指的是神聖的快樂、神聖的愛，真正而永恆的快樂和愛——是我們每一個人本來就有的。

內心的「在」，自然反映到外在的快樂以及平安。

「在」的狀態，本身就是沒有阻力，沒有對抗，沒有沾黏，沒有評判，沒有問題。是生命整體，透過這個瞬間「這裡！現在！」最從容而輕鬆地展開。

沒有阻力，沒有對抗，我們也不可能再把生命限制到哪一個角落，或又造出一些結。瞬間，只是變成一個通道，透過「在」，把外在和內在結合起來。

這種全部的意識狀態——有絕對，也有相對。有無條件，再加上有條件。無限，加上局限——本身透過我們的神經結構，就成為快樂的感受。是全面的放鬆、全面的共振。每一個細胞、每一條神經、身體每一個部位、每一個系統，都沒有阻礙，都在和內在結合。就像雷射帶來的大波浪，讓我們把身心投入內在所帶來的生命波動，跟著這個波一起振動。

我們也可以稱這種狀態「天人合一」，不光是帶來生命的舒暢和解脫，也同時帶來生命最大的力量。

我想用另外一個比喻來說明：我們把毛巾捲成長條，接下來，我們從邊上開始扭轉，就像下面的圖案一樣。毛巾的短邊，是外在的生命，也就是我們所看到的世界。而比較長、比較大的另一邊，也就是內在的生命。短長兩端之間，是外在生命與內在生命的連結——就是「這裡！現在！」、當下、這個瞬間。

用這個比喻，我們可以明白「這裡！現在！」自然成為一個通道，連結兩個世界。接下來，我們再慢慢把毛巾鬆開來，也自然會發現，瞬間愈來愈大，愈來愈輕鬆，愈來愈沒有阻礙，而這個通道愈來愈擴大。

等到完全鬆開來的時候，它自然回到原點。原點就是整條毛巾，也就是全部的生命。「這裡！現在！」這個瞬間，自然和全部分不開，也自然落入整體，化為永恆。

全部的生命全部打開了，也就沒有什麼解脫好談的。這，就是我們最根本的意識狀態。

這個狀態，在外在的世界本身，是透過快樂而可以感受到的。這麼說，神聖的快樂就是最根本的狀態，最不費力，沒有任何張力，沒有任何限制，沒有任何對抗。

一個人完全快樂，連一個念頭也起不來。

一個人完全快樂，每一個細胞跟著共振，每一個細胞都在喜樂的小潮和大潮中激盪。

這本身就是生命，就是清醒而輕鬆的專注。

每一個細胞都活起來，好像在體內有一個生命，帶動出其內的小生命，再帶出更內層的生命，全部都是活的。我們一覺察，全部的部位、身體的每一個角落，都活在瞬間。就好像身體每一個部位都有它自己的聰明、它自己的智慧，而想透過喜樂去表達出來。全部的身體、每一個角落都達到一種大喜樂（ecstasy），甚至來不及去描述「快樂」這兩個字。

嚴格講，這個比喻還不那麼正確。首先，毛巾的長邊是表達內在的生命，是無色無形，是空、空檔、寧靜、心。然而，這其實不能用任何具象的客體，包括毛巾來代表。無色無形是不能用時空來描述的。

我過去用奇點來表達「這裡！現在！」這個瞬間。透過它，我們才能跳出時間，跳出宇宙的限制。

神聖的快樂，也只是內在和外在的接軌。神聖的快樂，本身就是醒覺，就是自由。而自由，就是內外全面的通透。然而，這種全面的通透、全面的臣服、全面放下一切束縛，甚至名利，在人間看來卻是剛剛好相反，可能把它當作重大的失落，甚至是比死亡更大的損失。

內在的接軌，也就是醒覺，就好像接下來這張圖，一個人從泥巴掙脫出來，全部制約所帶來的念頭都消失掉了，全身的重擔都脫落了，也就好像第一次重新看到這個世界。

經過了徹底的重生，所有知識、規律、規矩所帶來的人間的安全感，也跟著一起失落。

「在」所帶來的未知，甚至不可知，自然會讓我們進入不確定的狀態。站到「在」，我們自然進入生命的奧妙，也充分知道這個奧妙是不可能用局限的腦可以理解的。在人間所看到的，樣樣都突然不確定起來。

然而，完全跟著生命走，其實不是不確定，只是跟著生命更大的流動所帶來的規律在走。它本身的祝福和加持，遠遠超過人間所能想像。

從醒覺的人的角度來看，我們活在這個人間，不斷對瞬間帶來對抗、反彈、抱怨、不快樂、摩擦，這才是「不確定」——忽略了更大的安排，而任由腦扭曲到一個有局限制約的角落，帶給自己和身邊的人數不清的煩惱和痛苦。

一個人，全部快樂，全部自由，全部醒覺，不受這個人間的制約。隨時活在這個人間，也隨時站在另外一個層面。兩邊都能欣賞，兩邊都能享受。從兩邊，都可以得到快樂。

外在的人間，跟全部的生命一點都不成比例。一個人，進入神聖的快樂，就不需要人間所帶來的刺激和快感來達到滿足，無論是男女、關係、飲食、酒、熱鬧、音樂、物質，甚至任何互動。

有趣的是，我們每一個人其實都接觸過神聖的快樂，不可能沒有，其實也就是寧靜所帶來的溫暖的快樂。它跟我們生活的狀況，其實沒有關係。沒有它，沒有寧靜，也就沒有生命。只是我們透過念頭的污染，像雲一樣，把它蓋住了。

這種寧靜所帶來的溫暖的快樂，只要有過經驗，就很難忘記，會想要一再地把它找回來。可惜的是，我們混淆了寧靜的快樂和人間的快樂，自然會在人間去找很多刺激的經驗來替代，尤其是透過「動」，想回到最高、最完整的狀態，想要去接近神聖的快樂。

有些人，會特別迷某種嗜好（飲食、男女、音樂），也是想透過它達到一個暫時性的無思無想境界。這些經驗，其實還是靠不住的。

內在流出來的快樂，不是極端而激烈的，不是透過任何物質、任何關係、任何互動所能帶來的。雖然透過肉體，我們在人間可以體驗到這個快樂，但它其實不屬於這個世界。

活在神聖的快樂，生命再也不可能變成一個需要解決的問題。任何兩難，也自然消失。

神聖的快樂，是我們天生的權利

神聖的快樂，是「在」的成就，跟任何「動」不相關。任何「動」，不可能帶來神聖的快樂——它早已是我們生命的主要部份。我們透過「我」不斷地想取得、想體驗到更多。無形當中，不斷地想要更完整自己，希望生命更圓滿。「我」想不到的是，我們老早都有一切。就連最高的喜樂，神聖的快樂，也是我們的生命架構本來就有的。

透過關係、物質、知識、互動，我們再怎麼取得，永遠不可能滿足，反而帶來更多阻礙。「我」根本想不到，神聖的快樂沒辦法用語言去推敲，也沒辦法用任何對立的邏輯來描述。假如有的話，最多只能用「不做」或「最少的做」、「最少的動」、「不動」來描述。或是「在」，也就是最輕鬆、最簡單、最根本的生命狀態。

正因它太簡單，也就如前面提到巴巴大師前頭所說的「它簡單到我們會認為是難。」神聖的快樂，不需要時間就能完成，也從來沒有離開過我們。

正因是人間最簡單的一件事，我才會說是每一個人天生的權利，是每個人的天賦人權，希望你我都可以把握。

有條件的快樂，也就是人間所帶來的快樂，離不開「動」或是「做」。它本身是無常的。圖中的水滴，代表你我人生的內容或經驗，都只是短暫而無法依賴的，不可能永恆。它會生，也會死，早晚都要回到無色無形的海，也就是我們不生不死的「心」或一體意識。然而，我們每一個人還是捨不得不透過種種的經驗、透過生命的變動來追求幸福，反而忽略了「心」所帶來的快樂本來就存在。只要我們隨時回到「這裡！現在！」，它就在眼前。

9 快樂，是一種選擇

你要快樂，現在就可以快樂。
不管生活帶來任何危機，任何狀況，你還是可以快樂。

快樂是我們一生最關鍵的，每個人也都想要快樂。我想用不同的角度來補充，也讓你換個方式，對照自己的理解。

無條件的快樂

你讀到這一章開頭的幾句話，也許會認為它不理性。一個人怎麼可能隨時快樂，而和他生活的狀況不相關、和時間不相關？

我們一般都認為，快樂離不開喜事，或者以為——只有生活狀況順了，或是遇上了好事，才可以快樂。這是每一個人都懂的快樂。我們一生，早晚都有一些喜事，也許是達成某個成就或目標。不光是自己有喜事會快樂，身邊的人有了喜事，我們也會為他們高興。

然而，這些快樂都還是一個制約的快樂，是有條件的。要符合一些條件，才可以得到。這種快樂，首先離不開生命的狀況，也離不開「我」的範圍。一般所談的快樂是站在「我」的角度來談的，談的都是怎麼滿足「我」、怎麼成就「我」。或是透過別人的快樂，讓「我」有什麼感觸。

這種快樂，離不開形相。也跟任何形相一樣無常，來得快，走得也快，離不開生－死。

全部或神聖的生命所帶來的快樂，不是這種快樂。它跟任何生活的內容不相關。是從內心或內在的世界所發出來的，是存在的喜悅。

一個人只要完全「在」，完全投入每一個瞬間，這種歡喜、快樂、喜樂，自然變成這個外在世界所可以體驗的覺受。這種快樂，是無條件、不合理的快樂。跟任何生活的狀況不相關，也沒辦法用任何語言來制約它。

它並不需要透過時間，不需要透過任何「做」，才可以得到。

前面強調——真正的快樂是無條件的，跟人間的狀態不相關，是我們每個人都有的，不需要做什麼來得到，我們最多也只能選擇它。只要我們選擇快樂，快樂隨時在眼前。

人間帶來的任何經驗或變化，不可能取得真正的快樂。我們最多也只能選擇把快樂帶到這個世界。

我接下來用這幾句話，來表達這個觀念。

Happiness is a choice, not a result. Nothing will make you happy until you choose to be happy. No person will make you happy unless you decide to be happy. Your happiness will not come to you. It can only come from you.

快樂是一種選擇，不是做了什麼才有的果。
除非你自己選擇快樂，沒有什麼能讓你快樂。
只有你自己能決定快樂，沒有誰能讓你開心。
快樂，到不了你身邊。
只能從你心裡流出來。[38]

選擇快樂，隨時快樂，是我們這一生最大的決定。而這個決定，要在每個瞬間——重複再重複。

一般的看法是，快樂是完全靠「做」而來——種種的發生、種種的事件、事情的結果順不順、人和人之間的互動、物質的追求和得到、成就、人生的內容、人生的故事。

這種快樂，我們可以稱為人間的快樂，本身是透過條件或因果所帶來的。這種快樂，不是我在這兩本書所要談的。

反過來，生命隨時帶來更深層面的快樂。這個快樂，是從我們的「心」、「在」、「定」、「靜」自然湧現，跟我們生命的本質是一體而不分的，也就是佛陀說過的「是性安樂」，[39] 是我們全部生命的要素。

最多最多，記得快樂，快樂就回來了，因為快樂是我們本性的特質。

---

38 這段話，是朋友寄給我的，和這一章正好相互呼應。我原本以為是古人的智慧，後來才發現是一位住在美國德州的現代人 Ralph Marston 寫的。正如我所觀察到的，在這個時代，世界各個角落都有人醒覺過來，或正在醒覺中。只要誠懇發願，希望打住人間制約的循環，把人生告一個段落，其實我們每個人都做得到。

39 《大寶積經》卷一百一十二〈普明菩薩會〉第四十三。

其實，還有一個更簡單的方法，讓我們找回快樂。一個人輕輕鬆鬆活「在」，不可能不快樂。只要選擇活「在」，一個人也自然選擇了快樂。

快樂，就是這樣，不需要特別去追求。我才會不斷地談「這裡！現在！」，這個瞬間活出的「在」，是生命內在和外在的交會點。它每一個角落都「在」，本身就帶來全面而脫胎換骨的效果。

這種快樂，是一種平靜的快樂，不分別的快樂，不激動的快樂，平等的快樂。我們每一個人本來都有，不可能失去，跟人生任何的內容——人事物都不相關。

這種快樂，是任何生命都有的。它本身是神聖的。

10 神聖的「做」

神聖的「做」，也只是從每一個行動，活出「在」。

「做」、任何「動」，離不開這個外在世界，是外在世界很重要的一部份。同時，透過規劃（動）再加上努力（動），再加上行動（還是動），希望達到外在世界的目標，而由種種外在的目標組成人生的目的。

我們一般談到人生的目的，也就是一般人所謂的生命的價值觀，或一生最高的追求，都離不開外在世界「做」或「動」的範圍，也離不開無常、變化、局限。

所有可以想像得到、可以表達的目標，其實都還在外在世界的範圍。外在世界所帶來的任何目標，一般都是透過時間，再加上努力可以達到的。沒有一個目標是永恆的，因為離不開這個形相的世界。它本身就有生有死，有變化。從這個角度來看，也不可能帶來永久的快樂或滿足。

我們仔細觀察，一個人通常會被種種目標綁住，為了達成目標，而帶給自己相當多的壓力和煩惱。達到目標後，所得到的滿足感也相當短暫。很快的，又要去找下一個目標來投入。

目標和目的，脫離不了我們生活的階段，本來就是變動的，所帶來的結果也只是短期的。我們透過瞬間，想扭轉乾坤，想把一切變得更順。任何努力，本身就是對瞬間的對抗。希望把瞬間當作一個工具，扭轉它，以達成未來的目標。

相對來說，「在」屬於內心的層面。只有「在」，是所有生命，包括人類、動物、植物、乃至於任何東西、整個宇宙的共同點。只有透過「在」，我們才可以融入全部的生命。也只有透過「在」，我們才可以把生命內在的目的找回來。

而生命內在的目的，也只是醒覺。

嚴格講，從內在的生命來看，連醒覺或任何目的都不需要談。它本身只是融入生命自然的結果。我在這本書和前一本書多次提到的醒覺，也只是表達把外在和內在的生命完全的接軌。

完全接軌了，每一個形相、每一個物質的重要性自然降低，甚至消失。我們才把真正的我找回來。也就沒有期待要去活什麼生命，反而是生命來活我們。因為生命的內在或整體，是遠遠超過外在的小小部份。

也只是——我們全部的意識，想觀察到自己，想照明一切，想合一，想回到對稱。

我會講這麼多，是希望我們也可以把握每一個瞬間，在每一個「動」找到「在」，找到生命的空檔，生命的寧靜。**讓每一個「動」，都成為生命轉化的一個門戶。**

首先，不再只重視結果或目標，而是重視「做」或「動」的過程。透過每一個行動，讓它成為瞬間唯一的任務，將我們全部的注意力集中在它之上。

這就是醒覺的「做」，神聖的「做」。「做」，自然比結果更重要。結果，是每一個醒覺的行動、神聖的行動自然帶來的後果。而這個後果如何，也不需要再計較。

透過每個行動，把自己交出來，交給全部的生命，讓全部的生命帶著我們去「做」。

從「心」出發，清醒地「做」，清醒地「動」

每一個瞬間帶來的「動」，自然會決定未來。我們不要帶來任何質疑，每一個瞬間帶來的「動」，自然變成最高的目的。不懷疑，不質疑，我們自然隨時都可以自在，可以輕鬆。

每一個瞬間活「在」，最多也是從「心」出發。每一個動作，每一個出發點，樣樣都是從「心」出發，也自然一切都回到心。身心也自然合一。這就是最高的意識狀態。

可以每一個瞬間活「在」，隨時落在「心」，最後的結果，自然也是最完美的。

這一來，人生的最後一步，已經老早被第一步決定了。

用這種方法簡化生命，會發現連外在所帶來的生命目的也自然簡化。我們不用再去追求人間的變化。最多，只是重視每一個瞬間的意識狀態。而任何外在的目的，都失去了它絕對的重要性。

這種「做」，是很享受的「做」，是快樂的「做」，是一點都不費力的「做」，是不受制約的「做」。

不只人間的突破和革新，都是透過這種不費力的「做」所完成的，包括音樂、繪畫、觀念的突破。連尋常的生活和工作，比如主廚做菜、理髮師為客人打理髮型、醫師在開刀、護理師照顧病人、空服員在值勤、老師在上課、學生在學習、工程師執行專案，只要他點點滴滴用心，完全投入過程中的每一個「動」，不再注意結果，反而帶來最好的結果。透過這種神聖的「做」，不光是不費力，而能達到最高的表現，甚至還為周遭帶來生命的能量。我相信，這種「做」，我們每個人都體驗過，也在身邊看過這樣的人。

這種「做」，本身也自然是包容的「做」，和自己、和身邊不再有任何磨擦、任何煩惱、任何矛盾，也符合全部生命的流動。

它成為自由的「做」。假如可以選擇，我們也只會選擇正在進行的每一個行動，也不可能不選擇它。

隨時活在「心」——守住意識的狀態，把每一個瞬間單純化，本身就隨時消除時空的作用。這就是從人間解脫最大的祕訣。

也只有這樣子，一個人才能不費力完成大大小小的任務，因為他隨時都和生命的整體接軌。不是這麼「做」的話，一個人或許還是可以透過努力和規劃，多多少少完成一些任務。但過程會帶給自己和身邊的人很多煩惱，而使得結果不那麼圓滿。即使想為整體做點善事，最後的結果還是落入了「我」局限的境界，而得不到周邊的人支持與認同。

這些話，其實每一個人都懂，也都體驗過。我在本書稍早也提過「心流」的觀念——我們每一個人投入「心」，自然發現可以完成不可思議大的任務。而且，是透過無思無想，最不費力、最輕鬆、最自在的「做」。

無論各行各業——工程師、設計師、學生、行銷人員、服務生、科學家、企業家、畫家……都可以透過不費力的「做」，而發揮最高的潛能。

在「動」中與生命全面接軌，自然讓我們不那麼嚴肅，也不那麼在意別人所評價的成敗，不會總把任何事、任何話當作衝著我來的，更不會時時處在生氣、緊張、慌亂之中，也不可能堅持非如何不可。

我們知道生命本身就是整體，而透過有限的感官知覺看不到整體。於是，我們只能相信它，把自己交給它。

讓生命，透過每一個「動」繼續這個旅程。跟著它，一起翻轉。

這些話，表面上不太理性，其實也只是反映——生命遠遠更大的層面，不可能透過我們局限的腦完全掌控。

想不到的是，透過「動」，可以找到生命的聰明，或稱智慧。透過「動」，我們可以讓生命的聰明體會到自己，而把生命的醒覺、生命的喜樂、生命的平安帶入每一個行動。

我們也可以同時從每一個行動，覺察到自己好像被過去的制約「附身」。然而，在寧靜中覺察到這些，它們也自然就化解或消失了。

醒覺的「做」，是投入、關注每一個行動所帶來的瞬間。它是燃燒過去種種習氣、種種業障，最不費力也最有效的辦法。這麼「做」，我們已經讓全部的意識透過每一個行動，流到這個人間。而任何「動」，再也不帶來任何對抗。

我們一般想不到，就連經驗或體驗，還是離不開「做」或「動」——念頭和情緒的「動」。更別說人類所有的努力、追求、探討、嘗試甚至思考，都離不開「做」，也離不開「功」的觀念。功，本身就是時間或空間的移動。「成為」（偉人或聖人）一樣離不開時空——是透過未來或別的哪裡，才可以成為。

「在」強調的則是絕對與永恆，不受時—空的影響，跟「做」也沒有對立。完全契入「在」，沒有經驗好描述的，也沒有體驗的人好談。「在」，無法用語言表達，最多只能點到。

下圖列出一些實例，供你對照「做」與「在」的觀念。

只要仔細覺察，人間所有的經過，任何經驗、看法，只要可以描述出來，還是落在「做」或「動」的範圍內，本身都是無常。而神聖的「做」，也只是隨時把「在」帶回到「做」，透過「動」把「在」帶到人間。

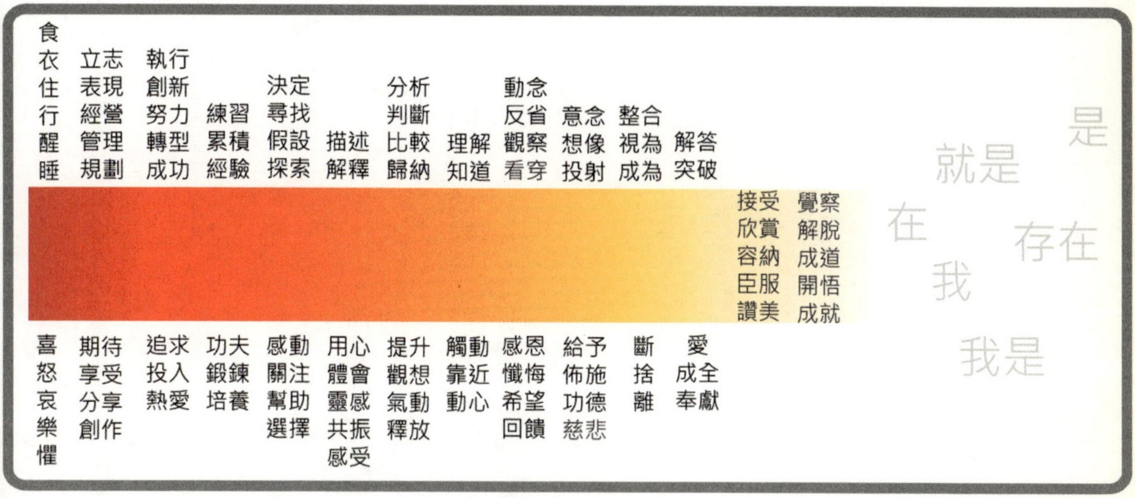

食衣住行醒睡　立志 表現 經營 管理 規劃　執行 創新 努力 轉型 成功　練習 累積 經驗　決定 尋找 假設 探索　描述 解釋　分析 判斷 比較 歸納　理解 知道　動念 反省 觀察 看穿　意念 想像 投射　整合 視為 成為　解答 突破

接受 欣賞 容納 臣服 讚美　覺察 解脫 成道 開悟 成就

是　就是　在　存在　我　我是

喜怒哀樂懼　期待 享受 分享 創作　追求 投入 熱愛　功夫 鍛鍊 培養　感動 關注 幫助 選擇　用心 體會 靈感 共振 感受　提升 觀想 氣動 釋放　觸動 靠近 動心　感恩 懺悔 希望 回饋　給予 佈施 功德 慈悲　斷 捨 離　愛 成全 奉獻

在這裡，再次用「譜」的觀念，來表達「做」與「在」，和第二卷第六章〈醒覺，還可能再退轉嗎？〉「存在－作為」的譜是相通的。圖左最深的紅色，表示最具體的「做」或「動」。色譜上方的字眼，比較偏重左腦的「動」或「做」。下方的用字，則偏重於右腦。由左至右，逐漸微細、抽象，直至無色無形的「在」。

無論左腦還是右腦，只要一動念、一感受，只要可以描述出來，都離不開「動」或「做」。所謂的開悟、解脫、臣服，最多是整合了左右腦的理性與感性，再超越左右腦的局限，試著去貼近我們身為人最根本的存在。

然而，「在」既不是左腦，也不是右腦，甚至不是用具體或微細可以描述的。它什麼都不是，只是「在」，就是單純的「在」、「在」、「在」。也就是《全部的你》提到的「是」、「就是」、「我就是」或「我是」。

我是，不需要是什麼，我就是。

食衣住行喜怒哀樂、追求、體會、努力、感受……無法定義「在」，同樣地，就連覺察、解脫、開悟、臣服……也無法定義「在」。我們最多只是——在每一個行動，活出「在」。

透過神聖或醒覺的「做」，內心所發出來的一體意識，在每一個瞬間點點滴滴照明這個世界。這張圖，右邊的男士還沒有和生命的內在接軌，完全迷失在人間。最左邊的小孩子體會到內在的光，但還沒有整合。左右的植物和狗，和一體意識沒有分開，但也沒有覺察到自己。中間這個醒覺的人已經完全貫通生命的內在和外在，全面整合生命。對他而言，已經沒有內在和外在的分別，不再有任何隔離，不再有疑惑。生命的光從內在（圖下）透過他照出來，把醒覺，帶到人間的每一個角落。

11 怎麼做，比做什麼，更重要

在人生的每一步，可以掌握「心」，活「在」。這一步，就決定了人生的結果，也離不開「心」。

我相信，你我過去被灌輸的，與這一章的標題恰恰反其道而行。也就是認為結果才最重要，而一切其他的細節，都只是達到目的的方法或過程。旅程的終點，比旅程本身更重要。人想達成的目的和種種目標，通常要透過未來才會得到。這麼一來，自然只把每一個瞬間當作棋子，是為了達成目標而不得不經過的一步。

我在這裡想強調的，剛好相反。

最後的結果，不是最重要。比較重要的是——你怎麼點點滴滴地活在每一個瞬間。對每一個瞬間所抱持的態度——是抵抗它、虐待它、逃避它；把它當成一個墊腳石，踏到下一個瞬間；還是接受它、歡迎它、完全容納，甚至把這個瞬間當作最好的朋友。

從另外一個角度來談，其實是過程比結果更重要。

只要投入每一個瞬間，透過每一個瞬間找到空檔，自然已經把全部的生命、最完美的意識帶給這個瞬間。甚至，透過這個瞬間，這個一體意識會流入人間。活在每一個瞬間，那個瞬間就是我們的目的。它本身就在活出它自己最高的目的。

是的，也許人間還有另外一個目的要達到的，也許還有種種的目標要完成，但這些目的和目標自

然退居次要。在每一個瞬間，我們都可以享受、不費力，讓瞬間來活著我們。

這就是我們人生最豐碩的成就。

每一個瞬間，一個瞬間，再一個瞬間，我們不斷地活在這種成就。到最後，每一個目標或目的，也自然完成，也自然神聖。

這種觀念，很可能和一般人談的不同。

不同的地方還有一點。我們活著，一直在等別人給一個判定——我們成功與否。甚至，在「我」自己心裡，還有一個更苛刻的判定標準。

這些眼光，無論別人或自己的，還是在一個很局限的意識，是客體意識的分別和比較所制約出來的。在全部的生命，根本沒有一點代表性。

自由活在這個瞬間，隨時跟全部神聖的生命接軌，是外在世界完全不可能理解的。世間的理解本身在一個制約而有限的狀態裡打轉，透過它，絕對跳不出來，看不到更廣的層面。

人間所談的成功或成就，假如不是透過每一個瞬間和全部的生命同步接軌，走到最後，這些成就還是表面而無常的，只是在過程中，為別人和自己帶來數不完的煩惱。這種成功，雖然可以透過努力、用功、種種的「動」而得到，但是站在全部生命的角度，它本身已經失衡，不可能帶給我們永久的快樂。

我希望，透過這幾句話，帶來價值觀念的轉變。也許，我們可以重新反思——什麼是成功、什麼是成就、什麼是目標、什麼是目的。

讓我再說明白一點，也讓我們一起試試看：把生命踏出的每一步，都當作人生的最後一步。那麼，現在所踏的這一步，就成了生命最大的目的，也就是人生最大的目標。也就讓這一步，決定一切，決定最後的結果。

每一步，我們都可以找到快樂，找到寧靜，找到神聖。同時，透過人生的最後這一步，也可以找到自由。

自由，是我清醒的選擇投入這個瞬間。這其實是唯一真正可做的「動」。

在每一個瞬間，我都要重複這個自由的選擇。

接下來，面對每一個瞬間，我也只能情不自禁地重複這個自由的選擇。

這一步，也就是瞬間所帶來的喜樂，跟瞬間的內容其實一點都不相關。

你隨時可以快樂。

一個人就是醒覺過來，還是要隨時把握「心」，不斷地活出「這裡！現在！」讓生命單純化，活出它自己。就像這個帶著利劍的日本武士，他隨時在觀察、在儆醒，也就是表達——一個人醒覺過來，仍然時時刻刻透過「覺」觀察到自己跟每一個瞬間，隨時反省，隨時活出寧靜。只有這樣子，才可以活出神聖的生命。這一張照片，是我在台北一家餐廳見到，印象特別深刻而拍下來的。

12 享受生命——現在！

只有享受的「做」，不費力的「做」，才可以把生命的外和內全面接軌。
也只有透過享受的「做」，才可以把生命的「在」帶到人間。

我們一般都認為，生命的快樂，是由生活的內容決定的。我們自然把生活區分成好消息和壞消息，也會認為，透過好消息，才會快樂。好消息，又跟人生建立的目標相關。好像達到目標，或接近了目標，我們才有資格快樂。

快樂，透過人生種種的目標，變成了一個可以追求到的特質。因為難得，所以更要珍惜。於是，我們也就這麼把享受生命，當成了未來的成就，要透過每個瞬間去努力取得。——這種想法，本身就是我們人生痛苦的根源之一。

然而，神聖的快樂，是生命更深層面所流露出來的，只是反映「在」的狀態。這是我們每一個人都有，而且隨時都可以活出來的。

生命，現在就可以享受。這個享受，跟物質、生命的變化不相關。在任何瞬間，它本身就存在。只要投入任何瞬間，那一個瞬間就是享受。透過任何「動」，也自然變成如此。

只要透過每一個「動」找到「在」，或是更精確地表達——讓「在」浮出來，我們也自然把任何「動」的瞬間變成享受。不需要時間，也不需要費力。

神聖，不是我們可以找到的。它本來就是全部的生命，本身就是「在」所帶來的狀態。是透過我們，透過每一個「動」，將神聖帶到這個人間。

最不可思議的是，這些話，是我們從小到大，從懂事到人生最後一口氣，從來不會聽到，也不可能想到的。甚至跟我們一生所聽到、學來的，完全相反。很多人連試都不會想去試，不會想去驗證。最可惜的是，每位大聖人都留下這一訊息，跟我們的生命也最直接、最緊密相關，卻被我們只當作一種比喻。

醒覺的「做」，神聖的「做」，也只是透過每一個「動」來享受生命——「這裡！現在！」。

享受，當作一種練習

前面提過，快樂或享受，跟生命的內容可以不相關。我也再三強調，「在」的特質就是快樂，就是享受，跟任何「做」沒有關係。而「做」所帶來的快樂，是人間的快樂，會生起，也會消失。

然而，我們總是要有個切入點，可以從「做」所帶來的快樂著手，透過快樂的「做」、享受的「做」，把它輕輕地轉成「在」的快樂，而這個切入點也只是透過記憶，讓我們記得快樂，回到快樂。快樂，也只是我們的天性。

透過以下的方法，我們可以試著來練習——

練習

遇到每一個狀況、眼前的每一件事、每一個人，內心首先做一個感恩——「謝謝！」

再進一步，用「我喜歡」，帶著欣賞的念頭，肯定這個瞬間的圓滿。

假如說不出口，

再重複一次「謝謝！」，只是在心裡快樂地帶出感恩或欣賞的念頭。

碰到樣樣狀況，甚至不好的事，

繼續肯定，繼續接受，繼續感謝。

不斷在內心湧現——

「謝謝！」

「我願意接受！」

甚至「我可以享受！」

「我可以享受地接受。」

「再讓我選擇一次，我也自然會選擇這件事。」

接受，再接受。

甚至，享受地接受。

臣服地接受。

繼續用這種方法練習，可以選擇讓你有感覺的字眼（接受，容納，享受，包容，臣服，快樂，讓我選，我也只會這麼選，感謝宇宙的安排……）。

自然會發現，無論眼前有事、沒有事、好消息、壞消息、高峰、低谷……

我的快樂，其實和人間的狀況不相關。

從任何人間的角落，我都可以回到快樂。

即使眼前要處理表面看來不好的事，
甚至看來很糟的壞事，
但內心自然有一團平靜，可以把任何瞬間包容起來。
享受瞬間，也自然就跟任何條件無關。
合理，不合理，你都可以快樂。

用「心」來「做」

我這裡所提的「心」或「在」的觀念，其實古人老早就有，才會採用各式各樣的語言來表達這個領悟。

比如說我們會講，「用心」、「關心」、「開心」、「誠心」、「細心」、「專心」、「心平氣和」、「心曠神怡」、「心領神會」、「心心相印」、「心滿意足」這些詞都是在表達「心」的狀態，或是「在」的作用。

同時，我們也會用「擔心」、「心不在焉」、「不用心」、「粗心」、「心虛」、「失心」、「分心」、「心碎」、「傷心」、「哀莫大於心死」、「心口不一」來表達失衡——「在」和「做」的失衡。

13 進入「心」，生命的能量自然爆發出來

醒覺，帶來生命最大的能量。就讓它，流過你吧。

假如我們用「場」的觀念來描述生命，那麼，它也離不開能量，離不開能量的流動與轉變。意識，也是如此。從一體意識進入一個局限的意識，自然也離不開「動」或能量的轉變。全部的生命，或全部的意識，其實是透過形相——我，你，這個世界——想把自己活出來，想觀察到自己。醒覺，也只是——透過我，宇宙醒覺過來。透過我，生命觀察到自己。

每一個「體」——肉體、情緒體、思考體、萎縮體以及更細的意識體，一層一層都離不開能量。外界來的訊號，透過能量才能轉成我們情緒的反應。情緒的能量大，自然在身體上造出種種反應甚至反彈。流不過去的能量，則在某一個角落或某一個體卡住，造出能量的結。

能量的結化為制約，讓人在其中打轉，轉不出來。

透過醒覺，也只是把每一個能量結解開——包括情緒、思考、念頭、其他意識帶來的結，讓生命的能量自由地通過。

自由地通過去，生命的能量自然會灌進每一個細胞，也讓每一個細胞活起來，在歡喜的狀態下，活下去我們的人生。

這種生命的能量，是透過寧靜、空檔轉達出來的，讓我們跟更深的層面結合。我想表達的是——

針對任何問題、任何系統，一定要到最深的層面，也就是跳出問題所在的層面，才能帶來徹底的突破，

甚至足以成就典範的變遷。

所有過去的聖人所留下的話，或人類的種種突破，包括詩、藝術作品、偉大的創意，甚至有改變歷史之能的重大革新，都是透過這種寧靜帶來的另一個層面的深度，再加上生命的能量所完成的。最有意思的是，人間會認為這作品是不可思議的偉大。然而，對作者而言，他是輕輕鬆鬆投入這個瞬間，毫不費力完成的。古人用「神來之筆」來形容，就好像是這個作品在完成它自己。

人可以創出偉大的作品，這是一個表達生命能量不可思議大轉變的實例。然而，一個人醒覺過來，其實也不會在意什麼生命能量，更不會在意需要完成什麼任務，要完成什麼傳世之作。當然，也不會再有非做點什麼、非要有什麼成就的衝動。

他只是在平安的狀態，跟整體的生命共生存。

他同時，活在生命，也讓生命活著他。

點點滴滴，他在每一個剎那，都體會到生命最高、最深的層面，從來沒有跟它分手過，也不會在意要拿它做什麼。

有些醒覺的人，會避開人間。也有些醒覺過來的人，繼續在世間低調地做點事，不見得讓人知道。有趣的是，這些種種的「做」或「不做」、「突破」或「沒有突破」，跟他都不相關，他也不會為此煩惱。對生命，再也沒有任何期待。

這種生命的能量，本身是透過對每一個瞬間的容納、對每一個瞬間的臣服而自然流出來的，才能透到這個人間。

也就那麼簡單，甚至，不可能比這個更簡單。

只要可以完全接受這個瞬間，接下來，也沒有什麼好再追求的。生命內外也就接軌，也就通透。生命的能量也自然爆發出來。

這種能量，不光帶來喜樂，讓我們享受人生，同時帶來活力，讓我們有熱情去完成一些任務，而這些任務並不是透過人為的規劃而來的。最多只能說——靈感到了，或說，是生命交給我們的。

一個人醒覺，也就好像生命的藍圖突然交到手裡，跟個人不相關。透過每個「動」，生命的能量自然讓人完成一個更大的藍圖。在這個過程，不見得需要對整體有一個最終的理解，也不需要對它有什麼質疑。

這是最不可思議的，也是我不斷在表達的——生命來活你。上帝來活你。也只能讓上帝繼續活你吧。祂其實也從來沒有離開過。

只是，不再有一個「我」去活生命，或想完成任何目的。還沒開口，生命的目的已經完成了。最多，只能讓生命的能量，透過每一個瞬間流經我們，也不再需要做任何抗議。放過每一個瞬間，生命的能量自然流通過去。我用以下兩張圖，來表達這種領悟——我們人都是光，都是能量體，人體的穴道都可以接受這種生命的能量，完全沒有任何阻礙。生命能量流通每一個氣脈和穴道，自然帶給我們快樂、愛和平安，而氣脈流通，念頭是不可能再起伏的。這個神聖能量可以貫通每一個體，照明每一個角落，也透過每一個角落照明到這個世界。

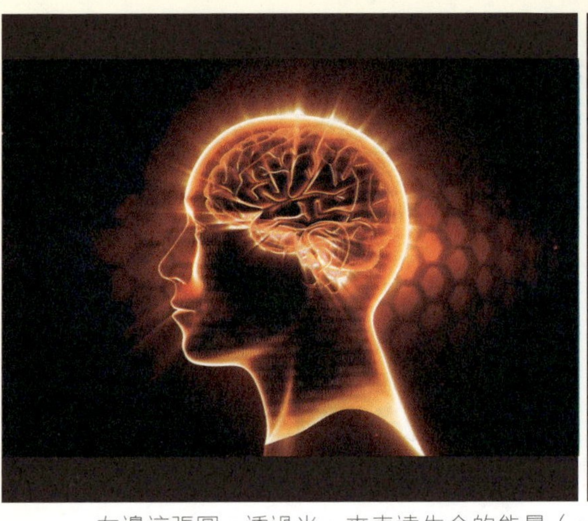

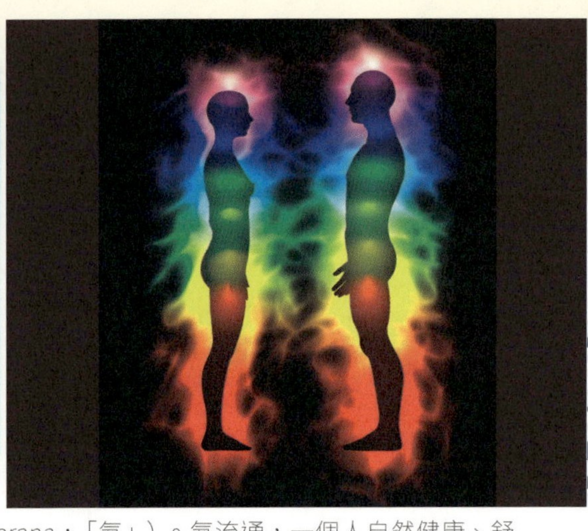

左邊這張圖，透過光，來表達生命的能量（*prana*，「氣」）。氣流通，一個人自然健康、舒暢，沒有念頭。右邊這張圖，用不同的顏色來表達各個脈輪所帶來的能量轉變。我們可以把脈輪當作意識的交會點或門戶，是意識接觸或進入肉體的介面。然而，連這些微細的脈輪都離不開能量的轉變，同樣離不開「動」。有意思的是，每一個脈輪通了，一個人自然活在「這裡！現在！」。

有一次，我在演講後為讀者簽書。等著簽書的人很多，我很認真地埋頭一個個簽名。每簽一本，也抬頭看一下眼前的臉龐。

一個小孩子的聲音傳過來，一個字一個字地說：「伯伯，我以後也要好好讀書，像你女兒一樣，上大學，唸哈佛。你可不可以教我怎麼完成我的夢想？」

我馬上抬頭看著他，拍拍孩子的頭，問他叫什麼名字。接下來，我看著他，講了以下這些話，其實是想跟站在他後面的母親對話——

這些其實都不重要。千萬不要為了好大學這類人生的目的去活一輩子，只會帶來煩惱和失望。最重要的是，每一天，每一件事，都快樂，都輕鬆。快快樂樂活在這個世界，比較重要。任何其他的目的，相對都不重要。

現在想想，我其實還想再說一句話——「心」最重要。活在「心」，回到「心」，跟「心」隨時合一。這才是最重要的。

「心」帶著我們走，一個人自然會快樂，會心滿意足，帶著滿滿的成就感，輕輕鬆鬆地活在「心」，這就是我們最高的意識狀態。

14 醒覺，走出整體的失衡

生命全部的意識，也只是想透過地球整體的醒覺，而可以觀察到自己，也同時照明這個世界。

探討生命的能量和人類的演化，也就是為神聖的整體做準備。神聖的整體，也表達對地球未來的期許。畢竟，人類從來沒有這樣的機會，可以整體同步翻轉，同時醒覺。

只要醒覺的人的存在，達到一定的關鍵量（critical mass），一夕之間，地球也就跟著一起醒覺。關鍵量所引發的集體轉變，是透過整體和個人的生命場所共振出來的，這一現象在各個領域都觀察得到。

讓我再用另外一個角度來解釋。

一個資訊或理念，在人間潛伏了很久，只有少數人知道。然而，好像只要受眾達到一個關鍵的數量，突然之間，就成為主流。也就好像這個訊息或理念，經過了一個轉折點（turning point）、轉捩點（point of no return）或數學上的反趨點（inflection point）突然爆發出來成為流行，再也回不了頭。集體要達成這樣的轉變，這個點的門檻比我們一般想的更低，最多也只是幾個百分點。

這也可以用來描述經濟現象，比如前幾年的金融風暴。當時第一家銀行倒閉引發的債務或損失，就整體而言是不成比例的小，卻造出了剎不住車的全球危機。市場上的供應和需求也一樣，些微幾個百分點的供不應求或過剩，就可以讓價格大幅提高或暴跌。

在這張圖，可以看到左下的地球在振動。地球、星星、太陽和宇宙都在振動，都在快速地演變。我們活在地球，自然受到影響。這個振動非讓地球醒覺不可，而我們最多也是跟著地球一起醒覺過來。其實，什麼也不用「做」。

回到「在」所帶來的醒覺，可說是一個由全人類造出的「意識網格」（grid），也就像本書第三卷提到的纜車，只要搭上去，隨著它轉化的力量，個人自然跟著一起轉變，同時加快整體演化的步調。

這個觀念，和佛陀所說的 ***sangha***，僧伽、僧團有相通之處。也有人用 **master mind** 這個詞表達——同樣頻率的人透過共振，組合出一個更有效率、更有威力的圈子。就整體而言，地球和整個宇宙目前意識轉變的力量，正在推動人類的演化。這股醒覺的力量，不是任何人可以阻擋。更有效率的方式，也只是跟著投入。

整體的轉變，是不生不死、未曾化現過的一體意識，想要延伸到有形有色的宇宙。透過宇宙的每一個角落，包括我們，一體意識想對自己做一個反觀，觀察到自己。而我們最多也只是搭上這一趟纜車，順著它走，也就抵達了。其他的什麼，都不用做。

然而，也就是在同一個意識轉變的強力推動之下，兩極對立的現象愈演愈烈。只要觀察個人、家庭、社會、國家、全球的關係，都可以觀察到對立或隔離的現象。比如說，幾乎每一個人都活在一種憂鬱中，與生命本質的隔離已經接近嚴重的病態。倘若我們無法接受瞬間，甚至把瞬間帶來的一切當作敵人來對抗，這種對抗只會火上加油，擴大個人的煩惱和整體的痛苦。

我們可以從另外一個角度，再仔細觀察。

以網路帶來的資訊取得方便性來說，樣樣都變得透明，便於我們取用各地的各種知識。然而，透明化本身就是一個兩極對立的來源。一方面，追求透明，我們失去了隱私，人人都缺乏安全感。此外，雖然透明化讓每個人有機會表達意見，讓整個社會更有連結，可惜的是，這些意見往往負面居多，於是怨氣也在個人與個人之間加速傳播，而在人間擴大、盪漾開來。

一連串的負面氣氛，經過傳播，很難不變成一個社會的風格。負面的氛圍引動社會負面的趨勢。我們在這種環境下生存不可能心安，更不用談解脫。

透過整體的醒覺，這個社會的風氣自然會有很大的轉變。現行許多不合理的架構，無論教育、人和人之間的互動、社會結構和價值觀念，都自然會改變。

社會的風氣自然會進入不同的層面，和更高層面的意識相呼應。根據這些轉變，人自然開始重視「在」，而不是只透過「動」去表現、去成就，也不會只發展外在，而會發現內心的平衡一樣重要，甚至更重要。

人跟人之間，自然會比較公平、平等、和諧而有向心力。

> 教育體系自然會跳脫標準化的框框，考慮每一個人不同的能力特質、興趣與性格。不會將同一套教學法強加到每一個人身上，也不會只用能力測驗的結果，來代表學生全部的理解，還為學生排名定序。
>
> 我們過去透過這種方法，確實帶給極少數的同學鼓勵，卻也很遺憾地將「不達標」的大多數人判定為失敗，而讓人帶著這個標籤，以為這就是自己的一生。

目前極端的隔離、對立、壓力——讓我們整體都不快樂，卻也是人類醒覺最大的機會。這張圖畫出我對未來地球的期待——從這種極端的危機，人類整體走出一條路。接下來人間的一切價值觀，都會徹底翻轉。
圖左代表人類目前集體的昏迷狀態，包括左下煩惱憂鬱的男士、中間憤怒的女士、左上忿忿不平的男士，都是在生活中很容易觀察到的。右邊三個醒覺的人，則無論做什麼，都把內心的光帶到人間，照明這個世界。

有意思的是，從整體的角度來看，人類極端的苦難，再加上個人的危機，好像在準備我們，非面對這個整體的失衡不可——透過清醒的受苦，徹底轉變人類整體的萎縮狀態。

以往，是透過死亡、失落、重大災禍等等人間的悲痛和苦難，消融了形相，醒覺才可以從人間透出來。而這次的不同在於，即使在生活的極端忙碌中，還有機會看到醒覺透出來。

這是相當難得的機會，也是人類整體的福報。人類經過千萬年的痛苦，走到這個不同凡響的瞬間，也只能好好把握這個大解脫的機會。

然而，要留意的是——這種大機會，也帶來大的危機，也就是兩極化越演越烈所造成的撕裂。

在這個時點，也只能把瞬間簡化，透

過每一個瞬間，活出全部的生命、神聖的生命。不要再對任何一個瞬間帶來對抗、磨擦、反彈，就可以避開即將到來的一連串的痛苦。

把這個瞬間當成最好的朋友，也就可以避過整個人間、地球所要面對的大危機。別忘了對稱的法則——對瞬間友善，它反過來也對你友善。就像對別人友善，別人也會對你友善。輔導別人成功，甚至歡迎別人成功，很自然，自己的成功也在眼前。

相對的，錯待，甚至虐待這個瞬間，它反過來也不會友善，甚至加倍地帶來煩惱。就像對周遭不友善，周遭對你也不會友善。

面對人類最大的轉機，說到底，也只有一個方法——Be yourself. 回到自己，輕輕鬆鬆存在——把每一個瞬間簡化，把它變成瞬間最大的目標，也是人間最大的目的。相對的，任何其他的目標，自然退居次要。

比如說，走路，就走路。沒有其他的目的。

也可能，走路，是要到哪裡。目的地本身，不是最大的目的。

也許達到了，在達到的那個瞬間，才變成最大的目的。

寫文章，「寫」，也就是那個瞬間單純的目的。

文章，不是那個瞬間最大的目的，而是次要的目的，要透過時間才可以完成。

這樣子，一路走下去。瞬間和瞬間之間也自然凝聚起來，完成所需要完成的任務。我們最多在每個瞬間落到「心」，活出最高的意識狀態。我們從來沒想過，這個最高的狀態其實是最輕鬆、最不費力、最根本的。

一般人想不到的是，大的突破，都是透過單純的小小的瞬間可以完成。頭腦越不去干涉，所完成的結果，越是不可思議。

活在這個瞬間，也就把自己誠懇、老老實實地交給這個瞬間，自然沒有時間或空檔去想其他的目的。用這種方法去面對瞬間，整體也就醒過來了。

心理層面的時間

時間的觀念，離不開分別。頭腦分別的能力要演進到一個極端的地步，才可能發展出時間的觀念。這是人類或任何生命在有形世界的演化，所必經的一個階段。

礦物和植物尚未從一體意識分開來，不會意識到自身的單獨存在。動物最多也只是把自己投入一具身體，尚未發展出時間的觀念。人類除了投入身體，有一個身體的「我」，還造出一個念頭的「我」。甚至，為了進一步區隔這個念頭的「我」，人用盡各式各樣的方法，讓「我」從周邊突顯出來，包括在心理上發展出時間的觀念——透過一個虛的過去和未來，就連自己都可以跟自己做比較。於是，「現在」可以和「過去」比較，還可以和「未來」比較——過去的「我」、現在的「我」、未來的「我」，如此不斷地比較，「我」於是更堅固了。自我形相（self-image）也就是這麼來的。

從心理層面的時間產生一個「動」的觀念，結合「動」與「時間」，再衍生出種種「功」——追求、工夫、努力——的觀念。到最後，非但努力離不開「動」、修行離不開「動」，就連醒覺也離不開「動」。一個人必須透過「動」才可以醒覺過來。

這是人類集體心靈演化至今才有的現象，是抵達演化最後階段所必須走過的，而且必須要走得徹底，才可以跳到下一步。

從一體意識的角度來談，醒覺不需要時間，然而，集體演化到了這一個階段，非要經過「動」、「時間」的觀念，生命才有醒覺的可能。

所以「動」發展到現在這種極端的階段，透過生活的快步調、資訊爆發性的成長與傳播，幾乎每個人都一心多用，同一時間做好幾件事（multitasking），到了很難安頓身心的地步。然而，這樣極端的

「動」，雖然為人類帶來很大的不安、對立和危機，而且憑人類自己無法克服，但我們要走出一條路，也不離「動」、不離「時間」。這個人類最大的悖論其中不只含著矛盾，卻也帶來最大的轉機。

反過來說，任何生命，只要有時間的觀念，早晚都會醒過來。正因如此，我才不斷強調，人類必須走過極端對立的演化階段，才可以有這種集體醒覺的機會。

快樂的學習，是最有效的學習

這一章提到，醒覺的整體自然會在人類的種種領域帶來變革，包括教育。我也認為，年輕人的教育是下一代意識轉變的種子。

我們回頭觀察，自然會發現，所喜歡的領域、課程、學科，都離不開當初學習的狀態。再進一步觀察，最喜歡的課，也都是在最快樂或最放鬆的狀態下接觸的。有時是透過一位好老師，也許是他的表達方式或個性，讓我們感受到溫暖，得到正向回饋，在腦海中帶來安全感，也自然帶來興趣。興趣培養專注，而專注會回過頭來加強興趣。這麼循環下來，我們自然成為這個領域的專家，而能在種種考試、表達、應用中發揮。

反過來，我們會怕某一門課，通常也跟那門課或老師帶來的緊張和壓力有關。有時候是過度強調考試成績，有時是教法讓人難以投入，而自然對學習反彈。有些課程或老師的狀態，本身就帶來一種萎縮，光是回想，都讓人不自在。

我們透過自己的學習，就會發現，在最輕鬆時所學到的一切，自然和心比較近。那種放鬆的感受，是我們一生中都會自然想更接近的。相對地，很少有人期待緊張或不安全感。這種狀態跟我們生理的健全並不相容，會帶來情緒的萎縮和身—心的失衡，造出種種慢性病，或讓已有的疾病惡化。可以說，這些狀態就是這個世代的文明病。我在《真原醫》也花了許多篇幅來探討。

懂了這些，作為教育家的我們，自然會採用截然不同的觀點——不會再強調標準化的制式教育，不會再以狹隘的考試、紙筆測驗來代表學習的成果。我們會自然重視一個人天生的完美，也不會把成績當作一切。

人生的學習，是透過多重的層面、各式各樣的方法而可能達成的。越輕鬆，越不受限於某一個既定的方式，自然帶給孩子安全感，而讓他能安心投入一生。

這才是最好的培養、最好的人生準備。這樣的孩子，成年後也自然不會投入惡性競爭，不會只為了強化「我」而去取得物質或達到目的，自然會在「在」與「動」之間，找到一個平衡點。

我多年來，也透過許多有教育理念的朋友，包括教育、醫學領域的同事，表達我對全人教育（神聖的教育、「在」的教育）的關注。如果要給孩子全面學習的機會，不能只著重於技術層面的鑽研（「做」的教育、「動」的教育），更有必要讓孩子浸淫在文學、哲學、道德、藝術、社會學、甚至宗教等種種領域。也就是強調各個領域「在」和「動」之間的平衡。

想幫助孩子找到值得投入一生的方向，應該還有很多比「一試定終身」更好的方法。舉例來說，我總希望每一位同學都參加社團，畢竟課外互動和活動的重要性，是不會輸給課堂學習的。（同事們依這個理念設計了「社團一〇〇」方案。）

我多年來，也大力推動讀經朗誦，透過聖人留下的經典，將生命更深的層面帶給下一代。我聽到和親眼看到的成果，也只能用不可思議來形容，但願有一天能和大家分享。

雖說是不可思議，其實也沒有什麼不可思議的。只要我們跳出局限的意識，不可思議也只是神聖的生命。

15 在人間，踏上神聖的路

只有踏上神聖的路，才可以看到神聖的路標在等著你。
生命送來那麼多神聖的路標，也只是希望你踏上這一神聖的路。

我在《神聖的你》帶來的都是路標。《全部的你》所帶來的也只是路標。全部的路標，都只是想幫助你踏上你個人神聖的路。

「神聖的路」，指的是一生所要活出來的目的。而這個目的，只有你心中清楚。這兩本書最多只能帶出來路標，當作嚮導，再對照你過去一生的價值觀，看看是否需要調整。

或許，需要很大的調整。最後，這還是你自己的決定。

無論遇上多少路標。最後，還是要親自踏出第一步。

這第一步，比任何人想像的都更簡單。假如有任何費力，那麼，這條路也就不同於神聖的路，還落在作為、追求、「我」的範圍。這兩本書所要表達的，也只是「存在」的「在」。但願每一個人都能回到生命最根本的狀態。

這個生命最根本的狀態，本身是最輕鬆、最快樂、最平安的狀態。是我們生命最基本的架構，最簡單的架構，也是最原初的架構。

「在」的狀態（state of being）本身就是——喜樂、愛、平安。很有意思的是，這些狀態是本性的特質，是絕對的屬性，絕對的特質，而不落入人間的二元對立。人間沒有任何特質與它們對等，也無法作為對照。

相對於「在」所帶來的永恆，人間的喜樂、愛、平安則是無常，是「我」所產生的，本身就是制約，離不開萎縮體所造出的種種「受」，也離不開我們所「要」、所「貪」、所「做」的範圍。

前面也談過，只要萎縮發作，我們自然帶給自己一連串的負面念頭，而加強了萎縮。這麼一來，萎縮反而成了人和人之間的共通的交流介面，只有強與弱的分別。

別忘了，萎縮離不開情緒，而情緒是來擴大並加快「念頭↓神經↓肌肉」反應速度的機制，本來也是提高生存效率的反應。只是它的反應速度太快，根本成了我們面對任何狀況的立即反應，進入了潛意識，成為人類面對這個世界一個很本能的窗口。

萎縮徹底地沉入了人類的潛意識，我們也就自然隨時都在憂鬱、窩囊、不快樂中活著。不僅自己不快樂，無形之中還把這個不快樂帶給周邊。這才是我們人類真正在傳遞的「遺產」——透過歷史所留下來的心理狀態。

站在醫學的角度，「瘋狂」也就是 psychosis（精神病），不同於 neurosis（神經症）。從臨床的角度來說，神經症是當事人還有病識感，知道自己不對勁。精神病患則是已經和現實脫節，沒有現實檢驗的能力，也不知道自己生病。

用這種定義來觀察人間和「我」，自然會發現——「我」其實是相當嚴重的病態，是虛妄的念頭所帶來的錯覺。不光把這個錯覺當成真的，還透過它，帶給自己和身邊的人各種傷痛。從整體來說，這是不可思議的錯覺。但它，也就是「我」，並不知道。假如，它能觀察到自己是個錯覺，我們早就醒過來了。

> 此外，再加上集體的「我」（collective ego），一樣看不到自己是個錯覺，才帶給人類那麼多悲慘、殘酷、不公不義。假如集體的「我」能看到自己，那麼，人類整體也就醒覺了。
>
> 這種病態的瘋狂，透過個人和集體的萎縮，自然把這些虛妄的念頭，透過情緒，擴大到身體每一個細胞，自然讓身體跟著不健康。不快樂的心病，也就成了真實的疾病。我們個人和集體的萎縮體，不只成了我們認識真實的過濾網，還造出了我們所經驗到的現實。

仔細觀察，自然會發現人間和自己也是如此，也就自然看到我們這一生的習氣。我們幾乎都認為自己是受害者，而隨時都在怪別人。不光是怪身邊的人、家人、妻子、先生、夥伴、伴侶、同事、朋友，還會怪所有的人、怪罪人類整體，也怪自己的命不好，怪老天爺不公平。最不可思議的是，怪罪自己。

看清了「我」帶來的錯覺，首先會發現——我們其實不是受害者，別人也沒有什麼好怪罪的。人類個人和集體都有嚴重的疾病，是這個世代的文明病——集體無意識的昏迷。也就好像臨床上的精神病患，我們不可能去責怪他，因為知道那些念頭和行為是在疾病的狀態下產生的，只能同情，而希望給予幫助。

一個人醒覺過來，也只是這樣子看人間。有時會笑，有時會哭。即使知道人間的瘋狂不可思議，最多也只想盡量幫助——透過他自己的生命場（「在」的成就），把全部生命的一體意識帶到人間。

神聖的路，也只是跟生命接軌。也只是在每一個剎那，每一個瞬間，都不斷地做人生最大的一個決定——容納當下這個瞬間。跟著它，一起活起來。把它當作自己最好的一個夥伴。這種決心，不需要時間，不需要到別的哪裡。

「這裡！現在！」就可以做到。

勇敢地走下這條路，會發現宇宙整體都會來加持，帶來數不清的路標，享用數不完的奇蹟，捎來種種的方便讓人度過。

是的，人間還是有痛苦。在這個路程，可能還有很多不順的事發生，讓人有時失望，甚至洩氣。但是，還是要知道，我們離不開生命，生命也離不開我們。

透過每一個瞬間，也只是跟全部的生命接軌，知道人間的不順、不公平、不應該，不一定是如此。站在整體，其實沒有什麼不順，不公平，不應該。它本身有一個整體的安排。只因我們在人間不可能看到全局，也不可能理解。

走上神聖的路，一個人也只能誠懇地相信它，知道這個宇宙不可能犯錯。這麼一來，第一步就踏上了神聖的路，也就變成最後一步。無可區分，也無需分。

神聖的路，沒有人在走，也沒有路被走，甚至最後也沒有路好走。只剩下走，醒覺地走。

第六卷
神聖的低語

倘若讀到這裡，不光沒有質疑，可以認同，還可以感受到一種安慰，甚至是一種安心。其實已經跟全部的生命，神聖的生命有一種認定。不光是認定，已經上路了。神聖的全部生命，不可能再走回頭路。接下來，生命再怎麼不順，再怎麼孤獨，都會有勇氣繼續走下去。對過去，不會再有任何後悔。對未來，沒有任何期待。活在每一個瞬間，這個瞬間也自然變成人生最大的目的。

接下來，走這一條路的過程中，會在每一個角落聽到奇妙的低語，為我們加油，帶來種種的祝福。讓我們建立自信，充滿著希望，充滿著喜樂，也充滿著愛，充滿著平安。

這些低語，我們會發現已經不只是路標，它本身就跟成果分不開了。活在神聖的你，才可能聽到這些低語。我們投入了，接下來，已經不需要任何路標來引路。我們就是引路人。

在每一個角落，遇到的人遇到的東西，自然讓全部神聖生命的光，透過我們照出來。不但讓自己和神聖的一切接軌，還會帶給周遭一個通道，和神聖的一切相連。

殷允芃・2007・澳洲

1 神聖的奇蹟

沒有一件事是偶然的。
生命混亂無序的表面，只是反映一個更深的規律，是我們人觀察不到的。

我們透過局限的腦，自然會認為這個世界和人間有一個獨立的存在機制——一個因帶來一個果，而這個果，再成立接下來的因果，環環相扣而無盡延伸。要有一個A，才有一個B。有一個B，才有一個C……才會有接下來的結果。

針對每一個東西，每一件事之間的連繫，我們都認為可以「合理化」——可以歸納、分析、做一個妥當的解釋。這自然讓我們建立一個因果律（Law of Causality），認為樣樣都是人腦可以理解的。

透過科技的發達和科學的驗證，人類往小可以更小，往大還可以更大，快可以更快。這些成就自然讓我們認為這種道理是正確的，也同時認為——一切都要站在一個「客觀」的角度來做解釋。

其實，物理學的發展，尤其量子物理，早就知道沒有「客觀」，也沒有「絕對」。愛因斯坦也早就證明，在時—空的範圍內，沒有一樣是絕對的。而未來的物理學一定會證明，沒有常數（constant，常）這回事。就連光的速度，都不是絕對。它本身在種種比較的平台，才可以成立。而它的任何絕對性，假如有，也只是在一個體系下（比如時—空的架構）才可以立足。站在量子物理學的角度，觀察者絕對可以改變觀察的結果。

這些論述，仍然不離腦局限意識所造成的限制。

輕輕鬆鬆把意識移動到整體、無限大、人人都有的意識，種種爭辯自然會消失。我們所稱的

fabric of reality，也就是現實，其實只是整體的一小部份，甚至應該說是小之又小不成比例的一小部份。

我們最多是透過這個瞬間，取得有限的感官資料，怎麼可能任由這些資料代表整體？我們所稱的現實，也只是生命整體透過這個瞬間流露出來的片段，經過腦的錯覺的處理而得到一個「動」，並衍生出時間的觀念。如果沒有「動」，怎麼還有時間的觀念？

透過時間的觀念，我們自然會建立瞬間和瞬間之間的連貫性，才足以得到因果的觀念。而且還可以有一個未來，供我們投射。

然而，我們怎麼也沒想到，只要透過瞬間，跟生命的全部接軌，自然不再自己造出任何阻力。只要不跟瞬間作對，生命的全部也就自然帶來種種的訊息，種種的現象，幫助我們完成這趟神聖的旅程。

一開始，我們局限的腦還會希望為這些不可思議的「巧合」做一個解釋，希望用局限的邏輯，找個說得過去的理由。有意思的是，一個巧合，再一個巧合，只要我們不斷地停留在瞬間，「巧合」也自然變成普遍的狀態，在每一個角落都可以生起。

我們會發現——我們跟任何生命，不管是植物、動物都可以溝通。連不動的死物，比如礦物，也有更深的意識，只是不同於我們分別、思考所用的局限意識。

於是，我們突然從局限看到無限，從無常看到永恆，從「有」看到「沒有」。彷彿生命再也沒有什麼局限，可以把我們困住。每一個角落都突然帶來「在」。而這個「在」，或是寧靜，可以流入每一個所及之物。

這麼一來，生命就變得真正有趣。我們也自然沒有什麼問題好問，沒有什麼目標好追求。

活在未知，甚至不可知——雖然別人看來，是不確定，但從我個人的體驗，卻是歡喜。不光歡喜，還能從每一個角落，隨時接受生命的奇蹟。讓生命種種的奇蹟，帶著我，面對生命。

我們也會突然發現，所謂生命的巧合，是一個大誤解。「巧合」這種說法，本身不過是從反方向來表達——事件和事件之間應該要有一種連貫性。所謂的「巧」，就是在表達這是一種不尋常，不可解釋的異常。倘若事件與事件之間，失去了連貫性，我們就沒辦法區隔什麼是因、什麼是果。

好像局限的客體意識，非得透過區隔、分別、比較和判斷，對這個世界、這個生命得到一個我們認為理性的解釋，才可以放過它。卻同時也忽略了——這個全部的生命是整體，沒有分過，也不可能區分。

然而，我們非要用頭腦去抓一小部份來套。然後，在這一小部份，透過對立，再做一個細分。所以，我們一切所「理解」、甚至可能「理解」的，對整體而言才是不合理，才是虛的，才沒有代表性。只是透過我們的邏輯，所創出的虛擬實境。

懂了這些，我們會突然愛惜任何生命，並且負起對生命的責任，絕對不可能傷害別人、傷害生命。充分知道，自己只是全部生命的一小部份。傷害別的生命，也只是在傷害自己。

跟生命接軌，達到同步，也自然不會為任何奇蹟大驚小怪。奇蹟本身，其實是生命的主要部份，反而是我們透過局限的腦，還想限制它。

接受神聖的生命，也就像一個小孩子，第一次看到這個人間。樣樣都新鮮，樣樣都奇蹟，樣樣都可能，樣樣都可以變通。生命，全部的生命，其實在等著我們發展。等了不曉得多久，終於等到人類發展到這個地步——一個最完整、最不可思議的狀態，也就是現代人的腦。人類的腦是不可思議的聰明，有不可思議的創造力、整合力、延伸力。可惜的是，也有不可思議的破壞力。

全部的生命等了我們那麼久，就是等著這個寶貴的人腦，經過上千萬年發展出完整概念化的能力，對樣樣可以做出那麼細的分別，這是人類偉大的成就。它等了那麼久，不光是為了等待腦的發展。更重要的，是等著人類進入下一個階段——透過人類的醒覺，生命可以觀察到自己。宇宙，可以觀察到自己。

意識，等了那麼久，就是希望意識到自己。透過我們、整個自然、每一個生命、整個地球、整個宇宙，突然可以觀察到自己。這是一個不可思議大的革命，是人類整體、整個宇宙都期盼發生的。

接觸了生命的奇蹟，而隨時活在奇蹟中，一個人自然平安。他從每一個角落，都能聽到生命轉達的訊息。

有意思的是，只要放過瞬間，不跟它對抗，也就好像這些訊息前來訊息我們，活著我們。也沒有什麼主體在聽、在採用、在執行生命帶來的訊息。一切，都已經合一。沒有做的人，也沒有被做到的東西。

就是這麼奧妙。

進入這種狀態，透過每一個形相，不管是自然、動物、人、石頭，都跟我一起融入了神聖的生命。生命和生命是平等的。一切，老早已經完整，早就已經完美。

一切，本來就是平安，從來沒有離開過平安。

可惜的是，我們人把它扭到了一個虛擬的煩惱世界，而困住自己。

活在神聖的奇蹟，一個人也自然放過一切，自然在每一個角落都看到真—善—美。再也沒有什麼可以把他帶走、可以有絕對的重要性，非得如何不可。

他自然已經連通生命，通到底。

2 什麼叫做不可思議？

不可思議，其實也只是生命最自然的現象。

通常稱任何事不可思議，是來表達人類邏輯沒辦法理解，也就是「不理性」。一般人或許會用奇蹟或超自然來表達。然而，中文似乎沒有一個現成的詞足以形容人或經驗的奧祕，這裡借用英文的mystic[40]一詞來表達一個修行人有很深的靈性體驗或領悟，而他所看到的世界，和人間完全不同。

其實，這些現象是很容易解釋的。

人通常用五官（眼耳鼻舌身）再加上念頭去捕捉這個世界，而永遠只能捕捉到很小一部份。這個很小的一部份，就構成瞬間的內容。

局限的腦不可能體會任何超過感官範圍的現實，也沒有語言可以表達。於是，這類經驗就被歸類為不合理，或不理性。

有趣的是，我們每一個細胞，其實有一個身體或細胞的聰明智慧（body or cellular intelligence），並不受神經的制約或限制，也不受到這個時空的限制。[41]

透過螺旋或資訊場的共振，它自然可以捕捉全部生命帶來的訊息或寧靜。然而，即使懂了這些訊息，這些身體的部位也沒有辦法透過語言（局限的邏輯），跟腦部做一個所謂「合理」或「理性」的溝通。

它本身不是透過任何制約所組合，我們才會稱這種聰明智慧為gut feeling（腸道感覺），也就是直覺或靈感。

我們每一個人都有這種感覺，卻也正是 mystics 和一般人不同的地方。不同之處在於，一般人會壓抑這種感覺。人剛生出來的時候特別敏感，可以透過這種超過腦的方式，來接觸、捕捉這個世界——每一個小孩子都是這樣的。其實，每一隻動物、每一個生命，也只是這樣子。但是透過大人的壓抑和制約，小孩子的這些直覺自然會失去。

我談了這麼多，也只是在表達——沒有什麼東西是不可思議的。把人間所認為的不可思議，當作生命普遍的現象，不要再用腦去追求、去解釋。只要接受它、感激它、肯定它，一個人自然進入神聖的生命。

一個 mystic，也只是讓生命的內在跟外在連通，不見得是徹底或持續地連通，只要一個小小的瞥見就夠。

有些人可以接受內在的訊息，不透過人間的感知管道。在宗教、藝術、音樂甚至科學領域，我們都見過這種人。這些人也留下了「不可思議」、「不理性」、「不合理」的大突破。

談到 synchronicity、共時性的奇蹟，或是「不可思議」，其實我們每一個人都見過。

---

40 Mystic 中文一般譯作神祕家，也有人譯作密契家。

41 其實神經、肌肉或任何細胞都有同樣的功能，而每一個細胞也都有記憶，我過去稱為細胞記憶（cellular memory）。這些現象不是透過神經來轉達，也不是人類受制約的意識用對立的語言可以描述出來的。這些資訊不受時—空的限制，與整體相連而不可分，自然不可能分出先後順序，也就是同時存在。

生命的內在，其實是每一個人、每個東西都共有的，但不是每個人都可以汲取。這張圖，中間是醒覺的人，外在世界和內在生命是接軌的，他隨時活在不可思議。右邊的女士，和內在生命的接軌相對有限一些。最右邊的小孩，和內在生命是通的，也在醒覺的過程。最左邊是大自然的生命。一棵樹、一隻鳥、一朵花，隨時都和生命內在結合，活在一體意識。大自然跟人的不同之處，也只是沒有機會——對自己做一個反觀，醒覺過來。

奇蹟與我

只要把「我」挪開，停留在每一個瞬間，自然會發生數不完的奇蹟。

光是寫這兩本書，我個人就遇到了許多不可思議的現象，連書上的每一句話，全部的內容，都是透過奇蹟所化現。其實，沒有一個「我」或誰在創造這本書。就是那麼神奇，那麼奧妙，那麼不可思議。

雖然我這麼說，還是有兩件事，跟決定寫這個系列有一點關係。

在這裡分享，沒有其他的用意，也只是希望帶來信心與鼓勵。

寫這本書的因緣其實老早已經成熟，但是我過去總覺得自己要扮演科學和醫學專業的身分，寧願以科學和醫學的語言來解說。儘管這些科學和先進的語言離不開局限客體的意識，必然受到人間的制約和限制，不過一般人應該比較可以接受。

或者這麼說，我還不認為這個系列的作品是我的使命。就算是我，也是未來的工作，而不是現在忙碌當中該進行的。再加上我自己中文表達的限制，要從英文譯成中文，還有文化的隔離，而沒辦法和讀者完全結合。所以，就這麼擱著，直到現在。

有一天，我剛好拜訪朋友，到佛羅里達州西南方的海邊。太陽很亮，完全沒有一點風，眼前的海完全沒有波浪。我很驚嘆，怎麼這麼的美，人間不可能再有這種風景。

我特別安排了一段空檔，可以自己一個人在海邊散散步。

幾個小時，我光著腳，光著上身，在海邊曬太陽，走路。走了幾個小時，突然發現自己沒有念頭，一點念頭都沒有。接下來，我很誠懇地問這個宇宙——這些書、這些工作該不該做？這時候，有一種無

可奈何的心情。不知道人生的下一步，到底怎麼安排。

在這個時候，我突然感覺到，有一個生命在跟著我。但他不在我左邊的陸地上，而是在我右邊的海裡。

我轉頭看，看到一隻海豚跟著我在游。我笑了，在心裡跟他做了一個頂禮。幾十年來，海豚一直跟我很親近。我在許多海邊，會遇到他們來接觸我。

我想跟這隻海豚開開玩笑，就往回走。竟然發現，他也跟著轉了個彎，往回游。我再試一次，再次往反方向繼續走。他又跟著回過頭來，順著我的方向游。

這時，我心裡充滿感恩，停下來，就往水裡走。走了幾步，又停。海水很淺，大約到腳踝。我站在那裡，瞪著他。他也轉過來，面對著我。

這時海邊好多人轉過頭來看。我盯著他，他也盯著我。突然，他往前游，對著我游過來。這時候小孩子開始尖叫，大喊「Shark!（鯊魚來了！）」

海豚對著我，繼續游，越游越快，一直往我站的地方衝。

我站的地方水很淺，只蓋住了我的腳。大概到他離我三到五公尺的距離，我看到他好像已經碰到沙，但他還在繼續游。雖然好像踩了一個剎車，想轉彎，同時還往我身邊，帶著整個身體橫著滑過來。

橫著滑了大概兩到三公尺，到我腳邊。接下來，用尾巴拍了我一下，才轉了一個大彎，又回到水裡。

回到水裡，大概十五公尺到二十公尺的距離，他還捨不得，直起身站出水面，對著我，用海豚快樂的高音唱歌給我聽，慢慢地退後，大約兩、三公尺，才轉身向上一躍而起，回到水中，轉個彎走掉了。就好像電影《飛寶》（Flipper）的一幕。

海邊看到的人，都驚訝得不得了。小孩子都在興奮地高喊「Look! Look!（快看！快看！）」大人都愣住了，甚至有人說，他一輩子沒遇過這個現象，海豚怎麼可能游到沙子上，好像想跟人溝通一樣，甚至差點要擱淺在岸上。

我一句話都沒有答，只是跪在沙灘上，眼淚一滴滴流出來。知道這是宇宙、全部的生命來為我加油。用祂的方法，對我內心的問題和一切，做了一個回答，一個最深的鼓勵。

接下來，回到台北。頭一個週末，我到象山去爬山。除了要不要寫書，腦海裡還有一點顧慮，同時也有些為難的事情要處理。所以，在爬山時，想利用週末的時間，進一步跟某人做一點溝通。

下山的時候，我一邊走，一邊發現自己又沒有思考，沒有念頭。該講的話都講過了，只能全心投入在每一步。

在那個時點，人生未來的規劃，和這本書該不該寫，這些問題又浮出來了。就在那時候，我一抬頭，看到一隻好大的深藍色的蝴蝶，正在我頭上轉。我自然在心裡和他做一個頂禮和祝福，讚嘆他的美。

我走了幾步，以為他走掉了。沒想到他從後頭帶來好多蝴蝶，大的，小的，甚至有手掌那麼大的，黑的，黃的，金的，橘的，帶著斑點的，各式各種的蝴蝶，約莫三十隻，在我頭頂上繞，至少跟我走了五十步。看著蝴蝶和人一起下山。經過我的人，都覺得不可思議。

甚至有人說，在象山從來沒看過這麼多蝴蝶。

我看著這蝴蝶，心裡充滿了感激。我看著天，看著蝴蝶，默默地讚嘆他們每一隻的美。也知道，從生命最深的內在，透過這些蝴蝶，帶來生命的共振，既是安慰，也是鼓勵，希望我往前走。

有趣的是，早上跟我一起上山的人，他連一個影子都沒看到。我也懶得提醒他看。就好像在人間，這種奇蹟來，只是對我們個人的一點鼓勵，一點加持。你真的想看到它時，就會看到它。

這一來，我知道非寫這個系列的作品不可，才勇敢地用我不標準的語言，往前進行下去。

人生也只是如此，真─善─美是我們每一個人可以隨時找到的。它從來沒有離開過我們。最有趣的是，它不需要透過任何外在的旅程來得到。只要我們往內心看，它就在等著我們。

除了這些共時性的奇蹟，我希望將來有機會（或說勇氣）跟大家分享其他更不可思議的現象，包括舍利子等等神聖的信物對我的啟發。

踏上神聖的路，也就像一個人孤獨地走在人間的荒漠。雖然發現自己的理解和價值觀念完全和人間是顛倒的，但還是要勇敢地走下去。我們最多只能掌握自己的「心」或意識狀態，透過每一步，活出生命最高的境界。

3 神聖的豐盛

找到生命的豐盛，是每個人都可以做到的。生命的豐盛，每一個人本來就有。

豐盛、豐富或是富足，也許是每一個人最關切的。它導入對生命的一個正面的觀念，同時也帶來希望，是你我都期待的。

一般所稱的富足，還是集中在財富、名譽或權力，也就是人間物質形相層面的積累。我們活在這個人間，當然至少要滿足基本物質的需要。沒有足夠的物質，難免沒有安全感。

我們無形之中，認為物質是越多越好。社會普遍的評價，也透過每一個角落強化這個印象——物質多，甚至多到剩餘，是人人羨慕而想追求的。於是，我們也自然把補足物質的缺口，當作人生主要的目的。看到社會種種成功的實例，總希望自己有一天能有這個福氣，可以一樣富足。人，很難跳出這些物質或形相的吸引力。

《全部的你》和本書以許多篇幅來表達——物質的需要和我們從中得到的成就感，本身就不斷地建立、強化「我」的觀念。即使懂了這個道理，要去看清、解開「我」，依然相當難，甚至在一般狀況下不可能。我們活在這個社會，要積累更多物質，這本身就帶來太大的吸引力，已經成為下意識的驅動力，而且是人類集體代代相傳的制約。

這兩本書的一個主要論述是——物質的追求，只是念相，也是人生痛苦的主要來源。然而，前一章剛談完共時性的奇蹟與不可思議，我們可以從一個新的切入點來談：

全部神聖的生命所帶來的豐盛與富足，和人間物質的富足有什麼不同？

一個人只要完全「在」，完全投入每一個瞬間，會自然發現——無論是「有」或「沒有」，「多」或是「少」，物質所帶來的安全感或被剝奪而生的不安全感——這種種問題、矛盾，甚至問題的根源自然就消失了。投入每一個瞬間，自然跟生命的內在接軌，跟全部的生命達到同步。很自然地，命也跟著改變。

這裡所談的「命」，主要還是一個人的心或意識狀態，因為守住自己的心，才是根本。意識狀態一變、心一改，其他一切也跟著改。所以，真正要談的是——透過每一個瞬間，一個人找回喜樂、愛、平安，所同步反映到命的改變。我們跳出了人間所帶來的任何制約，包括任何限制。這，其實才是人生最大的福報。

透過這種改變，好像生命自然會配合我們的需要，帶來妥當的安排。而這種命的改變，並不費力，也不是透過努力可以得到的。

投入每一個瞬間，活在當下，並不是被動，並不是「不做」，更不是呆呆看著生命流過我們。當然也不是跟人間失去互動，或是失去追求、不再努力。更不是拋開人間的需要或目的。

活在當下，也只是讓生命的重點重新安排優先順序。當下，把握自己的「心」，把握當下的意識狀態，自然變成主要的目的。其他的目的，和各自相對的重要性，也會隨著自動排列出來。

活在當下，本身是不費力的。只要費力，其實已經離開這個當下。不費力，一個人可以把「在」或「覺」自然帶到每一個動作，而自然透過每一個動作瀰漫到身邊，流入這個世界。就好像讓每一個動作，自己完成它本身存在的目的。

不費力地做，再一個不費力地做，這樣下去，我們自然會得到一個比一般人能想到的更大、而不可思議大的結果。甚至，是別人認為不可能達到的。

這才是豐盛的起步。

從醒覺的角度來看，其實從來沒有什麼目的好追求。最多也只是把握每一個瞬間，在我們的領域，讓每一個瞬間完成它自己的完美。

也就好像沒有一個人在做，也沒有一件事被做。

這樣子一來，生命活起來了。我們自然會發現——古人所講的豐盛或富足，就在眼前。也就好像豐盛來找我們，而不是我們去求豐盛。[42]

醒覺的人自然是慷慨的，隨時放手交出去，甚至自己沒有的，也可以交出去。給出的，不只是物質，也可以是能量、專注、生命場。我們隨時可以透過它們來肯定神聖的生命，把祝福帶給周遭。

《聖經》記載許多這種奇蹟，像是耳熟能詳的五餅二魚的故事。[43] 許多人聽說耶穌能行療癒的奇蹟，紛紛到荒野來。到了傍晚，耶穌拿著僅剩的五塊餅，兩條魚，望著天祝福。把餅撥開，讓門徒遞給大家。結果不僅所有人都吃飽了，剩餘的零碎還裝滿了十二個籃子。佛教和其他宗教，也有許多類似的故事。

---

42 其實豐盛離不開對稱法則。內心豐盛，外在自然豐盛。

43 《聖經》裡好幾位門徒所傳下來的福音都記載了相同的故事，包括〈馬太福音〉14:13-21、〈馬可福音〉6:34-44、〈路加福音〉9:10-17以及〈約翰福音〉6:1-14。這個故事轉達出豐盛與平安。

這個豐盛或富足，倒不是大家想的財富、名氣和權力。這種外在富足的重要性早晚會消失。而這裡所談的內在豐盛和富足，則是一輩子取用不盡。

就好像全部的生命從每一個角落來祝福，希望我們活一個豐盛的生命。不期待、不追求、不要求，它自然找到我們，讓我們不缺，而樣樣都變成意識轉變的工具。不光是帶給個人自信，協助我們徹底的轉變，而且生命好像希望透過我們，把自性的光明和豐盛，帶來給這個世界。

假如我們真正誠懇，隨時都跟全部生命接軌。我們所需要的，全部生命也老早已經有所安排。

有趣的是，一個人真正誠懇，真正認為自己什麼都不缺，他在人間所缺的東西也自然會找上他。這樣的流動也符合本書前頭所提到的對稱法則，然而我們在這一章可以稱它為豐盛的法則、富足的法則

（Law of Abundance）。

這一法則也只是承認——這個世界是由心或意識所組合，心到哪裡，一切就到那裡，包括物質。即使物質還沒跟上來，也不用擔心。物質到時只能跟意識合一，也自然會到達。

以前的聖人也再三強調這個道理。只要我們心的狀態是完美，物質的世界也會跟著來完美。在這種完美中，任何物質都可以放手送出去，不用擔心自己沒有，它會補足回來。甚至《聖經》的講法是「必得滋潤」、「必得豐裕」、「卻更增添」。[44]

這倒不是一個取得物質的祕方，而是強調生命的整體，內在和外在一定是對稱的。一個人滿足，內心安穩而富足，外在世界也只能做個相稱的對應。

再強調一次——一個人還是要不斷地誠懇。要做到真正的誠懇，也只有活在當下才可以做到。他樣樣都很簡化，把生命單純化，不會在任何瞬間再加上一個不需要的念頭。他歡迎每一個瞬間所帶來的好消息、壞消息、或沒有消息。他在每一個瞬間所做的，都不費勁。不費勁，自然就沒有什麼煩惱，沒有什麼壓力好承擔，也不可能離開生命全部的安排。

這種全面的誠懇，我們也可以稱神聖的誠懇，本身就會吸引全部生命所帶來的最大祝福。它也是最深的信仰。

一個人真正誠懇，對全部的生命完全開放，也只是內心全部打開，面對、歡迎生命。這才是信仰。

而真正的信仰，連一座山都可以移動。

44 〈箴言〉11:24-25「有施散的，卻更增添；有吝惜過度的，反致窮乏。好施捨的，必得豐裕；滋潤人的，必得滋潤。」這些話還是離不開對稱法則，也就是生命能量的流出與流入，兩者會對稱。一個人越給人能量，他也會得到能量。

不費力，一個人輕輕鬆鬆，也只想完成每一個瞬間所帶來的任務，不會多花時間去追求、去想人生種種的規劃或設定目標，只是完成眼前的事情——活在「心」，點點滴滴把握自己的意識狀態。

最有趣的是，該做什麼，人間自然會找上門來。不是用念頭去想，而是一個完整的藍圖突然降臨，不是透過腦去理解或規劃，最多只能說是與生命全面共振出來的。

有了這種領悟，多遇上幾次，給自己信心，把這領悟隨時留在心中，人自然會跟著走下去，讓生命完成自己。

人間最大的突破，都是透過這種領悟所達成的。從醒覺的角度來說，一個人完成生命帶來的任務，倒沒有什麼成就好談。沒有一個「我」可以成就，也沒有一個東西好去慶祝的。它只是生命自然衍生的現象，理所當然的成果，離不開生命的奧祕。

假如有一點成就的感覺，要注意，它本身還是在「我」的範圍內，已經扭曲了正確的理解。這是每一個人走這條路，都要注意的。

但願我能用最誠懇的方法來表達——每一個人都是宇宙最神聖的一個體。這一生來，是透過種種的祝福而成形的。人類的腦，在地球上比任何眾生都更發達。全部的生命，期待每一個人，期待你我，可以突然看到自己的完整，自己的完美——我們的神聖。

全部神聖的生命不可能不照顧我們，也不可能不愛護我們，只怕我們不完全相信，還寧願延續人生的痛苦。

4 對生命的信任，與信仰

Believing is seeing.

一般人會說「眼見為憑」（Seeing is believing.）——要先看到，才肯相信。其實，有時候，要先相信，才會看見（Believing is seeing.）。

我一位朋友伯尼．西格爾（Bernie Siegel），也提出一樣的觀點。他是耶魯大學的外科腫瘤專家，為了治療患者，透過愛的教導、鼓勵與分享，親自體驗到許多奇蹟與不可思議的轉變，而寫下《愛．醫藥．奇蹟》（*Love, Medicine and Miracles*）一書。他說「你所相信、所見的，確實發生。」（What you believe and see does happen.）同樣是要表達信仰的重要性。

真正有信仰，最誠懇、無條件的相信，無論是相信上帝或自己，一個人自然會看到疾病自行好轉，甚至體驗到奇蹟。

這種信仰表面看來不理性，然而，從更深的層面來看，或許這才是真正的理性。人不可能透過任何知覺，可以看到全部的生命。我們所經驗的，也沒有全面的代表性。我才會一再強調——對全部的生命要有信賴（trust），不要抵抗瞬間帶來的任何變化。而且，不光是不要抵抗，甚至是要接納。

進一步說，抵抗其實也沒有用，只是對生命所轉達出來的一小部份在抗議，而根本忽略了整體。

全部的生命透過這個瞬間所產生的，不過是一小部份，而我們體會的是其中更小一部份。任何抗議非但沒有作用，反而還造出對立，相對帶給自己反彈的作用力。

完全接受這個瞬間，我們自然會發現，生命每一個角落都是神聖的，自然會來協助我們，讓我們不費力走出這個人間。

我在這本書對瞬間做了好多不同的比喻，也只是希望透過不同的角度，能表達得更清楚。我用洗衣機來比喻，還有一層涵意——它內在扭轉的力道和所洗的衣服相較是不成比例的大，也就像瞬間蘊涵著很大的扭轉力量，於是我們只能順著它走。對抗它，阻擋它，反而自己容易受傷。

正因生命的整體，遠遠比一個瞬間所遇到的一切更為豐富，所以，去抵抗瞬間帶來的一切，其實也沒有用。整體本身有它的規律和規則，就像洗衣機的水流以及隨著水流在轉的一切——和它合作，相信它，甚至信仰它，才會讓人生和命運盡快地好轉。

這張圖用洗衣機來表達「這裡！現在！」和全部生命的關係。洗衣機中央的柱和槳，透過攪動，每一個瞬間所碰到的衣服都不一樣。比如說這一會兒碰到紅色，下一會碰到藍色。我們不可能用這個瞬間（中央柱）所碰到的現象來代表全部的生命（洗衣機裡的一切）。

5 怎麼獲得生命的豐盛？

全部的生命，不可能不豐盛。

這一章想進一步分享——面對人間最大的祕密。這也是過去大聖人所留下來的寶藏。我們所有可以看到、想到的人間、世界，都是透過意識組合才有。所以，豐盛，也離不開心，離不開意識的狀態。

意識，本身可以化出一個世界。而這個世界，自然符合意識的狀態。我們的意識狀態，回到一體意識，也就是絕對、無條件、不生不死、無色無形。它自然包括一切，也可以化現一切。

假如意識沒辦法包括一切，也不可能從它化現任何東西。它本來就有這個潛能，才可以化現。

這個簡單的道理，其實跟我們的生活有直接的關係。

回到豐盛這個主題，只要我們的「心」跟全部的生命是同一個步調，最多也只在化現我們本來有的，本來就是全部生命的一部份。這種化現不是透過念頭所成形，而是透過瞬間，由生命化現它所想要的，來配合我們在人間的需要。

再強調一次，豐盛的觀念其實和一般的想法相反。我們跟生命透過瞬間完全接軌，不需要再發一個「我需要什麼」的念頭，生命更大的聰明智慧自然來支持，交給我們那時候所需要的。

無論在哪一個瞬間，透過念頭或「我」想要的，不僅通常得不到，站在整體或長遠的角度來看，

成默予，2016・台北

很可能不見得是我們真正需要的。我們「想要」的任何東西，其實只是透過「我」的過濾網所呈現出來的念頭，是站在一個很狹窄的空間的體會，絕對不可能有全面的代表性。**這，才是生命的大祕密。**

人間所謂豐盛的祕密，是站在「我」想取得所取不到的。即使取到了，也不見得帶給我們幸福，甚至可能帶來煩惱和痛苦。

你聽到這些話，可能感到驚訝，甚至感覺有矛盾。但是，聖人從古至今一再表達的這一道理，已經經過無窮無盡時間的驗證。

我們本來富足豐盛，只是自己不知道，任由質疑心和種種念頭污染，而遮蔽了本來的豐盛。所以，還有「需」，還有「求」，也就這麼把寶貴的人生落入物質種種形相，認為有了這些形相、物質（金錢、名氣、權力）就足以代表豐盛。

生命真正的豐盛，不是物質世界所能帶來的，只是也離不開物質世界。外在和內在的世界，也只是兩面一體。內在的世界，一定會支持外在的人間，只是跟我們想像的方式不同。

一個人只要建立自信，把自己完全交給生命，自然建立豐盛的人生。

6 豐盛，只是一種意識狀態

豐盛，是「在」的成就，反映了我們生命的本質。

在這裡，用兩句話表達豐盛。

首先是 Abundance is who you are. You are abundance. 豐盛是你的本質。你就是豐盛。本書所談的生命的豐盛，是在表達我們的整體。是生命的架構，是意識的狀態，是我們的全部。

假如認為自己很豐盛，那麼，我們就是豐盛，知道自己的確不缺。反過來，假如認為樣樣都缺，也自然什麼都不足。

外在的世界，離不開我們的內在。

接下來，我要介紹下一句話：Abundance starts from within. 豐盛，從內在起步。豐盛是生命內在的成就，自然會反映到外在世界。

前頭提過對稱法則，提到內在生命與外在世界的相對相成。在這裡，我們可以進一步表達——生命的流出和流入，兩者也是相對相成。

倘若我們在人間的點點滴滴，都認為隨時是在被祝福，無論是從灑落的陽光、呼吸的一口空氣、身邊的風景、和人談話所得到的加持，或反過來祝福身邊的人，在其中，我們都看到自己和周遭一切的完美。這本身，就是在肯定外在的豐盛。

這種豐盛，不是物質所能帶來的，但也離不開物質。我們只是把生命簡化，在每一個物質看到祝福，不是只看到名、只看到利，而是在所有形相都看到神聖。

透過每一個形相，都可以肯定我們的豐盛。

就是這麼簡單的肯定，外在的豐盛就和內在的神聖接軌，而且進一步透過相對相成的對稱，自然流露到外在，讓我們取用不盡，得以深深體會——一切所需，生命自然會安排。

仔細觀察自然，無論植物或動物都是如此，都活在「這裡！現在！」，大自然都會為它安排。動物、植物不像人一樣，有一個求、貪、抓的念頭。它輕輕鬆鬆活在尊貴中，自然活出生命的價值，不會計較或質疑生命的安排。這一點，你我都要向大自然學習。

要回到大自然這種境界，最關鍵的意識狀態就是誠懇。我在本書一再強調的，也只是誠懇。誠懇是——一個人面對任何形相、任何狀況，都當作是第一次相遇，不帶來另外的價值和判斷，不帶來額外的過濾或遮蔽，而加上一層不必要的複雜性。

用誠懇，或第一次的心情，來面對每個瞬間。我們會發現——生命所帶來的一切，都是禮物，讓我們充滿了感恩。接下來，也就沒有第二個期待。

醒覺的人，也自然只是誠懇，把樣樣都簡化，不會再用念頭去捏造一個世界。

只要做到這個地步，和大自然一樣，消除任何需要的念頭，自然連豐盛這兩個字的意義也就消失。我們會發現——生命本來就是豐盛，也老早已經豐盛。

這種道理，是每一位聖人都會同意的。前面也提過，《聖經》各個角落，也以各式各樣的寓言來做說明。

豐盛，透過誠懇與讚美，流向外在的世界

我有一位很好的外國朋友，一生都在追求靈性。我請他吃飯，他後來跟我說，來台灣那麼多次，那是他最棒的一次用餐經驗——最好的環境、最好的服務、最好的食物、最好的一切。好久好久，沒那麼盡興了。

半年後，他打電話給我，說他捨不得不再去一次，這回帶了好多同事，但是「好奇怪，經驗完全不一樣。無論是服務、餐點……一切都變樣了。說真的，只能算是普通而已。」

我半開玩笑跟他說——你走進去，有沒有讚美天和地？有沒有讚美服務人員？有沒有誠懇地告訴主廚，他做的食物真好吃？有沒有幾秒鐘的時間，把自己全部的注意力交給環境、交給眼前的服務人員？假如沒有，怎麼可能有神聖的用餐經驗？

他回不了話，只好說：「ＯＫ，我明白了。」

很有意思，其實這種經驗，我常常遇到。

我分享這個小故事，主要是想表達——豐盛，其實是從內心而發的。

只要對身邊、對每一個人感到滿意，打從心裡生出感謝，而同時可以祝福、讚美一切，肯定一切生命，我們自然投入生命的豐盛。這種豐盛，和物質不相關，也離不開物質。內在的豐盛，和外在的物質會變成全面一體。

下一次，你可以自己做個小實驗。

無論是午餐或晚餐，外食還是在家裡吃，是不是可以全心投入，由衷的讚美妻子、朋友、服務員或

主廚，同時為眼前的飲食帶來祝福的念頭。放慢用餐的速度，享受每一口，享受每一個咀嚼，每一個味道。同時知道，你跟這個飲食，跟這一餐飯，跟身邊的人從來沒有分手過。

試試看，這樣的用餐經驗是否截然不同。

讓豐盛，從這裡開始。

談到誠懇，我自然會想起我父親。他對人對事，都誠懇。我在巴西長大，他在電機系當教授，每學期都得到教學優良獎。最可貴的是，他不光是對人真心，對事愛惜，連他親手照料的植物也會回應他的誠懇，而自然長得既茂密又豐盛。可惜，我當時沒有留下他養花的照片，只能透過圖畫，將我所記得的呈現出來。一個人只要誠懇，將自己完全奉獻出來，周邊的生命，包括植物和動物，都會回應。豐盛，其實不是取得，而是從我們內心流出來，到這個人間。

7 神聖的形相

化解形相所帶來的矛盾，形相也自然變得神聖。每一個形相，都有神聖的本質。透過形相，認得這個本質，是隨時可以做到的。

《全部的你》談過——任何形相，都是一個好的解脫工具。然而，假如沒有好好覺察，形相本身就是「我」的起步，也是「我」想追求的目標。它本身就是我們人生痛苦的來源。

然而，只要站在全部生命的基礎，任何形相都帶來一把解脫的鑰匙。只要我們輕輕鬆鬆地專注，專注每個瞬間，形相自然消失了吸引力，自然消失了重要性。

不用跟形相抵抗。抵抗，反而加強形相的作用。

不抵抗，只需要把自己的注意力帶回瞬間，任何形相跟我們的關係自然轉變。

形相還可以分成幾類。人間的形相是透過五官五感（眼耳鼻舌身，色聲香味觸）所體驗而確立的。然而，除了一般所見比較堅實的物質，連念頭想出來的念相，也還是一個形相。簡單來說，只要是可以想出來的，都可以當作一個形相來看。

有趣的是，對一般人而言，越堅固的形相越真。然而，有相當多朋友透過修行，反而認為比較微細的現象，例如能量、符號，才有更深的意義，好像比較接近真實；也認為越稀薄，越微細的現象，可能跟生命的本質越接近。

就我這幾十年所看到的，這種觀念相當普遍。

不光如此，這些朋友也認為比較微細的形相更有加持的力量。比如說，西方人自然認為自己身後有一位天使長守護，而且從來沒有離開過，在最緊急的時候，會來幫助、拯救我們。東方文化也認為菩薩或神明會扮演類似的角色，隨時恩典我們。

當然，不相信的人，會認為這些種種都是迷信。

有史以來，人類從來沒有離開過這些神聖的形相。在每一個文化中，透過當地宗教的演變，人間自然留下很多類似的象徵，讓我們可以接觸生命的神聖。無論信或不信，我們每一個人其實都有自己的神聖象徵（形相），可以帶來鼓勵、希望和援助。接下來的兩張畫，可以作為例子。

第一張畫，是一位畫家朋友 **Julian Andre** 為我畫的。她所畫的其實不是人，而是她藝術的眼光所見的靈體。她多年來住在巴西，深受唯靈論薰陶，[45] 認為每一個人都帶著一個不生不死的靈體，生生世世的轉世。靈體有自己的演化道路，每一生前來學習，作為提升。在這樣的信仰中，靈體雖然是肉眼不可見的，但在某些情況下可以與人間產生交流，甚至幫助療癒。另一張畫，則帶出一位天使或天使長的形相，表達一種保佑。[46]

這只是兩個實例，每個文化都有這種象徵。華人也有種種神聖的符號，讓我們和祖先與本地的信仰系統連結。只要這些形相有正面的加持力量，都很好，都會適時帶給人自信和安慰。

---

45 唯靈論（Spiritism），是從法國人亞蘭．卡甸（Alan Cardec, ~1850）受到啟發的思想，後來流傳到巴西和世界各地，影響深遠。唯靈論非但認為我們都是靈體的存在，而且透過這個靈體的存在，還可以跟肉身已經不在人間的靈體交流，得到啟發、指引和協助。唯靈論有一套很完整的說明，認為靈體多次轉世是在不斷地學習，不斷地演化。更有趣的是，我們一生所見過的人，包括親人，前世都是曾經待在一起的。

46 很可惜，畫上沒有簽名，我也不記得是誰給我的。

面對人間的苦難，每個人都需要鼓勵，也需要安慰。從外面帶來的這些力量，也都是來協助我們度過人間的難關的。

然而，這裡還是要提醒自己，也提醒大家——任何形相，不管多神聖，最多還只是一個形相。會生，也會死。還是頭腦所創出來的。

The mind makes anything real. 透過頭腦想出來的，我們自然認為是真的。我們透過念頭，可以賦予任何形相一個獨立的生命。然而，它本身還是一種制約，只是從一個念相、一個象徵聯繫到另外一個層面的意義。

儘管這個象徵本身會聯繫到一個更深層面的意義，然而只要能用「意義」兩個字來表達，不管深不深，仍沒有跳出客體的意識，還落在局限有條件意識的範圍，在全部的生命所佔的根本不成比例。這些形相，包括任何靈體，自然也還受到因果的制約，需要透過解脫，才可以回到一體意識。最多只能當成通往一體意識旅程中的形相的路標，說不上跟一體意識更近或更遠。

任何形相，任何體驗，無論多微細、多殊勝，也是一樣的，沒有離我們的一體意識更遠或更近。一體意識，包括一切。

這也是所有大聖人想要表達的道理。仔細讀佛經、《聖經》、道家經典，都可以從各個角落歸納出這個共識。比如佛陀在《法句經》提到——諸法意先導，意主，意造作。也就是——我們所想的，會變成我們自己。透過念頭，我們造出世界。[47] 耶穌在《聖經》也說，天堂其實就在心中。[48]《道德經》第一章也說「名可名，非常名。無名天地之始，有名萬物之母。」

無論談的是「意」、「天堂」、「心」、「道」、「名」、「無」或「有」，只要還可以用語言、文字來描述，或用頭腦（念頭、念相）想出來的，都不可能代表一體意識。這些神聖的法句，也只是來提醒——任何可能稱為神聖的，從來沒有離開過我們的內心。

神聖是從生命的內在湧現，倒不是任何外在或念頭造出的形相可以帶來。無論這些形相有多深、多神聖的意義存在，我們都無法在這上面找到神聖。

反過來，從外在形相的神聖，轉回內心的神聖，才可以得到所有的答案，找到全部的生命。

這些話，乍聽之下，似乎將一切神聖形相的意義打了折扣。假如有這種誤解，只是受限於語言表達不夠完整。這裡真正想表達的是——從任何形相都可以找到人間的出口，讓我們自然回到神聖的生命。

在我們一個人孤獨的旅程中，任何形相，尤其自己所認為神聖的形相，也只能帶給我們鼓勵、祝福和加油。它們本身就是路標，指向生命內在更深的層面，讓我們反省，理解人間所帶來的形相不等於一切，還有更深的層面在等著我們，而這個層面遠遠超過人間所帶來的限制。

就這一提醒的作用而言，神聖的形相本身就值得肯定。

其實，用這種眼光來看，一個人只要誠懇，把每一個形相當成神聖，從每一個形相都可以找到人間的出口。

最後，找到這個出口，其實不需要費時間，「這裡！現在！」就可以到家。我們一生，都需要這種路標。

這些話，彙總了所有大聖人所證到的，我們可以親自投入，驗證這些話是否正確。

47 《南傳法句經》〈雙品〉第一．第一偈。

48 〈路加福音〉17:21「因為神的國就在你們心裡。」

8 笑，最深的領悟

笑，是最好的藥。

笑，其實是最好的藥。我指的是對身—心最好的藥。透過笑，身—心可以連通起來。不光是每一個細胞可以放鬆，從心裡面，也得到一個很大的紓解。

笑，不管是有道理或沒來由的笑，也就同時讓我們觀察到生命另外一個層面。透過笑，我們不會把眼前的世界看得那麼絕對，也不會把任何事看得那麼嚴肅，非得怎麼樣不可。笑，本身帶來一個空間，好像在我們眼前建立了一個空檔，可以透過這個空檔，看著眼前的一切。

笑，也消除了我跟你跟其他人的距離。透過笑，自己的笑，別人的笑，可以找到一個共識。讓意識在那個瞬間得到一種融合，分不出是誰在笑，或在笑什麼。這種境界自然帶來一種舒暢的感覺，讓全部的神經系統放鬆，活化副交感神經系統放鬆的反應（relaxation response），同時帶動一個全面正向的情緒放大反應，浸潤每一個細胞。

站在意識層面，笑，本身就在提醒我們——生命不只是外在，還有更深的層面等著我們。

這個更深的層面，自然全面淡化了外在世界的重要性。透過笑，我們自然達到生命的均衡與和諧。也同時在笑的當中，自然回到當下這個瞬間。很少人在笑的時候還能有很多念頭。念頭一起，笑也就消失了。

笑，是把身體所有的體，從肉體到情緒體到思考體……全部合一。

笑，是個不費勁的狀態。只有在最輕鬆的時候，一個人才會笑。反過來，笑也喚醒我們最輕鬆的狀態。我們只要想到笑，就已經開始笑了。這是每一個人都期待，希望可以隨時享有的狀態。

有意思的是，每一個文化、宗教，都強調笑的作用。華人的佛教甚至將未來的佛——彌勒佛（*Buddha Maitreya*），畫作一個大肚子笑呵呵的形相。更有意思的是，彌勒佛代表的就是唯識的大法門，強調我們所體驗、看到、稱為形相的一切，都離不開意識，都是意識或是心組合的。而心或意識，本身也離不開空。

這麼一來，還有什麼好計較。一個人最多也只能笑。

彌勒佛胖嘟嘟的形相，露著肚皮在笑，也在表達形相沒有什麼好計較的。這個象徵，本身就是一個很好的提醒，提醒我們——人生其實沒有事。大事沒有，小事也沒有。

人透過腦海造出許多事，帶給自己許多冤枉、許多不需要的痛苦。只要活在當下，自然會發現生命的內外是通的。從這個表象的外在世界，可以通到無限大的內在。而這個無限大的內在，遠遠大於表面的外在世界。

透過笑，回到這個瞬間，我們突然打開了一個門戶，透過螺旋進入了另外一個世界。而這個遠遠更大的世界，是透過瞬間才和眼前的世界結合。

我們透過寧靜可以體會到它，甚至可以感受到它。

一個人醒覺後，會發現有時候也只能笑，才能表達他的領悟。人間的瘋狂，在他眼中也很可愛，知道是一個必經的過程，人類整體才會醒覺。而人類表面的邪惡，只是無意識的昏迷所表現出來的，其實不是真正的自己。任何人間所講的絕對，其實都是相對，根本沒有什麼是絕對重要的。就連人跟人之間充滿了認真，把一個錯覺的世界當作真的，用一輩子去對抗、去佔領。面對這樣子的現象也可以從中看出一種美。心裡明白，這是人類共同要走過的。

這樣一來，一個人也只能自己笑，帶周遭的人笑。透過笑，表達他最深的領悟。

看向生命的深處，看著生命的深邃，就是我們來這一生最大的目的。觀察到生命的內在，自然帶來歡喜，讓我們對樣樣都不那麼嚴肅，而自然會想笑。這張圖用深深的水當作生命的內在，而人間只佔了表面一點點。

生命的內在，也可以用這張畫來表達。這張圖的藍色空間，可以當作生命的內在。瞬間的門戶，可以用這張圖白色螺旋的洞來表達。就好像我們透過瞬間，可以融入不可思議的內在生命，而發現全部神聖的生命從來沒有動過，始終在等著我們。一個人，有這種體驗，笑自然會從心裡發出來。不斷地笑，笑自己，笑這個世界。這一來，任何問題，還沒有起步，也就消失。這一張畫，同樣是前面提過的唯靈派藝術家 Julian Andre 的作品。

9 笑自己

瞬間帶來的笑，一個人也就自由了。

可以笑自己，通常會帶來最徹底的反省。

我們每一個人都需要。

人生本來就是一場戲。我們也只是其中的演員，演完了人生這場戲，最多還是回到全部的生命，重新開始。

戲，跟戲之間，我們也許都學到了一些，只是也不需要那麼認真。學到的內容再怎麼豐富，再怎麼精彩，畢竟只佔全部神聖生命的一小部份，不成比例。

一個人可以笑自己，我常常說，這樣還有希望。

有希望的是——他還是可以稍稍瞥見了生命的空檔，而化掉人生的嚴肅及任何絕對的重要性。

我們常看到同事或身邊的人，在開會或面對事情時，皺著眉頭、全身繃得很緊，滿臉愁容。自己過不去，也要讓別人過不去。講出來的話，有時候硬梆梆地，很絕對，不留給自己或別人一點空間。對樣樣都有意見，而且都是負面的意見，也就這麼完全錯過了生命的空檔，更不用談什麼瞬間，什麼「這裡！現在！」。只是把自己潛意識所帶來的不愉快不斷浮出來，把不快樂帶給自己，帶給周遭的人。

這種人，每一個人都見過，也許我們自己就是這樣子。他已經把角色和自己混淆在一起，認為角色就是他自己。

再進一步來說，我們每一個人在社會本來就要扮演種種的角色，在不同的情境發揮不同的功能，例如工程師、老師、學生、家長、服務生、清潔工、快遞員、藝術家、企業家、歌星、明星。然而，我們通常會把這個社會的角色當成自己，甚至成為全部的自己。以為透過這個角色，可以活出全部的生命，好像失去這個身分或角色，也就沒了自己。所以，自然會緊抓著這個角色不放。

我們有時候也是一樣的，太投入某個角色，而分不清楚角色和自己。例如有些人，因為物質上的豐足成了好些場合的貴賓，而以為這個身分等於自己的全部，有時就忘了給自己和別人留一點餘地。

很多人修行了一輩子，也是如此。一開口，就帶來過度的嚴重、過度的嚴肅、過度的認真，認為自己懂得真實，而自己認定的真理，不光別人不懂，而且還是不可能懂的。所以，總是用高高在上的眼光來看人。別人一眼看到他，就知道他不快樂，但可惜的是，他自己不知道。

笑自己，不光是在人間樣樣事情看到幽默，而是進一步看到人間沒有一件事是絕對的。我們任何看法，不管有多少根據，有多少經驗支持，最多也還只是一個觀點。它本身還是主觀的，不只是個人的主觀，根本脫不開人類的主觀。

仔細看人類的歷史，可以看到一代又一代所認為的真實而引發的戰爭、折磨和歧視，幾乎是一種集體的催眠。

然而，不過幾年的光景，也就事過境遷，什麼都不存在了。

當時的真實，甚至才幾年前的真實，已經過時了。任何文化的趨勢，不管是時裝的流行、生活飲食等種種習慣、甚至思想的架構、行為的道德判斷，以及科學的理論，都只是隨著時代在演變。所以，沒有什麼是絕對的。

笑自己，也只是完全理解——自己所講、所想的一切，還只是一個觀點。我們想表達的任何觀點，最多也只是一個溝通的方便，倒沒有什麼永久的價值。

可以笑自己，而隨時可以笑自己，其實還帶來另一個層面的領悟和理解。

一個人本來是輕輕鬆鬆活在這個世界，配合全部的生命來延伸生命的奧妙，但可惜的是，讓人間把自己帶走了，也讓自己失去均衡——把每一個瞬間變得複雜，再加上許多念頭的扭曲，帶給自己數不清的煩惱與傷痛。

在笑自己的時候，也是可以看到這個人生的悖論，充分知道——任何矛盾，是自己帶來的。透過一個笑，就可以把這個矛盾挪開，將我們帶回這個瞬間。把一個複雜的狀況，簡化再簡化到這個瞬間。

透過笑，也就突然把這個瞬間當成人生最大的目的。接下來，沒有其他的目的，比這個瞬間所帶來的笑更大。

可惜的是，我這些話，也許只有少數人會聽懂。也許真正需要聽懂的朋友，反而不見得有機會接觸。但是，都沒有關係，總有一天，還是會接觸到這些道理的。

笑自己，當作一種練習

用任何方法，打斷念頭滴滴答答不停的流動，一個人自然回到瞬間。

回到瞬間，自然沒有事，會想笑。

把笑當作練習，倒不是為了笑出聲音或做個假笑的動作，而是輕輕地提醒自己，讓念頭的流動踩個剎車，讓心回到「這裡！現在！」，也就是這個瞬間。

這兩本書介紹了幾個路標，都可以作為這樣的提醒。我常開玩笑——只要AEIOU五個母音，也就是中文的「啊、耶、咦、喔、唔」這五個發音，就可以達到這個效果。

遇到每一件事，尤其發現自己對人對事認真過度，變得嚴肅了。可以輕輕地問一聲——

「啊？真的嗎？」

「耶？是嗎？」

「咦？你確定嗎？」

「喔？是這樣嗎？」

「唔？真的這樣嗎？」

這樣子，帶給自己一個剎車，自然從一種絕對的嚴重性跳出來。心突然開了，發現一切所想、所講、所認為、所評價的也不過是一個觀點。這時，不用別人教，也不需要特別練習。笑，自然從心底發了出來。

笑出來，每個人都不一樣。

有些人，是內心感到解開。
也有人會鬆口氣，啊～
有些人，繃緊的眼眶一下鬆了。
也有人會笑出聲音來。
這些笑，都跟人間帶來的笑不同。跟生命的內在是接軌的，帶來更深的理解。
接下來，你就試試看吧！
面對每一個人，每一件事，用——
「啊？」
「耶？」
「咦？」
「喔？」
「唔？」
特別是，面對這本書所講的一切，先用——
「啊？」
「耶？」
「咦？」
「喔？」
「唔？」
我相信，你也只好笑出來了。

10 醒覺的呼吸

一口醒覺的呼吸，也就夠了。

假如有一個方法或練習可談，我也只能稱呼吸是最重要的一門課，一個法門。我在許多作品，包括《靜坐》、《重生》[49] 都特別強調呼吸的重要性，在這裡只簡要彙總。有興趣的讀者可以自行進一步探討，實際採用各式各樣的呼吸法，為身心帶來徹底的轉變。

簡單說，呼吸是一個自主、非自主反應的交會點。這些專業術語要表達的也只是——呼吸是想叫它快就可以快，叫它慢就可以慢，完全可以透過意志力和胸腔的肌肉來調控。同時，呼吸也可以是一個不受意念控制的功能，例如睡覺、講話、做事、散步時，不去注意呼吸，它也會自己根據生理的狀況和外在的要求，隨時調整深度和速度。

仔細觀察，大概沒有第二種生理功能同時存在這兩種調節方式。比如說，用意念控制心跳快或慢，是幾乎不可能做到的。

同時，呼吸是有色有形，也接近無色無形。有形的是，我們可以把注意落在胸腔、鼻子、丹田，來觀察呼吸。它本身離不開身體有形的空間。說它接近無色無形，也只是說呼吸本身透過空氣的流動，其實是最容易讓我們體會到空。有時好像有，有時又好像沒有。也可以說，它從呼吸的「有」的形相，自然可以帶到無色無形的部份。

神聖的呼吸，就是有那麼大的作用。

這種交會點，不是在身體其他部位那麼容易可以找到的。

更有趣的是，呼吸的頻率，本身含著很深的意義。在最舒暢、最放鬆的狀態下，呼吸的頻率或這個頻率所帶來的諧振，其實跟身體其他部位比如說血管、血流是同步的。甚至，在完全合一或共振的狀態下，跟身體其他部份的律動是分不開的。身體就像落入了一個大的呼吸律動，把每一個角落、每一個細胞最根本的頻率帶動起來，讓我們全身達到合一，而跟著活起來。

在合一的狀態下，呼吸本身活了起來，有它自己的生命、自己的週期。

我過去才會說，醒覺的呼吸，其實是呼吸來呼吸我們。

沒有一個人在呼吸，也沒有一個呼吸的對象。

我們在全身合一的狀態，已經投入瞬間「這裡！現在！」，也就是當下。

我談神聖的呼吸，不只是在描述醒覺的呼吸，而是強調——透過神聖的呼吸，可以把生命的全部找回來。同時也想表達，每一口呼吸都是神聖的，從來沒有跟神聖的生命分手過。

只要輕鬆而清醒地觀察到呼吸，把全部的注意交給呼吸。一口呼吸，也就夠了。一個人自然就醒過來了。

懂得用呼吸當作一個路標，自然會把每一口呼吸，當作人生最後一口呼吸來進行。也自然發現，生命本來就是那麼簡單，離不開一口呼吸。

其實，任何其他都是多餘的。

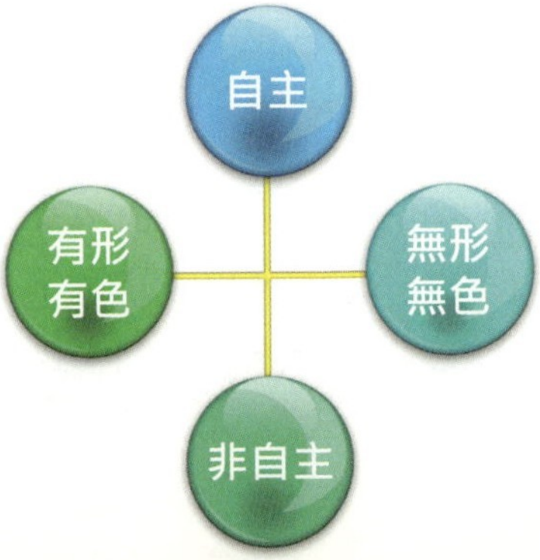

自主
無形無色
有形有色
非自主

49 《靜坐》第五章〈靜坐技巧介紹——呼吸〉、第六章〈為何要強調呼吸的方法?〉第七章〈呼吸，不只是呼吸——靜坐的基本要領〉。此外，《重生：蛻變於呼吸間》這套專輯收錄了淨化呼吸法（*Kriya Yoga*）以及諧振式呼吸（Coherent Breathing）兩大方法。

一口醒覺的呼吸，就是有那麼大的作用。

「作用」兩個字也並不是那麼貼切，它本身沒有什麼作用，我們最多也只能讓呼吸活出它自己帶來的目的。

這個目的，也只是帶領我們通到人生最深的層面，把一切的制約打破。

這麼一來，我們的呼吸自然變得深長，就把原本短促的呼吸做了很大的調整，本身就是找回身心健康的第一步。

我們每一個人的呼吸之所以短促，都是受到過度壓力的影響，也就是自律神經失衡。然而，要調整呼吸，不是跟呼吸對抗，也不是改善呼吸的功能，而是只要輕輕地把注意力擺到每一口呼吸，自然把人間所帶來的壓力循環打斷。

除了把呼吸拉長，讓我們整體達到放鬆、合一，神聖的呼吸也自然讓我們進入無色無形，也就是我們的全部。

從呼吸，我們自然會落在身體的每一個角落，也自然看到每一個角落活起來，亮起來，動起來，也同時注意到生命能量的流動。

輕輕鬆鬆地注意，注意到那個點，也就流通了，自然把生命的元氣找回來。

再進一步，放開呼吸，這個元氣也就自然帶著我們呼吸。我們最多也只能將自己落入它的運行、順著它的循環，不去干涉它。這個元氣是生命的根，自然從我們的體爆發出來，跟整個宇宙合併。

從身體裡面，我們會發現一個生命能量的小宇宙，本身是跟整個大宇宙連起來的。但我們往往透過「我」，再加上流不完的念頭，把這個整體局限到一個小小的、失衡的「我」，而失掉了小宇宙與大宇宙之間相通的關係。

這種領悟，會帶來一種喜樂，一種歡喜，是人間一般接觸不到的。

這就是無色無形的歡喜。

或許很難想像，只是輕鬆地把注意力落到瞬間，就能帶來那麼大的效果。它是消融「我」最好的方法，是找到寧靜最好的道路。它本身會幫助我們調整呼吸，同時讓我們自然可以觀察到呼吸的每一個角落。它本身，就是醒覺的第一步。

我在很多作品、各種場合，把握各種機會，由各式各樣不同的角度來解釋呼吸，正是基於它的重要性——呼吸，是忙碌的現代人最需要的調整法，可以帶我們的身心回到平衡，也是紓解壓力最好的方

醒覺的呼吸，自然帶動一個能量的小宇宙，就像一個門戶通往整個宇宙，這裡用丹田的螺旋來表達。透過呼吸，我們可以共振到生命的內在。同時，可以讓念頭消逝。
注意力完全放在呼吸，醒覺的呼吸，自然不可能有念頭。反過來，還有念頭，也不可能有醒覺的呼吸。一個人，隨時回到醒覺的呼吸，這本身是消除念頭或「我」最好的方法。

式。同時，又是意識轉變最好的一個工具，讓我們隨時把注意力返回內心，帶回整體。

為此，我也整理許多不同的呼吸法，希望你可以從中找到與自己相應的。只要執行，對身心的平衡一定會產生效果。這些都是可以親自驗證的，它本身是最完整的呼吸科學。但願我將來有機會再進一步整合。

我相信，只要誠懇去執行、去體會、去觀察、去領悟，自然會走出自己的一條路。

觀察呼吸

這裡介紹一個最基本的呼吸法門——觀息，或說觀呼吸。你可以跟著以下的敘述，一起體驗。

每一口呼吸，進，出。

我都知道。

呼吸，進。呼吸，出。

呼吸，進。呼吸，出。

呼吸，進。呼吸，出。

我都知道。

呼吸長，我也知道。

呼吸短，我也知道。
我輕輕鬆鬆地落在呼吸，而感覺到它，體驗到它。
呼吸進來，碰到鼻孔，膨脹胸腔，通到肚子，我都知道。
吐氣，肚子縮，胸腔縮，呼出鼻孔，我也都知道。
呼吸，延伸到每一個身體的角落，我都跟它一起膨脹，我都知道。
吐氣，透過每一個細胞，每一個部位，吐出，我也知道。
每一口吸，我都充分知道。
我看著它——
進。
看到它——
出。
我把一切全部交給呼吸。交給呼吸，我一切的注意也只是這樣子。
呼吸，還是進。
還是出。
一切只有呼吸。只剩下呼吸。
而每一口呼吸，我都知道。
每一口呼吸，我都放過它。
進，我也放過它。
出，我也放過。

每一口呼吸，進，出。
我都可以放過。
還有呼吸，還有進，還有出。我不斷地放過它。
我就是呼吸。
我就是吸氣。
我就是吐氣……
進。
出。
我也不用再去分別。
進，也變成出。
出，也就是進。
都已經跟我不相關。
我也已經不用看到進，不用看到出。
甚至連呼吸，整個呼吸，我都不用去理它。
也就輕輕鬆鬆讓它自己運轉。
我也不加上任何念頭，
懶得理它。
每一個身體的角落，自然都活起來。
活起來，我也不去管它。

跟我不相關。
我只是知道。
從一個角落，活到另一個角落。
整個身體不管是放光，發熱，流動，氣滿，都跟我無關。
我也不用去理它。
氣，往哪裡走。跟我其實一點都不相關。
就讓它自由流動。
就讓生命帶著我走。
我也老早落到一個最小的一點。
甚至，「沒有」的一點。
怎麼可能還對生命有什麼期待，有什麼關心，
有什麼放不過。
這樣子一來，生命把我一口吞掉。
接下來，
沒有了。

11 神聖的自然

在我們醒覺的旅程，大自然是最好的朋友，她已經等了我們好久。

雖然人類老早被自己的念相世界帶走，把生命變成了人生，把「在」變成了「動」。大自然的意識，從來沒有動過，從無始以來，一直幫助地球守護整體或一體的意識。

大自然「在」，隨時都在，隨時都給我們人類帶來取用不盡的路標。希望透過它，讓我們可以回到全部的生命。

我們就好像一個孤兒，流浪在這個世界，而全部的生命捨不得看我們心痛流離，等著我們回家。所以，透過自然，無所不在的大自然，讓我們醒覺。透過全部的自然，來幫助我們醒覺，讓我們找回自己生命的根。

除了人類之外，大自然的任何生命，包括動物、植物、礦物，連一顆石頭，都活在一體意識不分別的狀態，都在。每一個瞬間，都在。就好像生命，透過自然，在每個瞬間，活出它自己的目的。

不管是一朵花，一隻鳥，一隻動物，什麼都不計較，也沒有什麼其他的目的。它唯一的目的，假如可以稱目的，也只是跟生命完全配合，活出它最完美的生命，開展生命的最完美、最完整的全部。

它已經活在最神聖的尊貴，完全配合生命。不在意地生。不在意地死。在大自然的生命上，一丁點都加不上去，一點一滴也減不下來。

人，其實本來也可以那麼單純，也就那麼單純。

我們也只是自然的一部份。不幸的是，透過人類的發展，我們演變出一個相當分化的腦，在身體之上加了另外一個體，這就是念頭體，雖然是虛的，反而讓我們認為是真的。甚至，比實在的體，也就是大自然全部都有的實體，好像還更真實。

要回到神聖的全部生命，只要多跟自然接觸，它本身就是最好的路標。只要找到自然跟個人生命共同的本質，我們已經到家了。大自然種種的生命都沒有分別心，跟大自然接觸，甚至合一，就會讓我們消除任何分別。

常接觸大自然，也會幫我們消失念頭。同時，自然把我們帶回「這裡！現在！」。欣賞大自然，不要加任何其他的念頭，甚至不用再去標示它。這樣，我們已經活在當下。

我們每一個人都懂得這些道理，也都有過這方面的體驗。很多人喜歡釣魚、搭船、爬山、健行、賞鳥，也有人喜歡種花，或只是在公園草地上坐著，都體會到自然帶給我們的寧靜。有趣的是，很少人會描述這些活動是一種刺激或快樂，而是用平安、滿足、放鬆來形容。

雖然我們也可能透過「動」進入大自然，但是它帶給我們的印象，其實偏重於「在」的作用。「在」，是個內心的層面，是「心」對「這裡！現在！」的體悟。

自然所帶來的奇蹟

神聖的自然，呼應了這一卷的主題〈神聖的低語〉——只要我們內心安靜，可以完全接受全部的生命，連一點疑問都沒有，大自然就在我們的眼前活起來了，處處都是奇妙的低語。

活起來，是說它表面看來不符合人間的因果，隨時可以表現出共時性的奇蹟。這些奇蹟，看似不受外在世界因果法則的管轄，是從更深的層面延伸出來的。

這種外在世界和內在生命的連結，是我們在人間看不到，也不可能理解的。我們表面上認為它和人間因果不相關。其實，它從來沒有離開過生命的一體，生命整體的連結性，也沒有違反任何物理的法則，包括因果法則。

只是，我們所理解的一切，是限制在人間的局限，沒有包括生命的整體，才會稱一些現象不可思議，或稱為奇蹟。

這些奧妙，每一個人都可以自己驗證，不需要透過「相信」來接受這種再明白不過的事實。一個人只要完全進入臣服，自然會發現，內在的生命不光是跟我隨時連結起來，而且跟自然的每一個角落都是相通的。

外在跟內在是完全通流的。

神聖的自然，也就可以隨時捎來訊息，有時在耳邊低語，有時化身在眼前，好像不斷地想跟我們溝通，活出它本有的奧妙。同時，也希望透過我們，把這個奧妙，把這個整體的意識，帶到這個世界。

我們唯一可以做的，也只是接受這種奧妙。甚至，連這個奧妙都要放過，讓它自己存在，讓它自己活出它所要傳達的訊息。這樣子，我們跟自然的關係也突然活起來了。它本身，就是神聖的關係。

於是，我們也不可能刻意傷害任何生命。深知每一個角落的生命，其實從來沒有跟我的生命分手過。

把自然當作最好的朋友，也就表達我們對生命的尊重。一個人對生命真正尊重，倒是不需要特別去推動公益活動。他在生命和生命之間，只看到平等，沒有哪一種生命需要加倍的保護。只要我們做任何抗議、對抗，這個動作本身就不符合生命，反而衍生分離和痛苦。

不對抗，不分別，不批判，不執著，可以放過一切。連自己對錯的觀點，都可以放過。
這才是喜樂。
才是愛。
才是平安。

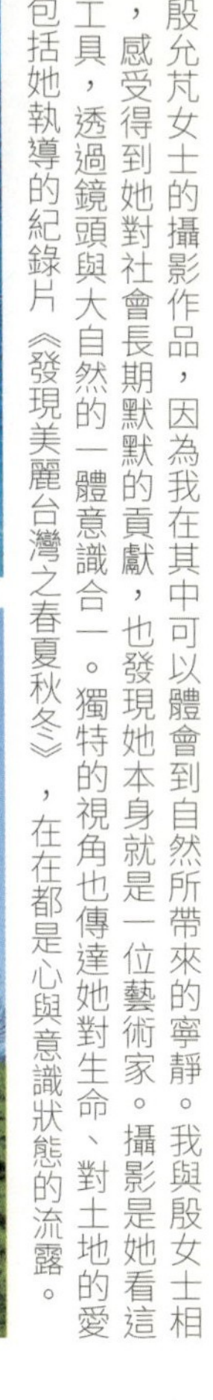

我想分享殷允芃女士的攝影作品，因為我在其中可以體會到自然所帶來的寧靜。我與殷女士相識幾十年，感受得到她對社會長期默默的貢獻，也發現她本身就是一位藝術家。攝影是她看這個世界的工具，透過鏡頭與大自然的一體意識合一。獨特的視角也傳達她對生命、對土地的愛和關懷，包括她執導的紀錄片《發現美麗台灣之春夏秋冬》，在在都是心與意識狀態的流露。

2014
以色列

2015・英國

2010・台東

2013・法國莫內花園

2010・台東

2006・內蒙古

2014・北海

12 對稱法則 VS. 因果法則

生命的內在，遠大於外在。醒覺，也只是內在完全翻出來，是必然的結果。

本書到這裡，已經建立了基礎，足以整合一個相當重要的觀念。

從古至今，很多人都認為前面所講的 Law of Causality 因果法則（業力法則），是透過修行、成道可以打破的。然而，這個觀念並不正確。因果的法，其實比牛頓的第三運動定律（作用力—反作用力）還更基本，是根本不可能打破的。在有時—空的人間，它永遠存在。

此外，本書稍早提過的另一個法——對稱法則，同樣是最基本的物理原則，也是無法違反的。即使可以違反，也只能維持很短的時間。因為立即帶來一個失衡，無法長久。整體來看，對稱法則還是成立的。

一個人醒覺過來，才會突然理解——對稱的法則與因果法則，不光在人間的表面生命成立，也同時在外在世界和內在生命運作。生命的外在，從來沒離開過內在。內在，也從來沒離開過外在。兩個層面是相對相成的。只是我們透過知覺，看不到內在，最多偶爾體會。

其實，嚴格講，連「相對相成」都是不正確的說法。它是整體的，而外在只是內在的一部份，內和外是分不開的。只是人類看不到全面，無法理解整體。所以，我借用「相對相成」這四個字，勉強表達這個整體的連貫性。

在這裡，我想用另一個比喻，希望可以表達得更清楚。

這個因—果的法，比較容易在外在世界看到。也就是說，東西和事件的連貫性是每一個人都可以觀察到的。假如觀察不到之間的連貫性，我們就會稱為巧合。太意外的話，我們就會稱為奇蹟。

而內和外之間的聯繫，比較屬於對稱法則，也就是兩面一體的觀念。但是，內在向外在透露的比例和內容，隨時可以變，和意識的狀態相關。一個人內心突然寧靜，外在也跟著平安。反過來，內心不寧靜，外在可能顯出著急、憤怒。

透過外在的眼光，我們只看到外在和外在的關連，看不透內在的運行。有時認為因果的法則被打破了，其實，所謂的打破，也只是外和內突然做了一個調整。

站在整體，什麼都沒有動。只是某個東西或某個人和內在做了一個相稱的對應，而使得外和內的比例發生變動。

從外在的角度來觀察，會感覺不符合因果。因為找不到關連，我們才會認為某件事是巧合或奇蹟。然而，所謂的奇蹟，其實既沒有違反因果法則，也沒有違背對稱法則。

懂了這些，自然會發現全部生命的奧妙，都是本來有的，再明白不過，只是我們透過外在的邏輯沒辦法理解。

生命的任何奇蹟，本身也只是反映生命內在的延伸。重點是——透過內外的通透，才讓內在生命的全部或部份浮出來，其實什麼法都沒有違反。只是，站在外在的角度來觀察，會以為外在有了變化，而沒辦法跟因果或周邊的因素聯繫起來，才會以為打破了因果。

懂了這些，一個人會遺憾自己過去的理解太過狹隘。誤以為人間的知識，就是我們可以懂的一切。誤以為可以拿人間有限的知識，遮蔽生命本來的奧妙。卻不知道，這根本是不可能的。

因果法則，我們在生命的外在（圖的上方）比較容易觀察到，描述人和人、和萬物、和自然之間橫向的關係。外在世界，要符合制約的條件才可以組合。我們的腦落在同樣的制約，也自然認為每件事都要有一個合理的解釋。
對稱法則，則是描述生命內在和外在的縱向關係。透過它，也就是圖中連通生命外在（圖上）和內在（圖下）的縱向通道，生命內在和外在相對相成，相互連通而達到均衡。
然而，在內外回復均衡的過程中，我們看不見內在的運作，找不出前因後果，得不到理性的解釋，自然讓我們覺得不可思議，而認為是奇蹟。

進一步說，一個人就是醒過來了，還是受到因－果的法則管轄。只要活在人間，這個管轄還是存在。

人間本身就是限制，是制約所成立的。留在這個瞬間，他自然要受到這個限制、因果的作用。

一個人醒覺，即使完全醒覺，他來到這一生，還是透過因果來的。醒覺了，他還有殘留的業力要消化，要受到這個法的作用。梵文有一個詞「隨伴業」（*prarabdha karma*），意思是一個人全部醒來，還是要隨順過去的因果活下去，因為他本身就是這些因果組合的。

重點不在這裡。一個人醒過來了，自然會發現生命的內在遠遠大於外在。甚至，內和外從來沒有分過。「內在」本身是「空」，本身是「在」，是還沒有成形的絕對，要透過意識的化現，才局限到這個世界。

這麼一懂，一個醒覺的人不光對外在所有的現象都可以容納，都可以臣服。對內在生命的一切同樣可以容納，可以臣服。這樣子，生命的內在透過對稱不斷地翻出來，而且從每一個角落都翻出來。周遭的人會認為這一切都是不可思議，都是奇蹟，甚至打破因果。其實，一個醒覺的人知道，這些還都符合生命更大的原則，透過遊戲，在開展。

所以才會說，最後，是生命來活我們。

這樣，對稱的法也沒有違反，因果的法也沒有違反。什麼都沒有違反，因為什麼都不存在。也只有一片空。

一片寧靜。

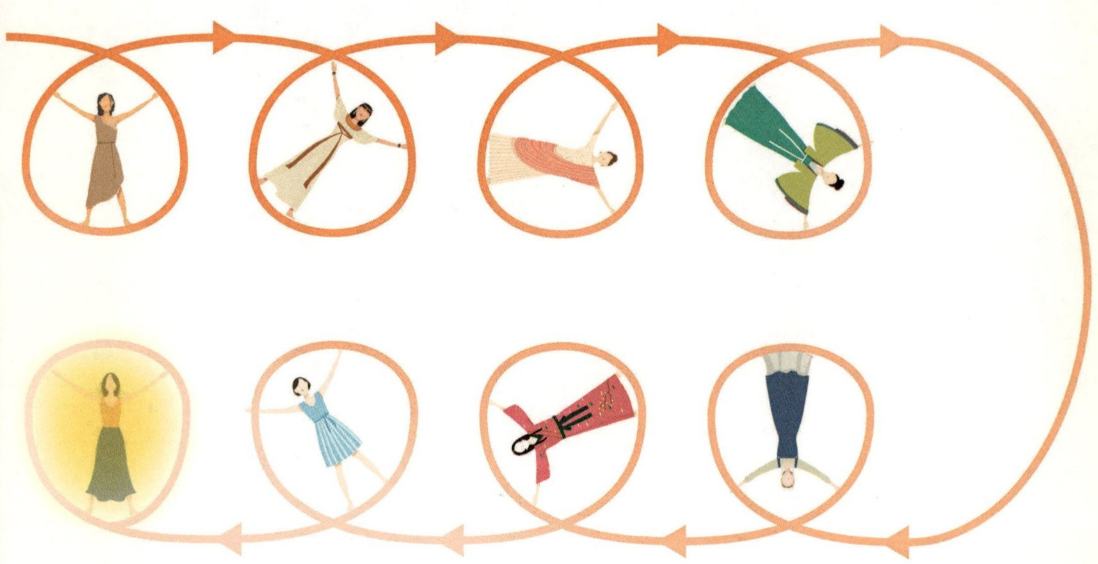

制約是個能量場，由瞬間到瞬間，這一生到下一生，不斷地透過形相再生。人類的歷史可以說是一個無盡的能量循環，不斷地再生，不斷地和形相綁在一起。這張圖的第一個圈圈（左上）代表最原始的階段，沿著時—空，不斷地的往右、往下循環和流轉。

人類視這樣的循環為理所當然。然而，制約由條件所建構，本身還是局限，必然帶來限制。如果我們不跳出制約，也就只能依照時—空的先後順序架構，沿著過去的設定，走到現在，由此決定未來。只有將綿延不絕的念頭之流中斷，打破念頭與念頭之間的制約，才能把生命的全部潛能發揮出來。

我過去從來沒有談過這些，也就是擔心一個人聽到這些，自然會建立另外一套邏輯，進入一個邏輯的系統，而又被這個系統困住了。

正因如此，過去幾乎看不到這種解釋。古人希望我們直接進入全部的生命，而不是在思考裡打轉。但我認為年代已經不同，人類最大的優勢，正是人腦的分別思考能力。透過我們腦的思考能力，我認為我們已經到一個地步，機緣成熟，透過它，反而可以通到底。

把念頭當作解脫最大的工具。解脫了，一個人自然會發現宇宙不可能犯錯。站在整體，沒有什麼對錯好談的。大自然，也在等著我們醒覺。只要我們醒覺，透過我們，大自然也突然可以觀察到自己。宇宙，也就跟著醒過來了。

第七卷
神聖的祝福

走上神聖的路，最多也只能讓神聖的生命來祝福我們，帶著我們勇敢走下去。面對每一個考驗、每一個困難、每一件事，都可以讓生命來活我們，展開最好的安排。

生命也就突然活起來，而這個「活」遠遠超過我們可以理解或想像。不再加一個「我」或「成就」的觀念，也只是讓生命完成它自己的目的。而這一目的，最多也只是透過我們照明到這個世界。

接下來，生命再也不是一個問題，只留下喜樂、愛、平安。

Almine, Meridian CD Art- 4 - *Pericardium*

1 神聖的走路

把每一步，當作人生的最後一步。

我們每一個人走路，都是為了抵達——抵達，成為我們走路的目標。

這跟前面提到，利用瞬間達到一個目標，是一樣的，離不開時空的觀念。我們透過「動」，透過「走」，為了到達未來的某個地點。

同時，我們每一個人在走路時，踏的步在這裡，念頭卻已經踏到「別的哪裡」。活在一個念相的世界，從來沒有體會到「在」——「這裡！現在！」的「在」。

所以，我們無論在講話、在看電視、在走路，總是「不在」。

假如可以把所走的每一步，都當作人生的最後一步，我們眼前的世界會突然消失。

把每一步，當作最大的人生目的，而沒有下一個目的，我們自然投入這一步。這個瞬間，本身就可以讓我們踏進生命的內在。

一個人在走，完全沒有其他的目的，這本身就是解脫最好的辦法。它本身就是修行。就是靜坐。

我們跟著走的每一步，也就一起活起來，自然把「在」、寧靜和生命的空檔找回來，把生命單純化。

從一個充滿著煩惱的世界，單純到一步。讓這一步，帶著我們面對每一件事、每一個人。

我們自然會發現，生命本來很單純。只是我們離開了這一步，離開了這個瞬間，把它複雜化，給自己帶來數不清、不需要的痛苦。

沒有目的，每一步，不受到任何制約。每一步，跟全部的生命接軌。我們需要做的，最多也只是這個瞬間帶來的一切。

就是一個雜念，也都完全可以接受，不帶來任何對抗。

這就是我想分享的神聖的走路。

用這個比喻來面對生命，生命突然成為朋友，甚至是最好的戰友。

活在每一步，並不代表我們不去處理事，或把自己落在一個被動的角色來面對生命。剛好相反，我們活在「這裡！現在！」，可以清楚看著生命的全部，清醒地知道該做什麼。而不是讓任何事、任何目標、任何人成為我們煩惱的來源。

活在人間，本身就有些事需要完成，也許還有一些目標可以達到。追求或完成人間的興趣，也一點都沒有矛盾，只是自然失掉絕對的重要性，也不會是——達到這些目標，才有資格享受生命。

無論有一些成果或沒有成果，都可以隨時享受生命。

深知全部的生命，跟完成任何事都不相關，但是也不需要捨離。

透過每一步，可以容納每一個瞬間，自然把生命的活力跟生命的涵容帶到這個世界，帶到每一步，帶到每一個動作。

清清楚楚知道，透過每一步，都可以活出全部的生命。每一步，都老早已經成功。不需要透過下一步，或是別人的判斷來決定自己成功不成功。也知道，每一步，已經決定了最後的成果。

踏這醒覺的一步，已經老早把自己交給全部的生命，完全可以接受它，也同時可以消除人間所帶來成功與否的分別。

讓每一步，當作人生最後一步。

這就是解脫。

這就是寧靜。

這就是醒覺。

2 神聖的覺

覺察到自己，覺察到每一個瞬間，這本身就是解脫，就是活著最大的目的。

我相信，你讀到這裡，已經老早發現，這本書要表達的重點其實很簡單。然而，儘管簡單，我還是用各式各樣的方法，從不同的角度切入，來表達同一些重點，只怕還不夠清楚。

我相信你也注意到，這本書一切都回到永恆的現在（eternal now）。這也是古往今來的聖人想傳達的關鍵，包括前面分享過的巴巴大師的幾句話。我最多只是以現代的語言重新闡述，希望落到我們每個人的生活中。同時，也希望傳達古人未曾斷過的傳承，希望透過你，在每一個角落活出我們東方和華人最珍貴的寶藏。

同時，我也希望透過《全部的你》和《神聖的你》，讓你體會到生命的共同性，也就是我們全部生命的本質。透過這個領悟，協助我們邁進人類演化的下一個階段。

最後，我也希望讓你體會——人類的文化，再怎麼發達，再怎麼演變，總是離不開古聖人的手掌心。各地，無論東方、西方，最後都回到共同點，最原初的點，也就是一體或整體的意識。

我等到最後，還想再多談一點一體的意識。相信你還記得前頭引用了《心經》的幾句話「色即是空，空即是色」，講形相是空，還講了「受想行識，亦復如是」。

就連意識，也是空。空，也離不開意識。

說色即是空，可以理解。受即是空，也可以理解。想即是空，行即是空，都還可以摸得到邊。但是，說到「識即是空」，這是一般邏輯跨不過去的。

《全部的你》、《神聖的你》這兩本書所講的重點，只是帶大家走到意識的邊緣，也只是讓我們體會——一切所見的形相，包括念相，都沒有任何獨立的存在。它本身還只是意識所化出來的。

而最後，連這個意識，連我們所講的一體意識，整體意識，甚至生命的共同本質，本身還只是空。空，空到底，沒有東西不是空。

空到底，連這兩本書所要表達的重點，一樣沒有任何存在的價值，也沒有任何絕對的重要性。最多只能讓我們當路標，走到——空——的門前。

踏最後一步，還是要靠自己。

任何人類邏輯所帶來的路標，無論是古人的經典，或是這兩本書，都沒有辦法描述「空」。我最多在這本書用「心」、「空檔」、「在」、「寧靜」來描述，希望這樣能略略掌握「空」的觀念。因為要了解「空」，它的邏輯和人間的邏輯本來就不在同一個軌道。我認為，對人腦局限的邏輯，這是最難理解的一部份。不過，我們也不用去追求它，無需把它化成一個課題。

接下來，我很誠懇地希望你把自己全部的生命，神聖的生命找回來。找回來了，也不要後悔過去耽誤了那麼多時間，耗費了那麼多生命。畢竟時—空一樣是個大妄想，不過是個大念頭。

我們最多也只能肯定全部神聖的生命是不可能犯錯的。只是它的安排，透過人間看不清全局。表面所看到的痛苦、不合理、不公平、不理性，在生命的背景裡，有另一個更大的規律在運作，遠遠超過我們透過種種條件和制約所能理解。最多，我們只能接受全部生命——透過瞬間，每一個瞬間，每一個「這裡！現在！」，每一個當下所帶來的一切。

想不到的是，接受一切，甚至接受生命所帶來的制約，才能改變我們的命，才可以活出我們全部的潛能。

接下來，一個人不需要特地去做好人，也不需要去做壞人，也沒有什麼「人」好做的。只要還有一個念頭、一個成就感、一個領悟，甚至智慧好談，我們已經又被念相帶走了。

無形之中，又建立了一個「我」，讓「我」浮出來了。

但是，一個剎那懂了，看到了，我們又回到了全部的生命，讓「在」又浮出來了。回來了，浮出來了，也沒有損失什麼。

沒有必要再責備自己，也沒有什麼成就好談，只是自然失掉失敗和成功的觀念。

一切只有平安。

從這個平安的瞬間，到下一個瞬間，我們一路也只剩下平安。

自己平安，自然也會帶給周邊平安。這麼一下去，生命自然就好過。我們仍然有人間的煩惱，處理不愉快的事，看著別人的臉色，但依然離不開生命內在的寧靜，自然會在「事」跟「事」，「人」跟「人」，「經驗」跟「經驗」，「體驗」跟「體驗」之間，看出它們的平等性。沒有什麼特殊的經驗好去追求，也沒有什麼特殊的經驗需要去否定。

這就是大平等心。

只有站在這種大平等心，活出我們生命的本質，並隨時在每一個角落看到生命共同的本質，才可能真正體會什麼是愛——大愛。人間所帶來的愛，我們也不需要去否定它，也不需要特別去期待它。我們都可以放過。

最後，只剩下這個旅程。誰在進行這個旅程，或是旅程要帶到哪裡，什麼目的，其實都不重要了。

每個瞬間，早已活出我們的不朽。

成默予，2016・台北

3 清醒的覺，是踏出人間的第一步

也是人生最大的決定。

走到這裡，你自然會發現——你需要面對這個人生，做一個最大的決定。而這個決定，可能讓你沒有退路。

這個決定，比你這一生所追求的任何目標、價值觀念，甚至過去所想的人生目的，都有更大的影響。

你要決定的是——**怎麼對待「這裡！現在！」。這可能是你這一生最重大的清醒的決定。而這個清醒的決定，在每個瞬間都要一再地重複。**

修行，乃至於醒覺，其實也只是臣服，而且是自主地、心甘情願地（voluntarily）臣服。在每一個瞬間、每一個點點滴滴，把自己交給全部的生命，讓它活出我們全部的潛能。臣服，也就是與生命完全接軌，而且是我們自己主動想要的。臣服，也只是肯定、承認自己和生命整體從來沒有分開過，也不可能分開。我們每一個人也就是整體。

不這麼活，早晚還是非臣服不可。透過人生中的失落、失望、打擊、種種危機、災難、乃至於死亡，我們還是得心不甘情不願地（involuntarily）臣服，這是免不了的。我們一生中，如果將自己投入種種形相（自我的形相、物質的形相、念頭的形相），這些形相的依靠早晚都是會消失的，遲早也只能臣服於無色無形。

所以我才會說，無色無形的吸引力，是誰也擋不住的。**我們這一生來最大的目的，也只是從被動的臣服，走向主動的臣服**。這個重要的決定，不費力、不需要時間累積，隨時就可以做到。

讀到這裡，我知道你已經不會再驚訝了，也同時知道一位大聖人就是醒覺過來，還是要面對每一個瞬間，只能掌控在那一個瞬間所帶來的心，或是意識狀態。一位大聖人，假如被那個瞬間帶走了，把自己落入那個瞬間所帶來的任何形相，他也自然落入人間的限制。

反過來，透過一個瞬間，我們可以清醒地專注、清醒地覺、清醒地接受、清醒地容納、清醒地臣服，把自己全部交給這個瞬間，而又不會迷失在任何形相上，這本身就是解脫，是大聖人的境界。

我們隨時存在「在」，也就是生命的空檔。

透過臣服——全部的容納——在看著這個瞬間，再也不跟任何念相綁在一起。這麼一來，會突然發現，「想」（念頭）和「覺」是可以分開的。而且，本來就是分開的，是我們把兩者混淆了。

醒過來，「覺」自然變為主導。念頭自然變得次要，只是一個工具。需要的時候可以用，不需要的時候，可以放下。只有這樣子，才可以一步跳過制約，任何制約。

這麼一來，人生最大的決定，也只是面對自己的心，自己的意識狀態。我們可以把握的，最多也只是這個，也只是——我們怎麼去面對每一個瞬間。

透過怎麼樣的心，去面對每一個瞬間。

再講清楚一點，心，也就是我們面對每一個瞬間的態度。我們的態度是友善，這個瞬間也會對我們友善。我們的態度不友善，它也跟著抵抗。

我們的人生目標不管多大、有多少善意，假如是透過對抗、不友善的態度來得到，最後，這個結果也只是無常，帶給身邊的人和自己不斷的煩惱和痛苦。面對每一個瞬間都友善，也自然不需要擔心最後的結果。它本身是友善的，也是涵容的。不會帶來區隔和分別，不會讓自己和別人對抗。

最有趣的是，只要誠懇地臣服到每一個瞬間，我們也自然活在生命最輕鬆、最根本的狀態。這個狀態，本身就是喜樂、愛和平安。和任何瞬間裡面的內容——包括變化，包括任何「動」——都不相關。

活在喜樂、愛、平安，這個狀態本身不斷地把我們帶回「在」，每一個瞬間自然化為我們人生最大的目的，再也不需要區分生命的過程和結果。瞬間，既是過程，也是結果。接下來，我們也好像沒有「事」，自然沒有問題。

最不可思議的是，這個人生最大的決定，竟然那麼簡單就可以完成。我們一起想想，假如不是那麼簡單，而需要費力，它本身還是離不開一個局限和制約的境界，本身還是無常。

這麼說，連「決定」這兩個字都不正確。其實，要把全部神聖的生命找回來，是透過——最少的「做」，甚至「不做」或「沒有什麼好做」，才可以突然體會到「在」。

體會到「在」，會發現它本來就在身邊，也從來沒離開過我們。生命就是那麼奧妙——最永恆的狀態，也自然是最簡單的。

雖然說到底，沒有「做」，我還是希望，你可以跟我一起「做」這個人生最大的決定。

過去的制約，只有透過「覺」，才能打斷。這裡用和前面同樣的圖來表達制約的能量循環。只有透過「覺」，才可以突然踩個剎車，帶出一個空隙，而中斷念頭的流動，消減所流轉的能量或動能，甚至，像最右邊所表示的，讓這能量完全消失。

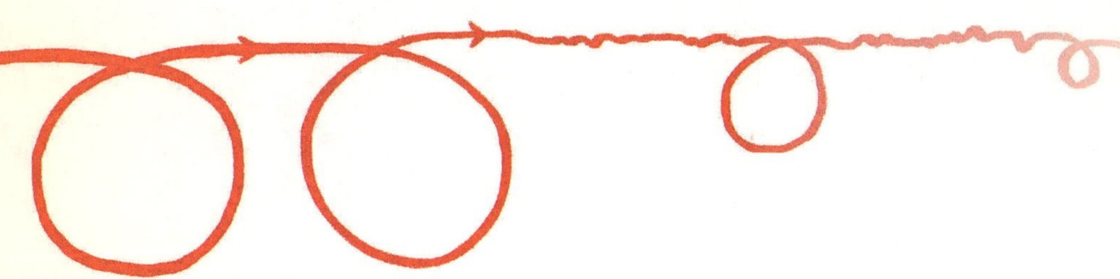

4 透過「願」，進入神聖

第一念，和最後一念，都一樣離不開整體。第一個願，也就決定生命的一切。

最後，我還是想留下這幾句話，希望為你帶來一些鼓勵。

神聖這條路，離不開意願，也就是「願」。

「願」，也就是透過我們每一個生命的體，包括身體、情緒體、思考體……透過身體的每一個細胞、每一個角落，用最誠懇的方式發一個願。

這個「願」，就是——**自己醒覺、自己解脫、自己走上這神聖的一條路。**

只要這個「願」大，一切隨後就會跟上。這不是透過任何費力，所可以得到的。我們最多只要把握住——這個「願」，是新鮮又誠懇，而隨時不要離開它——願，自然變成結果。而結果，離不開這個原初的願。

「願」大，本身就成為信仰，而信仰也跟著大。信仰大，內在自然會浮出來，帶著外在走。

我擔心的是，或許你還信不過這些話，還要在這個人間耽誤很多時間，還要不停地追求，還認為人生階段需要告一個段落，才可以進入神聖的生命。

然而，它一直在你的心中，等著你。

神聖的生命，神聖的你，在你我浮現之前已經存在

我還是捨不得，不把接下來的幾句話，當作一個禮物。

我們人，每一個人，其實就像在作夢。不光夢是虛幻的，就連作夢的人，也是這個夢的一部份。

站在這個觀點，這個「覺」——觀察到夢和作夢的人——本身才是不生不死的。

最終，是覺察——覺察到自己——這個「覺」才是永恆的。

我希望你可以好好地參這幾句話，和自己的理解對照。

神聖的你，也只是「覺」。而這個「覺」，可以覺察到一切。

至於覺察什麼，自然不重要。覺察到什麼，也會生，也會死，和整體生命根本不成比例。也就不要讓這個「什麼」把自己帶走了。

任何東西（「什麼」）只要可以講出來，還只是一個客體。無論是我們前頭提到的——作夢的人，或是這裡所講的覺察的人。

莊子在兩千多年前，也提過類似的觀念：

> 昔者莊周夢為蝴蝶，栩栩然蝴蝶也，自喻適志與，不知周也。俄然覺，則蘧蘧然周也。不知周之夢為蝴蝶與，蝴蝶之夢為周與？周與蝴蝶，則必有分矣。此之為物化。（《莊子・齊物論》）

根據前面的解釋，對莊子的這幾句話，我們還可以做個補充——這段話所提的蝴蝶和莊周，都還沒有離開所作的夢。兩者，都只是夢的一部份。兩者，都還是客體。

醒覺，也只是輕輕鬆鬆覺察到「夢」跟「作夢的人」。覺察到覺察本身。也只是這樣子。

「你是我的夢？還是，你夢到了我？」
「那麼，我醒的時候，
怎麼知道自己醒了？」

5 神聖的祈禱

每個瞬間活在「這裡！現在！」，一個人老早進入神聖的祈禱。

祈禱，也就是跟上帝或生命的源頭對話。透過祈禱，不光是把生命的全部找回來，更是肯定生命的全部。

是從外，進入到內。

透過內，展開到全部。

我們每一個人無論什麼宗教、什麼文化、什麼教育背景，一定都祈禱過。希望得到加持的力量，來完成一件事，達到一個目標，或找到生命最深的意義。

祈禱，真正的祈禱，一個人需要誠懇。而越誠懇，祈禱的力量也只會越大。每一個人一生都誠懇過。我在這裡用這幾句個人的祈禱，表達我懇切的心願，為本書作結尾。

人生這條路，從出生到離開，
無不局限，艱難，有時險惡，甚至寸步難行。
你，我，每一個人都一樣。
年紀越大，經歷了越多，越不覺得人生還可能有所改變。
透過《全部的你》、《神聖的你》，但願我能表達——
生命不可思議的神聖與奇妙，確實存在。
更奇妙的是，
要找到這股力量，其實一點都不用費力，
什麼都不用做，只是「回家」。

這個家，不屬於外在世界可以找到的，也從來沒有離開過它。
外在和內在，完全同步，完全結合，
我們真正的生命才可以起步。
不可思議的神聖與奇妙，於是展開。
生命重生，我們才發現——過去所看到，所活過的，都還只是一個大妄想。
這個大妄想，含著種種的小妄想，
讓我們陷到裡面，看不清周邊，也看不見生命本來的奇妙。
醒過來了，發現——世界還是一樣，一切依舊存在。
每一朵花，每一棵樹，每一個人，每一樣東西，都還在。
最奇妙的是，看著這個世界的我完全不一樣了。
不一樣的是，我徹底知道我和一朵花、一棵樹、任何一個人、任何一樣東西，從來沒有分開過。
我是整體，整體也只是我。
我是一體，也是局限。
我是局限，也是永恆。
我有生有死，也不生不死。
一切的矛盾也就這樣消失了，最多也只剩下喜樂、愛、平安。
命，也跟著改了。
這種轉變，徹底的轉變，比誰想的都簡單。
簡單到底，會讓人不相信，

只好成為困難，
甚至我們每一個人都認為這一生做不到。
做到了，醒來了，我們發現——我們什麼都沒有做，
也才曉得它是做不來的，
也只有「在」，「在」，「在」。
我們只要在每一個瞬間都「在」，
輕輕鬆鬆地存在，
也只是這樣子，「在」家。
因為「在」，我們本來就有。
回到「在」，也只是退到最輕鬆，最小的人生的一點。
站在最小的這一點，也就是空，
我們可以把生命的全部整合起來。
整合起來，自然發現——人生的目的和結果，
已經老早完成了。
我們也沒有什麼「做」，好去做。
也沒有什麼追求，好去追求。
也沒有什麼完成，好去完成。
一切，自然是平安。

我們也沒有什麼好計較、好期待、好分享。

輕輕鬆鬆「在」，自然把生命的光明，透過瞬間，帶來這個世界。

透過每一個「動」，每一句話，我們最多也是把生命的神聖與奇妙投影出來，

化作人生的希望、喜樂與新生。

也就這樣子，完成了這一生最大的目的。

我祈禱的是，但願你可以讓這些話流進心裡，

不要再繼續責備自己，或是讓別人責備你。

不要再繼續局限自己，或是讓別人局限你。

不要再繼續萎縮自己，以為「不神聖」才是你。

讓這些話帶給自己人生一個方向，

同時把它變成路標。

意識最完整的轉變，就在眼前，

但願你，不會錯過。

我想以最後的這張圖作為祝福的象徵，但願我們一起完成這個旅程。

這張圖是一位朋友送給我的，我特別喜歡，可惜沒有作者的署名，無法在此向作者致意。

這張圖，自然讓我想到彌勒佛、基督、大天使長米迦勒、拉瑪那·馬哈希以及過去所有的大聖人。我們每個人其實也只是能量，也只是光體，跟周邊的一切、跟生命從來沒有分手過。生命的場，和我們一體不分，透過我們，將最大的生命能量帶出來，流向人間，照明這個世界。

楊定一博士：「透過當下，我們才能充分活在每一個體的瞬間。」

活在「這裡！現在！」，
臣服這個瞬間所帶來的各種變化，
就是活出全部的你。

把全部的你找回來，是這一生最寶貴的一堂功課
讓我們從一個快節奏、忙碌而瘋狂的世界裡，自己走出來

《全部的你（增訂版）—— 跳出局限，擁抱生命無限的可能》

同步上市

楊定一博士《蛻變・重生一日共修營實錄》DVD
綜合聲音導引練習、中脈觀想、光之瑜伽，以及各種呼吸法練習，
全套四片影音作品導引同步實修，風潮音樂2017年1月出版發行。

訂購資訊：
www.windmusic.com.tw
風潮客服：02-2218-5881#351
或至各大網路書店、全台風潮音樂生活館、書店、唱片行購買。

國家圖書館出版品預行編目 (CIP) 資料

神聖的你 / 楊定一著. -- 第一版. -- 臺北市 : 天下生活, 2017.01
面；　公分. -- (楊定一書房 ; 4)
ISBN 978-957-0388-94-7(平裝)

1.靈修

192.1　　105023341

圖片引用出處聲明暨致謝

173頁：
梵蒂岡聖伯多祿大教堂正祭台By Ricardo André Frantz (User:Tetraktys) - taken by Ricardo André Frantz, CC BY-SA 3.0, https://commons.wikimedia.org/w/index.php?curid=2284684.
馬來西亞華人供桌By User:Sampuna at en:wikipedia - Originally at en:wikipedia its original description page was/is here, Public Domain, https://commons.wikimedia.org/w/index.php?curid=3726571.
越南華人家庭供桌By Thang Nguyen from Nottingham, United Kingdom, CC BY-SA 2.0, https://commons.wikimedia.org/w/index.php?curid=3474987

198頁：
西班牙Juan March 基金會典藏作品
http://digital.march.es/turina/sites/digital.march.es.turina/modules/islandora_bookreader/mainpage.php?pid=jt%3A45640

237頁：
http://drbachinese.org/online_reading/sf_others/VM_HsuYun_Bio_01/bookcover.htm

245頁：
吉薩金字塔群By Ricardo Liberato - All Gizah Pyramids, CC BY-SA 2.0, https://commons.wikimedia.org/w/index.php?curid=2258048
長城By Hao Wei – Flickr, CC BY 2.0, https://commons.wikimedia.org/w/index.php?curid=351725
普瑪彭古By Brattarb - Own Work, CC BY-SA 3.0, https://commons.wikimedia.org/w/index.php?curid=15181921
麥加 By Muhammad Mahdi Karim (www.micro2macro.net) Facebook Youtube; edited by jjron – Own work, GFDL 1.2，https://commons.wikimedia.org/w/index.php?curid=3563328
金崙：徐頌齡老師攝影作品。
馬丘比丘：青青女士攝影作品。

插畫家作品列表

插畫家曾曼榕、李研慧作品列表（卷別 - 章別 - 圖順序）

曾曼榕 canibeyouforawhile@gmail.com
1-2、1-3-1、1-5-1、1-8-1、1-9-1、1-9-4、1-11-2、1-14-1、1-14-2、1-14-3、2-3、2-4-1、2-4-3、2-6-2、2-9-1、2-9-2、2-10-1、2-11-1、2-11-2、2-11-3、2-13、2-14、3-0、3-1、3-1-2、3-3、3-4、3-6-2、3-7-1、4-1-1、4-1-4、4-1-6、4-7、4-8、5-1-3、5-3、5-4、5-6、5-7-1、5-8-1、5-8-2、5-9、5-15、6-2-2A~C、6-2-3、6-2-4、6-4、6-6、6-8-2、6-10-2、6-12-2、7-1、7-3、7-4、7-5。

李研慧 yenhuekimo@yahoo.com.tw
1-3-2、1-5-2、1-8-2、1-9-2、1-9-3、1-9-5、1-9-6、1-10、2-4-2、2-6-1、2-8-1、2-12-1、3-5、3-6-1、3-6-3、4-1-5、4-2、4-6-1、4-6-2、5-5、5-8-3、5-10-2、5-11-1、5-14-1、5-14-2、6-2-1、6-12-1。

感謝盧峻睞協作 1-1-3、2-3、3-2、5-1-1、6-10-1，馬奕安提供1-11-1。

楊定一書房 全部生命系列 0004

神聖的你

——活出身心健康、快樂和全部的潛能

作　者　楊定一博士
編　者　陳夢怡
責任編輯　陳秋華
封面攝影　陳德信
封面設計　盧峻暻
內頁設計　李詩雅
插　畫　曾曼榕、李研慧

發行人　殷允芃
康健雜誌社長　李瑟
總經理　梁曉華
總編輯　張曉卉
出版者　天下生活出版股份有限公司
地址　台北市104南京東路二段139號11樓
讀者服務　(02) 2662-0332
傳真　(02) 2662-6048
劃撥帳號　19239621 天下生活出版股份有限公司
法律顧問　台英國際商務法律事務所．羅明通律師
印刷製版　中原造像股份有限公司
電腦排版　中原造像股份有限公司
裝 訂 廠　中原造像股份有限公司
總 經 銷　大和圖書有限公司　電話（02）8990-2588
出版日期　2017年1月第一版第一次印行
　　　　　2017年2月第一版第二次印行
定　價　450元

ISBN：978-957-0388-94-7（平裝）
書號：BHHY0004P

天下雜誌網路書店　www.cwbook.com.tw
康健雜誌官網　www.commonhealth.com.tw
康健雜誌出版臉書　www.facebook.com/chbooks.tw

康健雜誌
天下雜誌